삶의 지혜가 담긴
동양별자리 이야기

별자리서당

별자리서당 : 삶의 지혜가 담긴 동양별자리 이야기

발행일 초판 8쇄 2024년 2월 10일(甲辰年 丙寅月 甲辰日) | **지은이** 손영달 | **펴낸곳** 북드라망 | **펴낸이** 김현경
주소 서울시 종로구 사직로8길 24 1221호(내수동, 경희궁의아침 2단지) | **전화** 02-739-9918 |
이메일 bookdramang@gmail.com

ISBN 978-89-97969-30-2 03110 | 이 도서의 국립중앙도서관 출판시도서목록(CIP)은 e-CIP홈페이지(http://www.
nl.go.kr/ecip)와 국가자료공동목록시스템(http://www.nl.go.kr/kolisnet)에서 이용하실 수 있습니다.
(CIP제어번호: CIP2014004677) | **Copyright ©** **손영달** 저작권자와의 협의에 따라 인지는 생략했습니다.

책으로 여는 지혜의 인드라망, 북드라망 **www.bookdramang.com**

북드라망
서당시리즈 03

삶의 지혜가 담긴
동양별자리 이야기

별자리서당

손영달 지음

■ 머리말

언젠가 집안 행사로 굿하는 자리에 불려간 적이 있다. 무릎 꿇고 머리를 조아리며 무당의 구송을 듣고 있는데, 귀에 익은 구절이 들어오는 것 아니겠는가? "각항저 방심미기 두우여허위실벽 규누위묘필자삼 정귀유성장익진" 바로 동양 별자리 28 宿수의 이름이었다. 이 28개의 이름은 천지신명의 혼을 일깨우는 주문이었다. 별자리의 이름을 부르는 행위는 우주의 창조와 치유의 힘을 끌어오기 위한 것이었다. 별자리 28수의 이름을 중얼중얼 읊조리며 무당은 몰아沒我의 경지에 빠져들었다. 아직까지 살아 숨쉬고 있는 동양 별자리의 흔적을 마주한 순간이었다. 순간 멸종 위기의 생물을 마주한 것처럼 온몸에 전율이 일었다.

오늘날 동양 별자리 28수의 이름을 기억하는 사람은 별로 없다. 하지만 이 28개의 별자리들은 아주 오랜 시간 동안 우리 삶과 함께해 왔다. 농사의 때를 정하는 역법曆法과, 미래를 예측하는 점성학, 내 안의 우주를 발견하고 자기 삶을 우주적 차원으로 확장하려는 자기 변용의 수신학修身學이 여기서 나왔다(강진원, 『역으로 보는 동양천문 이야기』, 정신세계사, 2006). 주술의 도구, 치유의 수단으로도 쓰였다. 동양의 별자리는 늘 삶의 현장에 밀착해 있었다. 고대의 자연학은 곧, 인간학이었다. 하늘의 운행에 관한 앎 속에서 사람들은 인간의 삶을 이롭게 하기 위한 길을 모색했다. 그 안에는 인간과 우주가 상응한다는 천인감응의 우주론이 자리하고 있다. 동양의 천문학은 천문天文, 지리地理, 인사人事가 하나라는 인식하에, 하늘에 일어나는 천문현상들을 부단히 인간의 삶과 연결지었다. 밤하늘에 촘촘히 박힌 별자리는 우리 몸과 운명에 관한 지도와 같았다.

하지만 근대적 자연관은 자연을 관찰의 대상으로 삼는다. 여기에는 객체화된 자연을 인간이 정복하고 지배한다는 사고방식이 깔려 있다. 그 결과 하늘에 관한 앎은 천체에 관한 정보들로 전락하고 말았다. 고도화된 오늘날의 과학기술은 별과 별 사이의 거리를 측정하고 천체의 생성소멸 과정과 역사를 알아내는 데 성공했지만, 그런 양적 정보들은 삶의 실천의 문제와는 얼마간 거리가 있는 것이었다. 반대로 옛 동양의 천문학은 기본적으로 점성학에 뿌리를 두고 있다. 하늘의 조짐을 읽어 인간사의 흐름에 대처하자는 것이다. 근대의 합리주의 속에서 보면 이것은 엄연한 미신이다. 하지만 동양의 우주론 안에는 근대의 앎이 상실해 버린 인간과 자연의 감응관계가 있다. 그렇기에 점을 치고 복을 비는 세속적인 행위가 동시에 우주와의 합일을 이루려는 성스러운 행위일 수 있었다.

이 책 『별자리서당』은 잊혀져 가는 동양 별자리를 다시금 불러들이려는 목적하에 쓰여졌다. 동양의 천문학을 '과학적' 입장에서 평가하는 게 아니라, 고대인들의 하늘 보는 법 속에 녹아 있는 지혜를 배워 보자는 것이다. 이른바 고대인들의 눈으로 하늘 보기! 동양인들에게 하늘이란 무엇이었을까, 그들은 어떻게 하늘을 보았을까? 이것을 잘 보여 주는 이야기를 하나 소개하고자 한다.

먼 옛날의 일이다. 세상에 끔직한 재앙이 찾아들었다. 공공共工과 전욱顓頊이라는 두 신이 천자天子의 지위를 놓고 싸우다 사고를 치고 말았다. 싸움에 진 공공이 분노를 이기지 못하고 우주를 받치고 있던 기둥인 부주산을 들이받았다. 그러자 하늘 기둥이 그만 뚝 하고 부러져 버렸고, 땅을 잡아매고 있던 끈도 끊어져 버렸다. 하늘이 무너지고, 땅이 꺼졌으며, 하늘에 구멍이 뚫려 연신 비가 샜다. 이 우주적 재앙을 수습하는 것은 자애로운 여신 여와女媧의 몫이었다. 여와는 거북의 다리를 잘라 부러진 하늘의 기둥을 대신했고, 오색의 돌을 녹여 하늘에 뚫린 구멍을 메웠다. 어찌어찌 위기를 모면하는 데는 성공했지만, 기울어진 하늘을 완전히 되돌릴 수는 없었다. 해와 달과 별이 한쪽으로 쏠리고, 땅도 높고 낮음이 생겼다. 그때부터 세상엔 넘침과 치우침이 생겼고, 우주는 기울어진 채로 운행하게 되었다.

고대의 동양인들에게 하늘이란 무엇이었는지가 이 짧은 이야기 속에 녹아 있다. 동양인들은 우주의 '창조'가 아니라 우주의 '보수'補修에서 이야기를 시작한다. 서양인들의 사고엔 기본적으로 '왜'(why)라는 질문이 자리해 있다. 그 때문에 세계의 기원을 물어 들어가 원인-결과를 도출해 낸다. 하지만 동양인들은 '왜'냐고 묻기보다 '어떻게'(how)라고 묻는다. 그리하여 세계의 기원보다는 우주의 운행에 보다 관심을 가지게 되었다. 하늘이 왜 뚫렸느냐를 묻기 이전에 어떻게 그것을 고칠 것인가를 물은 것이다.

이런 차이가 생긴 이유는 동양의 천문학이 '성인聖人의 정치실천'에서 출발했기 때문이다. 여와의 이야기를 보자. 별이라는 것 자체가 하늘에 뚫린 구멍을 때워 보려는, 우주의 문제를 해결하려는 노력의 결과물이다. 그 안엔 세상을 걱정하는 '염려'의 마음이 깃들어 있다. 동양의 천문학이 시작된 배경도 같다. 남들보다 멀리 보고 깊게 느끼는 위대한 존재가 세상을 염려하는 마음에 만들어 낸 것이 천문학이다. 중국 고대의 요임금은 백성들에게 농사의 때를 알려 주기 위해서 별을 보는 희화羲和의 관직을 세웠다. 하늘의 운행을 예측해 농사의 시기를 파악하는 데서 동양의 천문학은 출발했다. 그것은 절박한 현실의 문제와 직결된 것이요, 한 시대와 공동체의 운명이 걸린 중요한 문제였다. 그랬기에 철저하게 실천적인 관심을 잃지 않았던 것이다.

여와의 노력에도 불구하고 우주는 완전히 보수되지 않았다. 여전히 우주는 기우뚱 치우쳐진 채로 운행하고 있다. 기울어진 우주에 살고 있기 때문에 세상엔 불균형이 가득하다. 태어남과 죽음이 있고, 희로애락이 있다. 넘침이 있는가 하면 모자람이 있다. 이것은 우주 속의 모든 존재들이 겪을 수밖에 없는 공통의 운명이다. 하늘을 보는 행위는 우주의 불균형을 자각하는 행위와 같았다. 인간은 소우주다. 우주의 치우침을 알 때 나의 불충분함 또한 있는 그대로 볼 수 있게 된다. 자기 자신을 직시한다는 것, 그것은 내 안의 우주를 발견하는 일이다. 우주를 아는 것은 곧 나를 아는 것이다. 이런 맥락에서 고대의 천문학은 수신修身의 윤리학과도 통했다.

밤하늘의 별자리는 나를 돌아보게 하는 거울이자, 삶을 만나게 하는 통로였다. 이 책을 쓰면서, 별이란 무엇인가를 묻기보다, 별을 통해 어떻게 살 것인가를 고민했다. 동양의 별자리 28수가 놓인 길을 따라 나를 돌아보려 노력한 1년이었다. 동양 천문학을 공부하면서 얻게 된 가장 비근한(?) 소득이 있다면, 하늘의 겉보기운동을 이해하게 되었다는 것이다.^^ 물리학의 성과들이 대중화되면서 양자역학이나 빅뱅 우주론 등의 지식들을 쉽게 접할 수 있게 되었지만, 정작 하늘에서 해와 달과 별이 어떻게 움직이는지에 관심을 가지는 이는 많지 않다. 지구에서 보이는 하늘을 토대로 만들어진 고대 동양의 우주론은 내가 살아 숨쉬는 이 시공간에 눈뜨게 만들었다. 내가 어디에서 어떻게 바라보느냐에 따라서 시공간이 결정된다는 사실. 동양의 지혜가 현재를 살아가는 나를 중심으로 펼쳐진다는 것을 깨닫게 된 순간이었다.

끝으로 『별자리서당』을 응원해 주신 고미숙 선생님과 도담 선생님, 류시성과 이현진, 그리고 부족한 원고를 책으로 엮어 준 북드라망 식구들께 감사의 인사를 전하고 싶다. 이 책이 음양오행을 공부하려는 분들, 그리고 동양의 지혜에 접속하고자 하는 분들에게 도움이 되었으면 좋겠다.

2014년 2월 12일
남산강학원 공부방에서
손영달

차례

일러두기

1. 이 책에서 인용한 글들의 서지사항은 해당 서지가 처음 나오는 곳에 지은이, 서명, 출판사, 출판 연도, 인용 쪽수를 밝혔으며, 이후에 다시 인용할 때는 지은이, 서명, 인용 쪽수 만으로 간략히 표시했습니다. 예시 : 마르셀 그라네, 『중국사유』, 유병태 옮김, 한길사, 2010, 75쪽 // 마르셀 그라네, 『중국사유』, 518쪽

2. 이 책의 28수 별자리 그림은 이순지의 『천문류초』를 바탕으로 그려졌습니다.

1부

우주 사용설명서

1장

하늘의 무늬를 읽다

고대인들은 왜 하늘을 올려다보았는가

"서울 밤하늘이 되살아났다!" 서울 시정을 보도하는 기사에 나붙은 헤드라인이다. 매연과 먼지로 뒤덮인 서울 하늘. 희뿌연 빌딩의 경계 너머로 별을 잊고 산 지 십수 년이 넘은 지금, 명절 귀성길에서나 간간이 볼 수 있었던 밤하늘의 별이 다시 돌아왔단다. 현란한 도심의 조명 속에서도 고개를 들면 이따금 별이 빛나고 있다. 되살아난 서울 하늘, 돌아온 밤하늘의 별들. 하지만 우린 이미 별과 동떨어져 살아온 지 오래다. 밤하늘의 별을 보고 때와 방위를 읽던, 정화수 한 사발에 하늘의 별들을 담아 마음속 간절한 염원을 빌던 옛 삶의 방식은 이미 잊힌 지 오래. 신문과 인터넷에는 매일 그날의 별자리 운세가 올라오고 사람들은 어려서부터 별자리에 얽힌 신화를 즐겨 읽는다. TV에서는 별들의 탄생과 죽음, 충돌과 폭발이 실시간으로 생중계되지만 이런 건 단순한 우주쇼에 지나지 않는다. 우리에게 별은 문화 콘텐츠, 그것도 별로 돈 안 되는 시들한 장삿거리로 전락해 버렸다.

하지만 우리의 기억 아련한 곳에는 오랜 세월에 걸쳐 하늘의 별과 함께 살아온 흔적들이 남아 있다. 옛사람들은 하늘에서 삶에 절실한 문제들을 구했다. 요즘 사람들처럼 재미 삼아 멋 삼아 하늘을 본 게 아니었다. 지구로부터 몇 억 광년씩 떨어져 있는 별들이 우리에게 뭘 얼마나 제시해 주겠느냐 할 테지만, 인간이 하늘에서 얻은 것은 우리가 누리고 있는 문명의 씨앗이 되는 실로 중요한 것들이었다. 그런 인간과 별의 첫 인연은 머나먼 옛날, 인류가 문명의 첫걸음을 내딛던 시기로 거슬러 올라간다.

땅에 붙박여 네 발로 기던 인간이 마침내 두 다리로 우뚝 섰다. 그러기 위해 인간은 많은 것들을 잃어야 했다. 허리디스크, 하지정맥류 이런 게 다 직립에 따른 질환이란다. 땅으로부터 멀어진 만큼 소화를 주관하는 토기가 부족해져 소화기능이 떨어지게 되었다는 이야기도 있다. 그럼에도 인류의 역사에 있어 직립은 획기적인 사건이었다. 우선, 인간은 자유로워진 두 손으로 도구와 물건을 만들었다. 신이나 할 법한 창조 행위를 자기 손으로 직접 행하게 된 것이다. 그렇게 두 손으로 만들어 낸 도구들은 문명의 효시가 되었다. 하지만 이건 다음에 기술할 변화에 비하면 사소한 성과에 지나지 않을지 모른다. 인간이 직립을 통해 얻은 보다 근원적인 소득이 있다. 그것은 바로 고개를 들어 하늘을 보게 되었다는 것이다. 이때 인간이 획득한 것은 하늘과 감통感通하는 능력이었다.

봉긋하게 솟아오른 머리는 한층 더 하늘과 가까워졌고 그만큼 하늘을 닮아 갔다. 어느 순간 인간은 자신의 머리가 둥글고 빛나는 천체와 같다는 사실을 알게 되었다. 그리하여 인간은 하늘을 올려다보게 되었다. 우리는 무엇이며, 지금 어디에 있는가? 인간은 하늘의 거대한 빛들을 향해 질문을 했다. 그의 눈에 들어온 건 하늘 아래 어딘가에서 살아가는 자신의 모습이다. 눈앞에 펼쳐진 건 천차만별의 세계상, 무시로 변화하는 복잡다단한 모습들이다. 최초로 앎의 눈을 뜬 인류의 앞에 펼쳐진 광경, 그건 그야말로 혼돈 그 자체였다. 세계의 불가해함, 이 얼마나 두려운 일인가? 자신이 알 수 없는 어떤 곳에 내던져져 있다는 느낌. 인간은 자기가 내던져진 이 혼란의 도가니 속에서 질서를 찾으려 했다. 그리고 아주 오랜 시간을 궁구한 끝에 답을 얻었다. 하늘에서 모종의 법칙들을 발견해 낸 것이다. 일견 무질서해 보이는 이 세상이 자신들이 손으로 만들어 낸 도구들보다 훨씬 정교한 짜임 속에 운행되고 있었다. 더 놀라운 건 인간 역시 그 운행의 일부라는 것. 하늘 아래 외따로 내던져진 존재가 아니라 우주라는 거대한 흐름과 함께하고 있다는 안도감! 무엇보다 변화무궁한 세상에서 질서를 발견했다는 것이야말로 획기적인 소득이었다.

성서 신화를 보면 태초의 인간 아담이 뭇 피조물들의 이름을 짓는 대목이 나온다. 태초의 인간이 한 일이 왜 하필 이름 짓기였을까? 이름 짓기란 일종의 질서화이다. 대상을 호명하면서 규정짓고 분류하고 지위를 부여한다. 여기서 이름은 한 존재를 지시하는 부차적인 기능에 국한된다. 하지만 아담의 이름 짓기에는 남다른 것이 있었다. 그가 세상 만물들에 붙인 이름은 마구잡이식 넘버링이 아니라 사물의 구체적인 모습에 부합하는 것이었다. '주먹 쥐고 일어서' 같은 아메리카 인디언들의 이름처럼, 이름이란 낱낱의 사물들의 개별적 본질을 꿰뚫어야 했다. 가장 구체적이면서 본질에 부합하는 이름, 그것은 그 존재를 현실로 불러들이는 마법적인 효력을 발휘한다. 마르셀 그라네는 이름을 뜻하는 글자 '명'名과 생명과 운명을 뜻하는 글자 '명'命이 같은 발음이라는 데 주목한다('이름 명'과 '목숨 명'의 발음은 'ming'으로 서로 같다). 이름은 대상에 생명과 활력을 불어넣는 신의 숨결이며, 이름 짓기는 세상을 창조하는 신의 사역에 버금가는 행위다.

> 이름을 말하는 것은 곧 존재를 취하는 것이자 사물을 창조하는 것이다. 모든 짐승은 자신들을 명명할 줄 아는 자의 지배를 받는다. 마르셀 그라네, 『중국사유』, 유병태 옮김, 한길사, 2010, 57쪽

하늘을 올려다보기 시작한 고대인들도 마찬가지였다. 그들은 광대한 하늘에 이름을 붙임으로 우주를 살아 있는 질서로 재창조했다. 앞으로 이어질 하늘 이야기에는 이런 고대인들의 기쁨이 묻어나 있다.

우주의 질서가 곧 나다

그렇다면 인간은 하늘에서 어떻게 질서를 발견해 냈을까? 밤하늘의 별자리는 시시각각 달라진다. 하지만 자세히 살펴보면 사시사철 변함없이 제자리를 고수하고 있는 별이 있으니, 바로 북극성北極星이다. 이 별은 천변만화하는 세상에 변하지 않는 축이 있음을 알려 줬다. 한편 하늘 위의 태양의 위치도 매 순간 달라진다. 하지만 고대인들은 태양 역시 제멋대로 뜨고 지는 게 아니라 나름의 질서 속에서 운행한다는 것을 알아냈다. 동쪽의 지평선에서 떠오른 태양은 서쪽 지평선 아래로 사라진다. 이 두 가지 규칙을 통해 인간은 광활한 대지에 방위를 부여할 수 있게 되었다. 북

극성은 우리에게 북쪽을 알려 주며 태양은 나머지 동·남·서의 방위를 일러준다. 때문에 끝없는 사막 속에서도 빽빽한 삼림 속에서도 하늘을 올려다보면 길을 찾을 수 있다. 하늘은 우리에게 사방위四方位의 공간을 제시해 준 것이다.

또한 하늘은 인간에게 시간의 주기가 있음을 일러주기도 했다. 하루하루를 살아가는 인간에게 시간이란 무차별한 날들의 연속인 듯 여겨지지만, 하늘을 보면 시간의 흐름에도 분명한 질서가 있다는 것을 알 수 있다. 하늘로부터 인간은 분명한 시간의 주기를 읽어 냈다. 해가 뜨고 지면서 세상에 하루가 생기며, 달이 차고 기울면서 한 달이 생긴다. 계절에 따라 달라지는 그림자의 길이와 밤하늘 별자리의 변화는 태양과 별의 운행이 일 년의 주기를 따른다는 것을 알려 준다. 시간은 결코 지나가 버리고 마는 것이 아니다. 흘러가는가 하면 회귀하는 순환의 시간, 이것이 고대인들이 하늘에서 얻은 시간에 관한 지식이었다.

하늘을 통해 인간은 인식의 기본 골격인 시간과 공간이라는 틀을 확립한 셈이다. 하지만 그건 근대를 살아가는 우리가 경험하는 균질한 시공간이 아니었다. 고대인들이 거기서 느낀 건 객관적인 좌표체계나 정보가 아니라 만물이 함께하고 있다는, 삶이란 곧 서로가 다른 존재에 의지해 살아가는 것이라는 깨달음이었다. 불교의 용어를 빌리자면 그것은 곧 '인연'因緣의 총체라 할 만한 것들이었다.

방향이란 태양과 지구 등등 많은 인연들이 만들어 내는 하나의 개념입니다. 이 가운데 어느 하나라도 없다면 방향이라는 개념이 성립될 수 없습니다. 그러므로 남쪽이라는 방향을 배제하고 북쪽이 있을 수 없고 북

쪽을 배제한 남쪽도 있을 수 없습니다.혜능, 『돈황본 육조단경』, 정화 옮김, 법공양, 2012, 20쪽

　　보다 중요한 깨달음은 어떠한 시공간도 삶을 살아가는 '나' 없이는 가능하지 않다는 것이었다. 동서남북의 사방위도, 과거와 현재라는 시간도, 내가 발 딛고 서 있는 이곳[中]을 중심으로 펼쳐지는 것이었다. 나 없이는 그 무엇도 없는 것이다. 내가 살아 숨쉬는 지금-여기, 나의 마음과 인연이 어우러지는 생생한 현장! 하여, 고대인들은 공간, 그리고 시간이라는 범주 앞에서 늘 신성함을 느꼈다. 그것은 만물의 더불어 함께 있음, 그리고 나 자신이 세계라는 거대한 운행 안에 포함되어 있음을 느끼는 성스러운 체험이었다.

　　우주는 몇 억 광년 떨어진 저 먼 어딘가를 일컫는 말이 아니다. 현재적인 삶의 지평 밖의 어떤 것이 아니다. 우주를 말한다는 것은 결국 '나'를 말한다는 것과 다르지 않으며, 늘 현재의 내 삶에 관한 성찰과 의미 부여를 포함한다. 우주를 통해 나를 보고, 내 안에서 우주적 가능성을 모색하기. 이것이 고대인들의 우주관이요, 그들이 추구하던 삶의 비전이었다.

　　인간은 의미를 추구하는 생물이다. 삶의 의미에 목말라 하던 사람들에게, 하늘은 늘 길을 제시해 주었다. 바로 그 이야기가 옛 하늘 이야기에 녹아 있다. 우리의 눈에 조악해 보일지 몰라도, 그 안에는 우리에게 부재하는 강력한 윤리론이 있다. 수천 년 전의 하늘 이야기가 오늘의 삶에 커다란 반향이 될 것이라 믿는 이유가 여기에 있다.

우주의 운행에 기여하라

바야흐로 우주 여행의 시대 개막을 목전에 두고 있다. 우주 결혼, 우주 황혼식, 우주 보험 등 우주는 목하目下 상품이 되어 팔릴 준비를 하고 있다. SF영화에 나올 법한 일들이 빛의 속도로 현실이 되어 나타나고 있다. 몇 해 전 개봉한 영화 <아바타>는 우주를 상품으로 대하는 우리의 태도를 여실히 보여 주는 작품이다. 자원 고갈에 허덕이던 인류가 대체자원 채굴을 위해 우주로 떠나는 이야기. 지금 우리 모습이 딱 이렇지 않을까? 두 세기 전 신대륙에서의 골드러시가 하늘에서도 다시 한번 시원하게 터져 주길 바라며, 세계의 갑부와 기업들은 우주로 눈을 돌리고 있다. 머지않아 별이란 말이 우주 광석이 가득한 자원의 보고라는 뜻으로 통용될지 모를 일이다.

우주의 가치가 물질적 부로 환원되어 이해되는 이 시점에서, 누군가 당신들은 우주에 대해 어떤 생각을 갖고 있느냐 묻는다면 우린 뭐라 답할 수 있을까? 우리는 우주에 대해 무엇을 알고 있는가, 삶 속에서 어떻게 우주를 체험하고 있는가? 고도의 천문학과 과학기술을 가지고도, 애석하게도 우린 우주에 대해 딱히 뭐라 확언할 수 있는 게 없다.

고대인들이 우주에 관해 가지고 있던 정보는 현대의 천문학에 비하면 단순하고 소박했다. 하지만 그 체험은 강렬했다. 하늘은 직접적인 삶의 지침들을 제시했다! 예를 들면, 우리에게 예수의 생일로 널리 알려진 크리스마스는 예수라는 인물의 실제 생일이 아니라 바빌론 지역의 태양 부활 축제일이었다. 동양의 절기로 치면 동지冬至. 이날은 태양의 남중고도*가 가장 낮아지는 날이다. 낮이 가장 짧고 긴긴 밤이 찾아드는 날이다. 이

날을 기점으로 낮의 길이가 서서히 길어지기 시작한다. 고대인들에게 동지는 묵은 태양이 죽고 새로운 태양이 떠오르는 날로 여겨졌다. 사람들은 환호 속에 새 태양을 반기며, 죽음이 또 다른 탄생으로 이어진다는 사실을 되새겼다. 죽음은 끝이 아니다. 새로운 생성과 창조의 신호탄이다.

하늘을 보고 자신을 살폈던 고대인들, 그들은 천문 현상에서 자연 현상과 인간사를 아우르는 우주의 공통적인 운명을 읽었다. 인간을 포함한 뭇 존재들은 우주의 운명에 함께 참여하고 있다. 인간이 제아무리 잘났기로서니 이런 우주의 운명을 벗어날 수는 없는 법. 삶과 죽음이란 생명이라면 모름지기 겪어야 할 우주의 섭리이다. 영원한 생명과 행복을 향한 집착은 인간에게 파멸을 선사할 것이다. 이런 생각은 인간으로 하여금 자중하며 자기의 본모습을 살피게 했다. 하늘은 인간에게 그가 처한 운명의 좌표를 일러준다. 그렇기에 인간은 부단히 자신의 위치를 성찰하며 주어진 명命을 살펴 살아가야 한다. 우주의 운행에 자기 존재를 일치시키는 자에게, 하늘은 소멸을 새로운 생성으로 반전시키는 극적인 변이의 길을 제시했다. 그때 우린 소생과 창조의 경이로운 시간을 체험하게 된다. 이는 고대사회의 흔적을 따라가다 보면 어렵지 않게 만나게 되는 윤리론이다. 그 언저리에는 어김없이 천체의 운행에서 삶의 의미를 찾았던 고대의 우주론이 있다.

분석심리학자 융Carl Gustav Jung, 1875~1961의 자서전에는 노년의 융이 아메리카 대륙을 여행하는 대목이 나온다. 거기서 그가 만난 푸에블로 인

---

* 남중고도는 하루 중 태양이 가장 높을 때, 즉 태양이 정남(正南)의 위치에 왔을 때의 고도(지평선에서 천체까지 잰 각)를 말한다. 태양의 남중고도는 북반구 기준, 동지에 가장 낮고, 하지에 가장 높다. 계절에 따라 남중고도가 달라지는 이유는 지구의 자전축이 23.5° 기울어져 있기 때문이다. 지구가 비스듬히 기울어진 채로 태양 주위를 공전하기 때문에 지구의 위치에 따라 태양의 고도가 달라지는 것.

디언들은 여러 원주민들 중에서도 풍부한 우주론을 가진 것으로 유명한 부족이다. 망원경도 천문도도 없이 부족 고유의 소박한 방식으로 하늘을 봤지만, 우주에 대한 확고부동한 생각만큼은 현대인들을 압도했다. 푸에블로 추장 가라사대, 우리는 우주의 자손들이며, 태양은 우리 아버지다! 이 무슨 황당한 소린가? 그의 말을 직접 들어 보자.

> 우리는 세계의 지붕 위에 사는 민족으로 아버지 태양의 아들들이오. 그리고 우리의 신앙으로 날마다 우리 아버지가 하늘을 운행하도록 도와주고 있소. 우리는 이것을 우리 자신뿐만 아니라 전 세계를 위해서 하는 것이오. 우리가 우리의 신앙을 더 이상 활용하지 않으면 그때는 10년 안에 태양이 뜨지 않게 될 것이오. 그러면 항상 밤이 되고 말 것이오. 카를 구스타프 융, 『카를 융, 기억 꿈 사상』, 조성기 옮김, 2007, 450쪽

태양의 운행을 돕던 성스러운 민족. 하지만 푸에블로 인디언의 역사는 오래지 않아 막을 내렸다. 그후로 오랜 시간이 흘렀지만, 그들의 호언장담처럼 태양이 뜨지 않는 일 따위는 일어나지 않고 있다. 이런 그들에게 '너희 태양의 아들 맞아?'라고 비웃을 수 있는 자 누구인가? 자기 확신과 위엄에 가득 차 자신의 우주론을 설명하는 추장의 모습에 탄복한 융은 자신의 자서전에 이렇게 적어 놓았다.

> 이것을 우리 자신의 삶의 근거, 즉 우리의 이성이 짜내는 인생의 의미와 비교한다면 우리의 것이 얼마나 빈약한지 충격을 받지 않을 수 없을 것이다. 우리는 순전히 질투심으로 인디언의 순진함을 슬쩍 비웃고 우리가

그들보다 영리하다고 여기고 있음이 틀림없다. 그럼으로써 우리가 얼마나 빈약하며 쇠락한 가운데 있는지 보지 않으려 한다.융, 『카를 융, 기억 꿈 사상』, 451쪽

여기서 융이 주목하는 건 그 말에 담겨 있는 풍부한 우주적 의미이다. 그들에게 우주는 객관적인 관찰대상도 장삿거리도 아니었다. 그들은 서구인들의 협소한 시각과는 비교될 수 없을, 그야말로 우주적인 스케일로 세상을 봤다. 그 핵심은 자신의 세속적 욕망을 하늘에 투사하지 않는 것이었다. 하늘은 나의 내밀한 소망을 성취시켜 주는 구복의 대상이 아니라, 삶을 돌아보고 성찰하게 해주는 명상의 자리였다. 거기서 내 마음의 좌표를 발견할 때 우리는 우주의 리듬에 부합하는 삶을 살게 된다. 이때 삶의 지평은 우주적 차원으로 확장된다.

우주적 삶을 산다는 것은 어떤 것인가? 동양의 고전 속에는 그에 관한 풍성한 지침들이 가득하다. 일찍이 맹자는 이렇게 말했다.

만물이 다 나에게 갖추어져 있다. 그러므로 자기 내면으로 되돌아 가서 내면을 진실되게 하는 것보다 더 큰 즐거움은 없다. 자신의 마음을 미루어 남을 생각하기를 힘써 실천하는 것보다 인仁을 구하는 가까운 방법은 없다. 萬物皆備於我矣 反身而誠 樂莫大焉 强恕而行 求仁莫近焉 『맹자』, 박경환 옮김, 홍익출판사, 1999

만물이 내 안에 있다. 곧 우주는 다름 아닌 내 안에 있는 것이다. 그러니 누구나 우주적 존재가 될 수 있다. 방법도 간단하다. 자기 안의 우주를

해와 달과 별들처럼 쉼 없는 '성실함'[誠]으로 가꾸면 된다. 천체들이 궤도를 지키듯, 자기를 돌이켜 보고 스스로에게 성실하면 된다. 이 말은 자의식으로 무장한, 폐쇄적인 자기검열을 하라는 얘기가 아니다. 삶을 쉼 없는 흐름 가운데 놓으라는 것! 흐름을 방해하는 모든 장애들을 걷어내라는 것! 나와 너라는 분별을 만들어 내는 협소한 자아의식을 허물라는 얘기다. '나'에 대한 고집과 집착을 내려놓을 때 우리 삶은 타자에게 열려 있을 수 있게 된다. 이를 한마디로 압축한 것이 유가의 핵심적인 가르침인 '서' 恕이다. '용서할 서恕'는 '너 여如' 자에 '마음 심心' 변이 덧붙은 글자로, 자신과 남을 동일하게 여기라는 뜻이 담겨 있다. 다른 사람을 너 자신만큼 귀하게 대하라恕! 내 안에서 우주를 보고, 다른 이를 대하길 하늘을 섬기듯하라! 그럴 때 우리는 천체들의 순항을 돕고 우주의 조화로운 운행에 기여할 수 있게 된다.

지금부터 우리는 우주여행을 떠날 것이다. 망원경도, 우주선도 없이. 교신기도, 우주복도 없이. 그저 튼튼한 두 다리와 맨 눈을 가지고서. 옛사람들이 하늘을 보던, 소박한 방식 그대로 떠나는 우주여행이다. 혹자는 유치하다고, 혹자는 미개하다고 말할지도 모른다. 하지만 이것 하나 분명히 알아둬야 한다. 소박했기에 명쾌하게 본질을 꿰뚫을 수 있었고, 현재적이면서 실용적인 지침들을 끌어낼 수 있었다. 우주를 이해하는 것은 인간을 이해하는 것이고, 인생을 이해하는 것이며, 결국에는 삶에 유용하게 쓰이는 것이어야 했다. 저 하늘은 우리를 실천과 변화의 장으로 이끌 것이다. 고립된 개인, 자본의 가치에 매몰된 대중의 소비적 삶을 넘어, 다른 시공, 다른 삶을 체험하게 할 것이다. 우주 안의 나를 찾아가는 하늘여행. 자, 함께 출발해 보자!

2장

천문의 작은 역사

천문의 여명기

나카자와 신이치中沢新一의 책 『신의 발명』에는 한 인류학자가 아메리카 원주민들의 의례에 참가하는 장면이 나온다. 돌마토프라는 이름의 이 학자는 원주민들과 함께 의례에 사용하는 환각제를 마시고 무아경에 빠진다. 그가 본 것은 강렬한 빛의 율동. 깨어나고 나서 그가 환각상태에서 마주한 기묘한 형상들을 그려내자, 아메리카 원주민들이 놀라며 이렇게 말했다고 한다.

> "당신은 은하를 본 겁니다. 우리와 함께 은하까지 날아갔던 거죠." 나카자와 신이치, 『신의 발명』, 김옥희 옮김, 동아시아, 2005, 43쪽

은하를 여행하고 돌아왔다니, 이게 가당키나 한 일인가? 이런 빛을

'내부섬광'phosphene이라고 한다. 18세기의 생리학자 푸르킨예Johannes E. Purkinje, 1787~1869가 해시시hashish ; 대마 복용으로 인해 나타나는 체험을 연구하다 만들어 낸 개념이다. 어떤 외부 대상의 자극 없이 자체적으로 나타나는 내부의 빛이 있다는 것이다. 그의 생각을 이어받은 후대의 생리학자들은 내부섬광은 시신경의 통로에서 일어나는 뉴런의 발화 현상에서 비롯된 것이라는 설명을 내놓는다. 하지만 이런 설명은 '내면'이라는, 뭐라 설명하기 애매한 곳에서 일어나는 현상을 그럴듯하게 기술한 데 그칠 뿐, 내부섬광이 왜 발생하는가라는 근본적인 질문에는 아무런 답을 제시해 주지 못한다. 그런 점에서 언뜻 보기엔 허무맹랑한 듯 들리는 아메리카 인디언식의 설명이 때로는 우리 귀를 솔깃하게 만든다. 아마 이 자리에 그들이 있다면 우리에게 이렇게 말해 줄 것이다.

"당신이 지금 본 것은 잔상이나 환영이 아니라 은하 그 자체입니다. 우리의 몸은 소우주로서 전체 우주와 감응하지요. 따라서 우주의 신비는 몸의 신비와 다르지 않습니다. 굳이 우주선을 타고 몇 억 광년이나 떨어진 곳으로 여행을 떠나지 않아도 내면의 체험으로 곧장 우주를 경험할 수 있답니다."

아주 먼 시간을 거슬러 올라 문명이 막 태동할 시절, 고대인들이 가지고 있던 생각도 이와 같았다. 현대인들처럼 의식이 분화되지 않았던 그들은 우리보다 훨씬 분별 없는 의식세계를 가지고 있었다. 나와 세계가 혼재된 세상을 살던 그들, 그렇기에 나를 잃어버린다는 위험에 대해 우리보다 훨씬 민감했다. 의식 자체가 이제 막 걸음마 수준이던 그들에겐 도처에 자아를 집어삼킬 듯한 위험이 산개해 있던 것이다. 그들은 빛을 찾아 여행을 떠났다. 내가 누구인지를 밝혀 줄 앎의 빛 말이다. 그리하여 그들은 자신의 내면에서 밝게 빛나는 천체를 발견하게 된 것이다. 밤하늘의 별과 내면의 별들의 이름을 되뇌며, 별자리의 모양을 본뜬 스텝을 밟으며, 그들은 엑스터시에 이르렀다. 이 경험을 통해 그들은 내 안의 우주와 합일하는 신비를 체험했다. 그 한줄기 빛을 부여잡고 인간은 까마득한 내면의 혼돈 속에 하나씩 스스로의 질서를 조직해 가기 시작했다. 삶은 곧 하나의 우주를 창조하는 일과 같았다. 직접 하나의 우주를 지었고, 또 하나의 우주로 살았던 그들! 천문이 막 기지개를 켜던 무렵의 풍경이다.

제(帝)는 어떻게 천(天)이 되었는가

문명의 개화와 더불어 태곳적의 소박한 우주관에 균열이 가기 시작한다. 은하수를 누비고 다니며, 직접 우주를 살던 이들에게 우주에 관한 앎은 그다지 필요치 않았다. 문명이 발달하고 이성이 깨어나면서 사람들은 점차 그러한 비분리의 상태에서 깨어나기 시작한다. 그러면서 사람들은 우주에 관한 지식을 필요로 했다. 농경의 경험은 여기에 결정적인 계기가 되었다. 인간은 이젠 신의 과업을 대신해 밭을 경작하며 저마다의 우주를 창조해야 했다. 이때 사람들이 필요로 한 건, 창조의 과업에 기준이 될 만한 규칙과 질서였다. 그걸 알려 준 건 하늘이었다. 때마다 규칙적으로 출몰하는 밤하늘의 별들은 파종과 수확의 시기를, 비가 오고 홍수가 지는 시기를 알려 주었다.

　그런데 그것만으로는 부족했다. 사람들은 보다 포괄적이고 체계적인 질서의 법칙을 원했다. 초기 문명들이 구가해 놓은 도시들은 애써 구축해 놓은 문명의 과업들을 무無로 돌려 버리는 자연의 횡포에 대비하려

했다. 홍수, 기근 등 예측할 수 없는 천재지변들을 어떻게 하면 인간의 통제 아래 둘 수 있을까. 그리고 그보다 더 두렵고 파괴적이었던 전쟁의 발생을 어떻게 예측하고 통제할 수 있을까. 사람들은 이러한 문제들에 관심을 기울였다. 그러면서 사람들은 이러저러한 자연법칙들을 이끌어 냈다. 자연에 내재하는 근원적 질서를 추출하여 삶에 이바지하게 만들려는 것, 이게 당시 사람들에게 주어진 과제였다.

고대 중국의 사정으로 좁혀 들어가 보자. 중국의 천문학 역시 농업의 발달과 궤를 같이 했다. 계절의 운행과 기후의 변화를 예측해 농사의 때를 알려 주는 것은 고대 제왕들의 중요한 임무였다. 중국의 천문학은 '하늘의 조짐을 살펴 농사의 시기를 알려 준다'는 관상수시觀象授時의 제왕학으로 첫발을 내딛은 것이다. 『진서』晋書「천문지」에는 "옛날 복희씨가 있어 하늘의 상을 보고 땅의 법을 살펴 신명의 덕에 통일하고 천지의 실정을 구분함으로써 지나간 일을 갈무리하고 다가올 일을 알 수 있었으며 만물이 시작되고 맡은 일이 이루어졌다" 김혜정, 『풍수지리학의 천문사상』, 한국학술정보, 2008, 43쪽에서 재인용고 기록되어 있다. 하늘을 살펴 만사의 법칙을 유추하고, 이를 인간의 일에 연결 짓던 사고는 멀리 삼황오제三皇五帝의 시기까지 가 닿는 것이다. 흥미로운 건 시간의 흐름과 더불어 '하늘'에 대한 이해가 점차 변화했다는 것이다.

열 개의 태양을 양육하던 희화羲和라는 여신의 이름을 알고 계실는지? 그는 태양의 어머니이다. 힘도 좋다. 태양을 열 개나 낳았다. 그의 소임은 자신의 아들을 하나씩 깨끗이 씻겨서 교대로 하늘로 올려 보내는 것이었다. 기원전 14세기경 중국 은殷나라에 전하던 신화다. 여신 희화가 낳은 열 개의 태양은 은나라를 차지했던 열 개의 부족을 상징했다. 열 명의

<u>농사의 때</u> 간쑤성(甘肅省) 자위관시(嘉峪關市) 신성 5호 묘에서 출토된 벽화로 위의 그림은 뽕잎을 따는 모습이고, 아래의 그림은 써레를 이용해 땅을 갈아엎는 모습이다. 농경에 기반을 둔 중국 문명은 자연의 순환주기에 관한 해박한 지식을 가지고 있었다. 고대 중국인들은 천지 자연이 변화하는 법칙을 하늘의 조짐을 관찰하여 얻어냈다.

부족장(은나라는 제정일치 사회였으므로 이들은 제사장이기도 했다)들은 각각 자기 부족의 시조로 알려진 태양을 숭배했다. 이들에게는 태양 숭배 신앙과 결합한 조상 숭배 전통이 있었다(이 전통은 후일 유교에 흡수되어 현재까지 전한다). 은나라에서 숭배했던 이 신의 이름은 '제'帝이다. 다분히 원시 자연신앙 내지는 다신교의 성격을 띤 종교전통이었다. 이러한 지형을 바꿔 놓은 것은 주나라이다.

　기원전 11세기, 중국의 서쪽 지역에 거주하던 주周 부족이 동쪽의 은나라를 멸망시키고 주나라를 세웠다. 이들은 자기 왕족의 정당성을 찾기 위해 은나라의 신 '제'帝를 물리치고 새로운 신을 만들어 냈다. 그것이 바로 '천'天이다. '천'이란 글자는 주나라의 역사와 함께 새로운 의미로 거듭났다. 은나라의 갑골문에 나타난 '천' 자는 단순히 '크다'는 뜻이었지만, 주나라에 와서는 여기에 '절대'와 '초월'이라는 의미가 덧붙었다. 만사를 지배하는 초월적인 인격신의 탄생! 열 명의 상제上帝들이 세상을 대표하던 다신교의 시대는 저물고 하나의 주재신이 만물 위에 군림하는 부성父性적 종교가 시작된 것이다. 이 강력한 초월신은 오랜 세월 이어져 오던 기존의 전통을 부정하고 새로운 질서를 창출하는 데 있어 막강한 위력을 발휘했다. 이때 성립된 것이 '천명'天命이라는 관념이었다. 천명이란 하늘의 명령이란 뜻이다. 절대적인 주재신이 내리는 명령이다. 그것을 전해 받은 자가 왕, 곧 천자天子였다. 주나라 이래로 왕은 스스로를 하늘[天]의 명을 받은 천자로 인식했고, 그후로 천명 관념은 왕의 권력을 상징하는 개념이 되었다.

스타 워즈, 별들의 제국

중국은 기원전 8세기부터 3세기까지 춘추전국시대春秋戰國時代를 겪었다. 분열된 제후국들이 패자霸者로 자임하며 쉼 없이 전쟁을 일으켰다. 혼란이 극에 치달았고 국가 규모가 급격하게 팽창했다. 이 시기에, 우후죽순으로 새로운 통치철학들이 잉태되었다. 이른바 제자백가諸子百家로 통칭되는 이 철학들은 다양한 스펙트럼으로 펼쳐졌지만, 어쨌거나 그 가운데에는 세상에 질서가 필요하다는 공통된 관념이 깔려 있었다. 그것이 곧 '도'道였다. 도는 곧 질서의 정수를 의미했다. '질서'를 부르짖는 시대, 이는 당시가 얼마나 혼란한 시기였는지를 반증한다. 동양의 우주론은 춘추전국이라는 혼란기의 고통스러움 속에서 무르익어 가고 있었다. 이제 '천'天이란 말에서 과거의 종교적인 색채는 찾아볼 수 없게 되었다. 천은 일종의 자연법칙으로 이해되었다. 이 변화를 잘 보여 주는 게 노자의 '천도'天道라는 관념이다. "하늘은 도를 본받고, 도는 자연을 본받는다."天法道 道法自然 『도덕경』, 오강남 옮김, 현암사, 1995, 116쪽 천도는 초월적인 신이 아니라 만물의 본래 그대로의 모습, 자연自然이었다. 이는 종교의 시대가 저물고 철학의 시대가 도래했음을 알리는 선언이었다. 그 속에서 하늘과 인간의 관계는 재편되어 갔다.

전국시대(기원전 5~3세기)로부터 진한秦漢시대에 이르는 오백여 년은 중국의 과학기술이 괄목할 만한 발전을 이룬 시기였다. 그 밑거름을 제공한 건 전국시대 제후국들 간의 피 말리는 경쟁이었다. 당시 군주들은 보다 부강하고 화려한 도시를 가지려는 경쟁의식에 불타고 있었고, 이는 여러 분야의 기술 발달을 추동했다. 당대의 기술 발달이 집약적으로 모아진 궁극의 분야는, 뭐니 뭐니 해도 '우주론'이었다. 땅에서는 더 이상 전쟁을 벌일 수 없었던 냉전시대의 미국과 소련이 우주 개발에 열을 올렸듯, 당대의 제후들은 서로를 견제하며 하늘에 관한 지식을 쌓아 갔다. 요즘 식으로 말하면 나름의 우주탐사대(?)를 꾸린 셈이다. 그런데 왜 하필 우주가 각축의 장이 되었나? 천명의 존재 여부가 의심스러워진 시대, 제후들은 권력을 과시하기 위해 금단의 영역에 도전해야 했다. 게다가 우주는 갈수록 고갈되어 가는 질서와 법칙이 잠재된 보고이기도 했던 것이다.

그러다 최초의 통일제국, 진秦이 등장하면서 우후죽순 격으로 자라고 있던 여러 분야의 학문과 기술들이 왕성하게 교류하게 되었다. 그리고 짧았던 진의 역사 후에 들어선 한漢 제국은 기술 발달에 보다 건실한 토양을 제공했다. 통일제국의 경험, 그것은 중국인들의 세계관에 일대 변혁을 가져왔다. 백여 개의 제후국들이 결국 하나의 제국의 질서로 통합된 경험은 여러 개의 부분들이 모여 하나의 전체를 이루는 통일의 모델을 제공했다. 진시황이 건설한 도로망은 하위 단위들을 하나로 연결하고 있었다. 이러한 사회 정치적 경험이 당대인들의 사유 구조에 미친 영향은 지대했다. 그때부터 사람들은 몸을 그리고 우주를 이러한 통일체의 모습으로 바라봤다. 무수한 부분들이 모여 하나의 통일체를 형성한다는 것.

여기서 다시 한번 '천'이란 말은 변화를 겪는다. 은대에 그것은 높은 조상을 의미했고, 주대에는 하늘의 뜻을 이어받은 제왕을 뜻했다. 제국의 시기에 접어들자, 천은 부분들이 모여 이룬 하나의 통일체를, 그 불변의 체계가 이루는 질서를 상징하는 말이 되었다.

중국의 천문학이 이론적으로 확립된 것은 이즈음의 일이다. 이 시기 사람들은 중앙집권적 관료제도라는 자신들의 정치관을 그대로 하늘의 질서에 투영시켰다. 여기에 착안한 것이 북극성 중심의 우주관이다. 우주의 가운데에 북극성이라는 부동의 중심축이 위치하고, 나머지 천체들은 그 주위에 늘어서서 그를 보좌한다. 북극성을 중심으로 운집한 무수한 천체들은 질서와 조화 속에 하나의 전체를 형성한다. 별자리들은 천자를 상징하는 북극성을 중심으로 엄정한 질서 속에 정렬되어 있다. 당시 사람들은 우주의 짜임새 있는 질서와 조화가 불완전한 인간의 세계에 전해지기를 갈망했다.

동양 별자리 28수宿도 통일제국의 정치관과 운명을 같이 한다. 28수라는 용어가 최초로 쓰인 문헌은 전국시대 말, 여불위가 천하의 학자들을 모아 편찬했다는 『여씨춘추』이다. 28수 별자리는 농사의 때를 살피는 데 쓰이던 별자리들을 새로운 질서체계 하에 통일한 결과물이다. 이 책에서는 지역의 격차와 문화적 차이에 따라 각기 다른 형태와 의미를 가진 채 흩어져 있던 별자리들을 하나로 모으고 있다. 이 28개의 별자리는 전체 하늘의 영역을 분할하고 구획하며, 북극성을 중심으로 펼쳐진 하늘의 질서를 안배하는 기능을 한다. 28수는 일종의 '항성 참조 좌표' 체계였다.류쭝디, 『동양고전과 푸코의 웃음소리』, 이유진 옮김, 글항아리, 2013, 78쪽 진시황의 숨겨진 아버지라는 설이 있는 여불위, 그는 이 책을 통해 전일적全一的 우주론의 얼개를 마련했다. 그가 예비한 제국의 진정한 씨앗은 진시황이 아니라 우주론이었을지도 모르겠다.

태사령 사마천

사마천司馬遷. 우리는 그를 궁형宮刑을 당한 비운의 역사가, 중국 역사의 쟁쟁한 영웅들이 살아 숨쉬는 『사기』史記의 저자로 기억한다. 그의 화려한 '스펙'에 가려져 알려지지 않은 것 중 하나는 그가 중국 우주론의 아버지 격인 사람이라는 것이다. 사마천의 집안은 대대로 태사령太史令이라는 직책을 이어 왔다. 그 소임은 천문을 관장하고, 역법을 제작하며, 나라의 행사가 시행되는 날을 잡고, 국가의 대소사를 기록하는 일이었다. 과거 그들은 지식과 역사 그리고 천지와 소통하는 영적 능력의 계승자들이었으나 갈수록 그 권위는 추락해 갔다. 사마천은 친구 임안任安에게 보낸 편지에서 태사령의 몰락이라는 현실을 비통한 어조로 토로한다. '문서, 역사, 별자리, 역법을 맡으니 점술과 제관의 신분에 가까워져, 황제가 데리고 놀면서 광대처럼 대우받으니 세상 사람들이 깔보았다'는 것. 태사령의 지위는 문서 기록과 역법을 담당하는 기술자로 격하되었고, 고대 정치의 근본이던 천문역법의 위상도 마찬가지로 땅에 떨어졌다.

자연의 이법이라면 방사方士라고 하는 신진 주술사들이 더 뛰어났다. 이들은 과거의 전례에 얽매여 있던 고리타분한 태사령들과 달리, 불로장생의 비법을 행하고 불치의 병을 고치며 전제 군주의 세속적 욕망을 자극했다. 이런 상황 속에서 그의 아버지 사마담은 봉선의 의례에서 제외되는 불운을 겪은 뒤 화병으로 세상을 떠난다. 그 뒤 사마천은 사마담이 유언으로 명한 『사기』의 집필에 몰두한다. 『사기』라는 저작은 태사령의 권위가 막장에 다다른 비극적 상황 속에서 인간과 우주의 관계를 규명하려는 절실한 문제의식하에 집필된 것이다.

처음 인류가 출현한 이래로 해와 달과 별의 움직임을 관찰하지 않은 임금이 없었을 것이다. …… 위로는 천상을 관찰하고 아래로는 지상의 여러 종류의 사물에서 법칙을 귀납하였다. 사마천, 『사기 표·서』, 정범진 외 옮김, 까치, 1996, 171쪽

인간사와 우주의 질서를 연관지어 이해하려는 시도는 상당히 오랜 전통을 가진 것이다. 이때 왕王이란 존재는 그 한자의 모양에 나타나 있는 것처럼, 하늘·땅·인간을 하나로 아우르는 존재다. 그가 제 소임을 다하지 못할 때 세상에 재난이 찾아든다고 믿었다. 무수한 패권의 시대를 지나오면서 당대 지식인들은 야망에 불타는 군주가 얼마나 큰 혼란과 파국을 초래할 수 있는지를 경험했다. 질서의 수호자를 자처했던 유가들은 자신들의 과제를 우주적 질서의 회복이라는 주제 속에서 찾기 시작했다. 이런 생각은 '우주론적 유학'이라는 형태로 나타났다. 사마천의 스승이기도 한 동중서董仲舒가 그 대표적 인물이다. 그는 인간의 질서가 부조화의 길에 들어설 때 하늘은 인간을 일깨우려 한다고 생각했다. 천자가 천도에 어긋나는 행위를 할 때 하늘은 재이災異를 내리며, 반대로 군주에게 덕德이 충만할 때 하늘은 복을 내린다. 이것이 천인감응론天人感應論이다. 그의 영향은 사마천의 글 곳곳에서 발견된다.

천상에 이변이 생길 때 가장 최선은 덕을 닦는 것이고, 그 다음은 정치를 바로잡는 것이고, 그 다음은 백성을 구제하는 것이며, 그 다음은 하늘에 제사를 올려 사악한 것과 재앙을 없애 달라고 기원하는 것이다. 가장 나쁜 것은 무시하는 것이다. 사마천, 「천관서」, 『사기 표·서』, 178쪽

사마천을 위시한 사관史官들은 왕실의 역사가이자 점성술사였다. 이

들은 제왕에게 천명을 예고하고 해석해 주는 역할을 담당했다. 하늘에 나타나는 미세한 조짐들에서 하늘의 뜻, 곧 천명을 읽어내 정치에 반영했다. 왕은 이들의 말에서 자신의 덕과 정치에 대한 피드백을 받았다. 즉 이들의 존재는 왕의 전제 권력에 대한 브레이크와 같았다. 오만과 과욕으로 저지를 수 있는 과오를 미리 견책하는 것, 이것이 그들의 임무였다. 이들은 자칫 이탈하기 십상인 인간의 질서를 우주의 조화로운 하모니에 부응시키려 노력했다.

동양의 하늘 읽기는 여기서 출발했다. 동양인들이 하늘에서 얻고자 했던 건 우주에 관한 순수한 이론적 앎이 아니라 역사의 지도였다. 우주의 운행이 어떠한 시공의 변화를 가져오는지, 그 안에서 인간 공동체의 운명은 어떠한 부침을 일으킬 것인지에 관한 것이었다. 여기서 우리는 동양의 '천문'이 오늘날 우리가 사용하는 '천문'과 완전히 다른 맥락의 용어라는 걸 눈여겨봐 둬야 한다.

천문天文이란 무슨 뜻인가?『설문해자』說文解字에 문文이란 한자를 풀이하기를 "문이란 물상의 근본이다"文者物象之本라고 했다. 상象이란 표상으로 환원되지 않는 미세한 조짐을 지칭하는 말이다. 그러니 문이라는 것은 가시적인 물物과 비가시적인 상象의 흐름들을 포괄하는 것이다. 따라서 천문이라 하면 눈에 보이는 천체의 운행과 그것들이 수반하는 조짐이나 기미 등 미세한 변화 속에서 전일적 우주의 짜임새 있는 질서를 미리 읽어 낸다는 말이 된다. 또 문文은 무늬나 문채를 뜻하는 '문'紋 자와도 통용된다. 결국 이 말을 쉽게 풀면 '하늘의 무늬를 읽는다' 정도가 될 것이다. 별은 우리의 미적 감각을 충족시키는 단순한 장식이 아니다. 거기엔 '하늘의 메시지'가 담겨 있다. 인간사의 변화를 예고하는 하늘의 움직임이, 그리고 우리의 삶이 전체 세계와 조화롭게 흘러가고 있는지를 보게 하는 반성의 거울이, 그 안에 담겨 있다.

현대의 천문학astronomy이 천체의 객관적인 물리만을 추구하는 것과 달리, 고대의 천문은 점성학astrology, 우주론cosmology, 재이학災異學; disaster에 해당하는 광범한 영역을 포괄하고 있다.김일권, 『동양 천문사상 하늘의 역사』, 예문서원, 2007, 29쪽 동양인들에게 천문은 인간사에 대한 예측과 대응의 수단이었고, 오만한 군주에 대한 견책의 수단이었으며, 우주 질서 안에서 삶의 길을 찾으려는 군자의 자기 수련의 기술이었다. 철저하게 삶에 이바지하는 앎을 추구했던 실천적 자세, 동양의 하늘은 그 안에서 탄생했다.

2부

하늘의 음양오행

1장

동양의 하늘

천문대 가는 길

우주라는 말의 뜻을 아는가? 기원전 약 100여 년 회남왕淮南王 유안劉安은 우주를 이렇게 정의했다.

> 옛날과 지금, 지나간 과거와 다가올 미래를 '주'宙라 하고, 동서남북의 사방과 위아래를 '우'宇라 하는데, 도道는 그 사이에 있지만 아무도 그것이 있는 곳을 알지 못한다.往古來今 謂之宙 四方上下 謂之宇 道在其間 而莫知其所
>
> 유안, 『회남자』(1), 이석명 옮김, 소명출판, 2010, 647쪽

일단 '우'宇와 '주'宙는 다르다. '우'는 하늘과 땅 그리고 동서남북을 합한 육합六合의 공간이며, '주'는 고왕미래古往未來의 시간이다. 이 둘은 함께 한다. 시간과 공간이라는 씨줄과 날줄의 교차 속에서 삶이 직조된다. 그렇

기에 이 양자는 결코 떼어 놓을 수 없는 것이다. 하지만 우리에겐 이 둘을 별개의 것으로 여기는 고질적인 습관이 있다. 우주를 '천체'로 환원시키는 생각이 대표적인 경우다. 해와 달은 과연 '공간'인가? 별은 저 멀리에 있는 천체이기만 한가? 그렇지 않다. 우선, 인간이 가지고 있는 시간의 감각은 하늘로부터 주어진 것임을 기억해야 한다. 인간은 하늘을 운행하는 태양과 달을 통해 일 년 열두 달, 혹은 24절기 같은 시간의 기틀을 만들어 낸다. 이 시간 질서와 동시에 인간의 공간적 활동이 펼쳐진다. 이러한 깨달음이 녹아들어 있는 말이 우리가 뜻도 모른 채 썼던 말, '우주'다.

동양의 천문학은 우와 주 사이에 있는 미묘한 '도'를 찾아가는 여행이다. 시·공간의 함께함을 알았기에 동양의 우주론은 여러 가지 버전으로 응용되었다. 계절마다 해야 할 일을 기록한 「월령」月令은 우주의 시간적 펼쳐짐에 대한 성찰이요, 땅에 펼쳐진 이상적 우주, 즉 명당明堂을 찾기 위한 풍수지리사상은 우주의 공간적 펼쳐짐에 대한 관심이었다. 이들은 궁극적으로 우주 안에, 하나의 우주로 살아가는 '나'에 대한 이해로 귀결되었다. 우주를 이해하는 것은 인간을 이해하는 것이요, 삶을 이해하는 것이었다. 그렇기에 그것은 삶에 유용하게 쓰일 수 있었다는 것, 기억해 두자.

하늘은 어떻게 생겼나

지금부터 우리는 동양인들이 어떠한 형태로 우주를 떠올렸는지 알아볼 것이다. 사실 동양에서는 우주 구조론이 발달하지 않았다. 구조론이 발달한 것은 서양 천문학의 특징이다. 애초부터 서양의 천문학은 개인 신분의 철학자들에게서 시작되었고, 그 관심사도 당연히 순수한 앎, 객관적 지식에 국한되었다. 하지만 동양의 천문학은 철저히 국가 안에서 형성되었고 우주에서 정치적 지침이 될 만한 지식들을 끌어내려 했다. '우주는 어떻게 생겼는가'보다 우주를 어떻게 활용할 것인가에 중심을 두었다고 할 수 있을 것이다. 그 결과 중국인들의 관심은 '구조'보다는 '운행'으로 기울었다. 천체의 크기가 어떻고 지구와의 거리가 얼마고 하는 것은 그리 중요한 문제가 아니었다. 천체가 하늘을 운행하며 빚어지는 무수한 마주침들이 계절의 순환과 인간사의 변화에 어떻게 영향을 미치는가가 그들의 관심사였기 때문이다.

개천설

동양인들의 초기 우주론은 개천설蓋天說 안에 남아 있다. '개천'蓋天이란 하늘의 덮개라는 뜻이다. 아주 먼 옛날 사람들은 하늘과 땅이 각기 다른 모양의 나란한 평면이라고 생각했다. 그중 하늘의 덮개는 둥근 모양이고 아래쪽의 땅은 네모지다고 생각했다. 여기서 나온 것이 '천원지방'天圓地方, 즉 '하늘은 둥글고 땅은 네모지다'는 생각이다. 이것은 하늘의 별들이 북극성을 중심으로 동심원을 그리며 돌고, 땅에는 동서남북이라는 네 방향이 있다는 소박한 관찰의 결과물이었다.

　　그런데 이 생각은 선뜻 받아들여지기 어려웠다. 하늘이 둥글고 땅이 네모나다면 하늘이 땅의 네 귀퉁이를 가릴 수 없게 될 것이다. 그러면 하늘 없는 땅이 생길 텐데 이건 있을 수 없는 일이 아닌가. 둥근 하늘은 대체 무엇이 받치고 있는가? 하늘은 어떻게 해와 달과 별들을 달고도 떨어지지 않는 것인가?

하지만 개천설이 단순한 무지의 산물이 아니라는 것은 다음의 사실을 보면 알 수 있다. 옛 중국인들은 쉼 없이 회전하는 둥근 하늘을 충실히 관찰한 결과, 천체의 운행 방향에서 하나의 규칙을 찾아냈다. 북극성은 하늘의 회전축이다. 하늘이 도는 방향은 북쪽 하늘을 바라 보았을 때 왼쪽, 즉 반시계 방향이다. 이를 '좌선'左旋이라고 한다. 옛사람들은 별들이 하늘의 덮개에 붙어 있다고 생각했다.* 따라서 별이 회전하는 방향도 하늘의 회전방향과 같은 반시계 방향이라고 여겼다. 그런데 문제는 태양이 도는 방향이 이와 반대라고 본 것이다. 태양은 북극성을 가운데 두고 오른쪽, 즉 시계 방향으로 돈다고 보았다. 즉 '우행'右行한다는 것이다. 아무리 고대 우주론이라지만 참 이상하다. 해가 동에서 서로 운행한다는 것은 아주 단순한 관찰만으로도 알 수 있는 사실인데, 옛사람들은 왜 이렇게 생각한 것일까?

옛사람들은 이 질문에 대한 답으로 멋진 비유를 남겨 놓았다. 바로 '맷돌과 개미' 비유다. 맷돌이 왼쪽으로 돌고 그 위에 올려져 있는 개미가 맷돌의 둘레를 따라 오른쪽 방향으로 기어간다면? 개미는 열심히 오른쪽 즉, 시계 방향으로 나아가고 있지만 우리 눈에는 개미가 반시계방향으로 가고 있는 것처럼 보일 것이다. 왜냐하면 맷돌의 속도가 훨씬 빠르기 때문. 맷돌을 하늘, 개미를 하늘 위에 붙어 있는 태양으로 놓고 보면, 해가 동쪽에서 떠서 서쪽으로 지는 것처럼 보이지만, 하늘 덮개 위에 태양의 위치는 서쪽으로 동쪽으로 이동해 간다는 것이다. 해가 움직이는 이 길을

---

* 현대 천문학에서는 별, 즉 항성(恒星, fixed star)을 '스스로 빛을 내는 천체'라 정의하지만, 항성이란 본래 '붙박이 별'이라는 의미였다. 이는 지구에서 보이는 하늘을 천구면에 나타낸 고대 천문학 특유의 표현법이다. 태양은 항성이지만, 고대 천문학에서는 천구면 위를 움직이는 것으로 간주한다.

'황도'黃道라고 한다.

이는 지구가 자전을 하면서 동시에 태양 주위를 공전하기 때문에 벌어지는 현상이다. 별이 매일 뜨고 지는 건 지구의 자전 때문이다. 그런데 지구가 동시에 공전을 하기에 별의 위치는 매일 조금씩 서쪽으로 이동한다. 태양 입장에서는 매일 서쪽으로 이동하는 하늘 덮개 위에 그대로 머무는 셈이 된다. 결국 1년이면 태양이 하늘 덮개가 도는 반대 방향으로 움직이게 되는 것이다.

오늘날 자전과 공전은 너무도 간단한 상식에 속한다. 그렇기에 하늘이 돌고 태양은 거꾸로 돈다는 옛사람들의 우주관은 웃음거리가 되기 십상이다. 하지만 과연 옛사람들의 생각이 틀렸다고 말할 수 있을까? 고개 들어 하늘을 보라. 땅 위에 발을 붙이고 하늘을 보는 입장에서는 분명 하늘이 도는 것으로 보인다. 고대의 우주론은 땅 위에서 하늘을 보는 방식으로 구성되어 있다. 초월적인 전지자의 시점에서 바라보는 현대의 우주론과 단지 보는 방향이 다를 뿐이다. 고대의 우주론은 다른 관점으로 그려진 또 하나의 진실이다. 고대의 우주론은 땅 위에서 바라본 하늘을 그렸기에, 훨씬 실용적이고 구체적인 지침들을 제시할 수 있었다. 훗날, 천원지방이라는 관념은 하늘과 인간의 상응을 이해하는 기본적인 틀이 되었다.* 또한 앞에서 본 '천좌선 일월우행'天左旋 日月右行이라는 하늘의 운행 원리는, 점성학과 풍수지리학의 방위법에 응용된다.

개천설은 점차 발달해 갔다. 사람들은 점차 하늘이 평면의 원이 아니라 둥근 구면이라고 생각하게 되었다. 새로운 우주론의 모델이 된 것은

---

* 『황제내경』 「영추」에서는 "하늘은 둥글고 땅은 모가 나니, 사람은 머리가 둥글고 발이 모난 것으로써 그에 상응한다"(天圓地方 人頭圓足方以應之)고 하여, 인간과 우주의 관계를 설명하고 있다.

왕이 탄 '수레'였다. 수레의 좌석은 네모지다. 이건 땅이 네모짐을 나타낸다. 땅의 한가운데에 들어앉아 세상을 다스리는 자, 그가 왕이다. 이건 우주론이 결국은 인간학, 제왕학이라는 걸 뜻한다. 하늘은 수레 위에 펼쳐진 우산과 같았다. 우산의 한가운데 꼭지는 우주 운행의 중심이 되는 북극성이고, 우산을 떠받치고 있는 기둥은 하늘을 돌게 하는 보이지 않는 축이다. 왕이 타는 수레는 우주의 상징이었다. 고대 중국에서는 왕의 수레를 우주의 상징물로 빼곡히 채웠다. 모든 세세한 장식물 하나하나가 우주의 형상을 나타내는 상징물이었다. 『주례』周禮「고공기」考工記에는 왕이 타는 수레의 구조가 다음과 같이 상세하게 기술되어 있다.

> 진軫; 수레의 몸체이 네모난 것은 땅을 본뜬 것이다. 개蓋; 수레의 지붕가 둥근 것은 하늘을 본뜬 것이다. 윤복輪輻; 바퀴살이 30개인 것은 해와 달의 운행을 본뜬 것이다. 개궁蓋弓; 수레의 지붕을 받치는 지지대이 28개인 것은 별을 본뜬 것이다. 용기龍旂; 날아오르는 용과 내려오는 용을 그린 붉은 기가 아홉 가닥의 술

<u>진시황릉 출토 1호 동마거</u> 중국인들은 수레를 모델로 우주론을 구상했다. 하늘은 수레의 우산을 펼친 것처럼 둥글게 생겼고, 땅은 수레의 몸체처럼 네모지게 생겼다. 우산의 가운데에 축이 있듯이 하늘의 가운데에 북극성이 있고, 28개의 우산살이 펼쳐져 있듯이 28수 별자리가 운행한다.

을 늘어뜨린 것은 대화성大火星을 본뜬 것이다. 조여鳥旟; 비단에 송골매를 그려넣은 기가 일곱 가닥의 술을 늘어뜨린 것은 순화성鶉火星을 본뜬 것이다. 웅기熊旗가 여섯 가닥의 술을 늘어뜨린 것은 벌성伐星을 본뜬 것이다. 거북과 뱀이 그려진 기에 네 가닥의 술을 늘어뜨린 것은 영실성營室星을 본뜬 것이다. 호정弧旌에 화살을 단 것은 호성弧星을 본뜬 것이다.

이 설명은 고대 동양인들이 바라본 하늘의 기본 모형을 제시해 준다. 하늘은 우산과 같은 반원이었다. 하늘을 관찰하는 관측자의 시점에서 그려진 하늘의 모습이다. 저 거대한 우산 위에 별들은 점처럼 붙박여 있다. 하늘이라는 우산이 빙그르 돌기에 우리 눈에는 별이 움직이는 것처럼 보이게 된다. 하지만 개천설은 구조론으로서는 취약했다. 하늘이 어떻게 지탱되고 있으며, 그렇게 많은 별들을 달고도 떨어지지 않는 것인지 사람들은 궁금해했다. 이런 질문들에 적절한 답을 제시할 수 없게 되자 사람들은 보다 정교한 구조론을 고안해 내기 시작했다.

혼천설

혼천설渾天設은 하늘이 달걀과 같은 구형球形이라고 본 입장이다. 혼천설은 혼의渾儀라고 하는 천문 관측기구와 함께 발달했다. 이 설을 제시한 대표적인 인물은 후한 시대의 학자 장형張衡이다. 그는 「혼천의주」渾天儀註라는 글에서 하늘의 형상을 이렇게 설명한다.

하늘은 달걀처럼 생겼고, 땅은 달걀의 노른자처럼 생겨서 하늘 안에 홀로 위치해 있다. 하늘은 크고 땅은 작다. 하늘은 땅을 감싸고 있다. 하늘의 외부와 내부에는 물이 있다. 하늘과 땅을 지탱하면서 각각 안과 밖의 상대적인 위치를 정립시키는 것은 기氣이며, 모두 물 위에 떠 있다. 하늘의 둘레는 365$\frac{1}{4}$도*인데, 그 가운데를 나누면 반은 땅 위에 엎어져 있고 반은 땅 아래를 두르고 있다. 그러므로 28수의 반은 보이고 반은 보이지 않는 것이다. 그 양 끝은 각각 남극과 북극이라고 한다. 하늘은 남북극을 축으로 해서 수레바퀴처럼 회전하고 있다. 이민영, 『청소년을 위한 동양과학사』, 두리미디어, 2007, 43쪽에서 재인용

이 설명은 하늘의 형태를 천구天球 위에 위치 짓고 있는 현대의 구면천문학과 닮아있다. 관측자를 중심으로 반지름 무한대의 구면을 설정하고 그 위에 천체의 위치를 나타내는 방식이다. 재미있는 것은 그러면서도 천원지방天圓地方의 설을 고수하고 있다는 점이다. 하늘은 동그란 구의 형태고 그 안의 노른자 자리에 네모난 땅이 들어 앉아 있다. 천구 위에 땅의 적도를 연장하면 천구의 적도를 나타낼 수 있고, 태양의 길을 나타내면 황도를 표시할 수 있다.

또 하나 눈에 띄는 것은 우주론에 기氣 개념을 적극 도입하고 있다는 것이다. '기운 기氣' 자는 높은 산봉우리에 걸쳐진 구름이나 밥을 할 때 올라오는 수증기 따위를 보고 만든 글자다. 기를 직접 볼 수는 없지만, 만물에 분명히 작용하는 것이기에 우리는 바람을 느끼듯 기의 존재를 체험할

---

* 둥근 하늘의 둘레를 나타내는 법은 1년의 날수를 하늘의 둘레를 나타내는 도수(度數)로 간주하는 것이다. 이를 '주천도수'(周天度數)라 한다. 서양에서는 1년을 대략 360일이라 간주하고 원주를 360도로 정했으나 동양에서는 1년의 날수인 365$\frac{1}{4}$일로 하늘의 둘레를 나타냈다. 동양의 365$\frac{1}{4}$도가 서양의 360도보다 훨씬 정확한 것임을 알 수 있다(동양의 1도는 서양의 0.9856262도이다).

수 있다. 기는 만물 생성의 바탕이 되는 근원의 요소이다. 기가 모이면 생겨나고 사라지면 흩어진다. 비유하자면 그것은 '우주의 호흡'과 같은 것이었다. 만물의 생성소멸을 통해서 우리 눈에는 보이지 않지만 분명히 실재하는 기의 존재를 알 수 있다. 혼천설은 개천설이 답하지 못했던, 하늘은 어떻게 지탱되는가라는 질문에 '기'라는 답을 제시했다. 하늘이 쏟아지지 않고 지탱되는 것은 세상이 기로 가득 차 있기 때문이라는 것. 하지만 기라는 설명으로 온전한 답을 제시하지 못하고, 물이라는 요소를 도입한 게 함정이었다. 하늘이 물로 가득 차 있다는 설명을 듣고 고개를갸웃거리지 않을 사람은 없으니 말이다.

선야설

선야설宣夜說은 기에 대한 확신을 보다 밀고 나가서 하늘이 기의 무한한 공간이라고 설명한다. 무언가에 매어 있거나 물 위에 떠 있거나 하지 않고 기로 가득한 무정형의 허공에 떠 있다는 주장을 밀고 나갔다. 이 생각은『진서』晉書「천문지」에 실려 있다.

> 선야설의 책은 사라졌고 오직 한漢의 비서랑秘書郞; 관직 이름 치맹郗萌이 선사가 전하는 것을 기록하여 말하기를, 하늘은 결국 형질이 없고 우러러 그것을 보면 높고 멀어서 다함이 없다. 사람의 눈은 흐릿하여 정확하지 않아 푸르디푸르게 보일 뿐이다. 예를 들어 멀리 떨어져 있는 황산을 보아도 모두 푸르게 보이고, 구부려 1000길의 깊은 계곡을 보아도 그윽한 검은색뿐인데, 푸름은 실제 그 색이 아니고 검은 것도 실제 그 형체가 있

는 것은 아니다. 해와 달과 뭇별들은 자연스럽게 허공 가운데를 떠돌아 다니고 그 움직임과 멈춤은 모두 기의 운행을 따른다. 이로써 칠요七曜; 일월오성가 혹은 가거나 한곳에 머물고 혹은 순행하거나 역행한다. 숨거나 드러나는 것에 일정함이 없고 나아가고 물러남이 같지 않은 것도 그것을 뿌리처럼 매어 주는 바가 없는 까닭이다. …… 해는 하루에 1도씩, 달은 13도씩 운행하는데 빠르고 늦음은 일월성신의 실정에 맡겨지는 것이니 그것이 매어져 있는 바가 없음을 알 수 있다. 만약 천체에 단단히 붙어 있으면 그렇지 않을 것이다. 이문규, 『고대 중국인이 바라본 하늘의 세계』, 문학과 지성사, 2000, 340쪽에서 재인용

선야설의 핵심은 하늘이 무언가에 의해 지탱되어야 하는 고정된 사물이라는 고대인들의 관념을 깨 버림으로써 하늘을 물리적 실체라는 상에서 구출해 낸 것이다. 하늘을 형체가 없는 것으로 상정함으로써 천구라는 개념도 깨 버렸다. 하늘이라는 실체가 있다고 여기는 것은 우리 눈의 착각일 뿐이라 덧붙이기도 한다. 선야설의 설명은 보이지 않고, 형체도 가지지 않지만 분명히 작용하는 생성의 에너지인 기라는 개념을 적극 도입한 결과였다. 하지만 텅 빈 하늘 위를 천체들이 어떤 경로로 운행하는지를 설명하는 데까지는 나가지 못했기에 이 이론은 명맥을 이어나가지 못한다.

개천설, 혼천설, 선야설 이 셋은 중국의 우주 구조론을 대표하는 이론이다. 여기서 주목하고 싶은 것은 점차 우주론에 기氣 개념이 도입되고 있다는 점이다. 비록 우리 눈에 보이지는 않지만, 허공의 우주는 기의 운

행으로 충만하다. 그렇기에 우주는 쉼 없는 변화와 생성이 벌어지는 장일 수 있다는 것이다. 기가 모여 유형의 만물이 생겨나고 기가 흩어져 다시 무형의 기로 돌아간다. 우주는 곧 이런 기의 총체라고 할 수 있는 것이다. 『회남자』에서 우주를 시간과 공간이라고 정의했다. 시간과 공간은 기의 생성 변화가 일어나는 장이다. 그 안에서 기는 만물이 되고, 만물은 다시 기로 돌아가는 것이다.

적도좌표계

서양의 천문학은 태양과 달 그리고 다섯 행성수·금·화·목·토성의 운동에 관심을 집중했다. 이들은 모두 태양이 지나가는 길인 황도皇道 근처에서 관측된다. 그 길을 중심으로 하늘의 위치를 나타내는 방법인 '황도좌표계'가 만들어졌다. 그러나 중국의 천문학자들은 다른 방식으로 하늘을 봤다. 그들의 관심사는 하늘 가운데의 변함없는 축, 북극성이었다. 사실 태양도 북극성도 모두 왕의 상징이기는 마찬가지였다. 이 간극의 배경에는 서양과 중국의 정치사회적 환경의 차이가 자리하고 있다. 서양의 국가들은 분열되어 있었고 역사적인 변수도 굉장히 많았다. 하지만 중국의 대륙은 일찍이 통일의 경험을 했으며, 강력한 중앙집권 체제가 들어섰다. 이런 배경 탓에 중국인들은 고정의 축에 관심을 두었고 서양인들은 항상 이동하는 태양의 길에 관심을 둔 것이다.

앞서 설명한 우주 구조론을 참고로, 중국인들이 어떻게 하늘에 천체들의 위치를 나타냈는지 알아보자. 관측자를 중심으로 하늘에 둥근 우산을 그려 보자. 땅에서 우산까지의 거리는 무시하라. 중국인들은 보이는 대

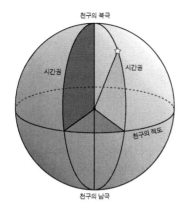

적도좌표계 지구에서 보이는 하늘의 모습 그대로 둥근 원이 있다고 생각해 보자. 다음, 그 위에 지구의 적도를 연장해 보자. '천구의 적도'라 부르는 이 가상의 선은 고대 동양에서 하늘의 위치를 표시하는 기준점이 되어 주었다.

로의 하늘에서 시작했다. 보이는 하늘과 땅과의 관계가 실제로 어떠하냐, 이런 유의 질문들을 중국인들에게 그리 중요한 관심사가 못 됐다. 중국 우주론의 기본 태도는 객관적인 우주 구조를 알아내는 게 아니라 우주의 '용법'을 창안하는 것이었기 때문이다.

그 다음에는 우산의 가운데 꼭지를 찾는다. 그것이 북극성이다. 지구의 북극을 투영시킨 것이다. 그럼 이번에는 지평선과 북극성 사이의 거리를 반지름 삼아 원을 그려 보라. 이 원 안에 보이는 별자리가 사철 내내 우리에게 밤새 보이는 주극성周極星의 별들이다. 계절의 변화에 제약되지 않고 늘 볼 수 있는 영역이므로 이 영역의 별들은 영원의 영역으로 이해되었다. 중국인들은 이 자리에 천자天子를 대입시켰다.

이번에는 우산에 우산살을 넣어 보자. 당연히 우산살들은 우산의 중심에서 시작되어 우산의 끄트머리, 즉 적도에 이를 것이다. 이 우산살을 천문학 용어로 시간권時間圈이라고 한다. 이것이 있으면 하늘에 있는 천체들의 위치를 설명할 수가 있다. 그리고 나아가 이는 하늘을 일정한 영역을 배분하는 역할도 한다. 이것이 중국인들이 사용한 '적도좌표계'다. 중국인들은 이 방식을 사용해 하늘이라는 우산에 28개의 우산살을 그려 넣었다. 그리고 우산살과 적도의 접점에 있는 별자리들을 대표로 뽑아 동양 별자리 28수宿를 만들었다. 28수는 자연히 하늘의 영역을 28개의 구역으로 분할해 주었다.

그런데 하늘의 별들을 이 구조 속에 위치 짓자 굉장한 장점들이 나타났다. 보이지 않는 천체들까지도 볼 수 있게 된 것이다. 늘 관찰할 수 있는 주극성의 별들만 봐도, 태양과 계절에 따라 보이지 않게 된 별들이 어디에 위치해 있는지 알 수 있게 된다. "수宿의 경계가 결정되면 주요 별들이 천구의 적도 북쪽이나 남쪽에 있다는 것은 그다지 중요하지 않았다. 중국인들은 그것들의 정확한 위치를 알았으며, 지평선 아래에 있어 보이지 않을 때도 다른 주극성이 자오선을 통과하는 것을 보고 알아냈다." 조셉 니덤, 『중국의 과학과 문명』, 이면우 옮김, 까치, 2000, 112쪽.

이 좌표계는 중국의 중앙집권적 정치구조의 반영이었다. 천자는 중심에 들어서서 제후국들을 관할한다. 우산의 꼭지는 이런 제왕의 상징이었고, 28수는 제후국 혹은 관료의 상징이었다. '3원 28수'의 체계로 대표되는 하늘의 별자리들은 하나의 국가를 상징한다. 그 위를 해와 달과 오성이 어떤 스텝을 밟으며 돌고 도는가, 그 모습을 보며 나라를 중심으로 펼쳐질 '사건'을 예견했다.

2장

북극성, 중심의 윤리학

북극성과 중국 천문학

고개 들어 하늘을 보라. 이번엔 모형이 아닌 실재實在의 하늘이다. 하늘의 중심을 찾아 보자. 하늘의 중심은 천구天球의 한가운데가 아니다. 춥고 어두운 북쪽 하늘 카시오페이아와 북두칠성 사이, 거기 북극성北極星이 있다. 사진 동호회 회원들이 별의 일주日週 사진을 찍기 위해 카메라를 고정시키는 별, 그 옛날 실크로드를 횡단하던 상인들이 길잡이로 삼던 별, 고대 이집트인들이 영혼이 돌아가는 별이라 믿었던 별(피라미드엔 북극성을 향해 영혼이 드나드는 작은 입구가 나 있다). 그것이 바로 부동의 별, 중심의 별, 북극성이다. 이 별은 우리에게 북쪽이라는 방향을 각인시켰다. 그곳은 중심이자 기준이 되는 방위이다. 홀로 움직이지 않으면서 뭇 존재들의 조화와 운행을 주관한다. 북극성은 곧 우주의 축이 되는 별이다.

중국 천문학은 북극성 중심의 체계를 가지고 있다. 여타의 고대 문명

<u>별의 일주운동</u> 모든 별은 북극성 주위를 빙그르 도는 것처럼 보인다. 그러나 실제로는 별이 움직이는 게 아니라 지구가 하루에 한 바퀴씩 자전하는 것이다.

권에서 대체로 태양을 중심으로 한 천문학이 싹튼 것과 비교되는 지점이다. 태양 중심의 천문학에서는 태양이 지나다니는 길, 곧 황도가 하늘의 중심이다. 지구가 공전하며 만들어 내는 태양의 궤적은 인간에게 씨 뿌리고 거두는 농사의 시기, 그리고 계절의 변화를 일러주었다. 중국인들 역시 태양의 운행을 눈여겨봤지만 그 길이 하늘의 중심이라고 생각하지는 않았다. 일찍이 바퀴와 수레를 만들어 냈던 중국인들에게 회전하는 천체의 운행에 어딘가 축이 되는 지점이 있다는 생각은 자연스런 것이었으리라. 그렇기에 중심이 가운데가 아니라 북에 있다는 사실이 이들에겐 전혀 이상한 것이 아니었다. 시시각각 달라지는 태양의 길 말고 변하지 않는 정점, 바퀴의 굴대 같은 곳을 찾았고 그곳을 기준으로 삼았다. 그 별이 곧 북

극성이다. 멀리 주나라 시절부터 중국인들은 북극성을 하늘의 중심이라 생각했다.

북극성의 극極은 세계의 정점을 잇는 우주의 축이라는 말이다. 중국인들은 북극성을 바퀴의 축, 혹은 저울대[權] 같은 이미지로 떠올렸다. 북쪽 하늘에 얼어붙은 듯 붙박인 고정점이 아니라, 세상이 변하고 역동할 수 있게 하는 축이라는 것이다. 『진서』晉書는 이 별을 하늘이 회전하는 지도리[天之樞; 회전축]라고 묘사한다. 지도리는 텅 빈 중심이다. 비어 있기 때문에 열리기도 하고 닫히기도 한다. 한가운데 붙박여 있지만, 결코 녹스는 법이 없다. 중심은 운동과 변화를 낳는다.

여기서 중국인들이 생각했던 중심의 의미를 엿볼 수 있다. 중中이란 결코 물리적인 한가운데가 아니다. 온갖 변화, 그리고 그것이 야기하는 대립적인 국면들을 포괄하는 자리, 그것이 중이다. 그렇기에 중은 특수한 어느 한 지점이어선 안 된다. 불변의 고정점이어서도 안 된다. '입장 아닌 입장'을 견지하며 계속 굴러가야 한다. 마치 스피노자가 '중심으로부터 동일한 거리에 있는 점들의 집합'이 아니라 '선분의 회전 운동'으로 원의 정의를 바로잡듯, 중국인들은 세계를 변화하고 운행하는 그 자체로 사유하려 했다. 중이란 변화를 아우르는 정점, 그렇기에 어느 하나가 아니면서, 모든 것일 수 있는 그런 것이어야 한다.

중의 원리는 천지만물을 이루는 우주의 이치이다. 북극성을 통해 이 원리를 체득한 고대 중국인들은 이를 정치 윤리로 밀고 나갔다. 혼란으로 가득한 인간사, 천체의 조화로운 운행을 본받으려면 어떻게 해야 할까? 일찍이 공자는 『논어』論語의 한 대목에서 북극성에 대해 말한 바 있다. 「위정」爲政 편의 첫 구절에 그는 이렇게 적었다.

덕으로 다스림은 비유하자면 북극성은 제자리에 있고 여러 별들이 그를 향하는 것과 같다.爲政以德 譬如北辰 居其所 而衆星共之

지리멸렬한 춘추전국시대를 겪으면서, 그리고 진한대의 통일 국가를 경험하면서 사람들은 통일과 조화에 관심을 기울였다. 인간 사회의 중심인 천자는 북극성의 덕을 이어받아 질서의 중심축 역할을 수행해야 했다. 군주가 패권으로 세상을 제압하는 것은 공자가 생각한 우주적 정치의 모습이 아니다. 뭇 제후들이 스스로 복종하게 해야 한다. 그래서 천자에게는 세상을 감화시킬 '덕'德이 요구되었다. 덕으로 다스리는 천자는 대립하는 입장들을 절충하지 않는다. 단일한 결론으로 차이들을 환원시키지 않는다. 오히려 다양한 목소리와 색깔을 조화시키려 한다. 그러려면 가만히 멈춰 있어선 안 된다. 시시각각 달라지는 상황에 맞게 부단히 그 중심을 조절해야 한다. 그러면서 매 순간 때에 맞는 판단을 내려야 한다. 여기서 중中의 윤리학이 나온다. 중은 기하학적 중간, 산술적 평균이 아니다. 때에 맞음이요, 상황적 적실성이다. 중의 윤리에 부합하는 삶을 살려면 단일한 가치에 고정되어선 안 된다. 매 순간 저울추를 움직여 가며 때에 맞는 판단을 내려야 한다. 이러한 삶의 모델이 된 것은 저 하늘의 북극성이었다.

내 안에 북극성 있다

다른 한편 북극성은 소우주인 인간의 몸을 이해하는 데도 기여했다. 하늘의 북극성에 상응하는 중심점이 인간에게도 존재한다. 현대 의학에서 뇌腦라 부르는 머리 한가운데, 동양에서는 이를 니환궁泥丸宮이라 부른다.

하지만 니환궁은 보통 우리가 알고 있는 뇌와 같지 않다. 니환泥丸이라는 말은 불교 용어인 니르바나nirvana; 열반에서 왔다. 이는 번뇌를 소멸시킨, 깨달음의 상태를 일컫는 말이다. 오직 깨달음의 경지에 이른 사람의 머리야만이, 북극성처럼 우리의 전체를 조화의 도로 아우를 수 있다. 중심을 잡는다는 것은 참으로 어려운 일이다. 멀리 갈 것도 없이 바로 자신의 일상과 몸을 돌아보라. 우리는 얼마나 중심 없이 살고 있는가. 하루하루가 얼마나 충돌과 혼란의 연속들인가.

공자는 『논어』 「양화」陽貨 편에서 이렇게 말했다. "인간의 본성은 서로 비슷하지만 습관에 따라 서로 다르고 멀어진다."性相近也 習相遠也 습관이 우리를 멀어지게 만든다. 조화와 균형의 저울추, 내 안의 북극성으로부터. 일상의 편리를 위해, 우리는 익숙한 대로, 길들여진 대로 살아간다. 그러면서 자신의 현재 모습을 직시하지 않는다. 습관은 우리가 일상적 편리를 위해 자기의 중심점을 맞바꾼 결과다. 하지만 감사하게도 내 안의 북극성은 가려져 잊혀진 것일 뿐, 사라져 없어진 것은 아니다. 전환의 여지는 상존한다. 즉, 자각 없이 살아가고 있는 일상적 자기로부터 떨어져 나올 때 숨은 내 안의 빛과 대면할 수 있다. 이것이 다름 아닌 수행의 목표다. 내 안의 북극성, 내 존재의 중심을 찾아가는 길. 그렇다면 그 길은 어떻게 찾아갈 수 있는가?

자기 안의 우주와 합일하려 했던 도가수행자들은 북극성을 신격화한 '태일'太一과의 합일을 위해 노력했다. 도교에서는 우리 몸의 오장육부에 마음과의 통로가 있고 각각을 지키는 신이 있다고 본다. 그중 제일 중요한 것은 그 신들 중의 우두머리인 태일신이다. 태일과 만난다는 것은 마음의 중심점을 다잡는다는 것과, 몸의 각 장부들과 기운이 조화롭게 운행되게 한다는 두 가지 의미를 모두 포함한다. 이를 '내단內丹 수련'이라는 구체적인 수행법으로 승화시켰던 도가들은 명상을 통해 혼잡스런 의식을 고요히 가라앉히고, 호흡과 집중을 통해 몸 안의 기를 원활히 소통시키는 두 가지 길을 모두 중요시했다. 이들에게 몸과 마음은 둘이 아니었다. 몸 안의 기가 순리대로 소통될 때 마음의 번뇌도 가라앉는다. 반대로 의식이 고요히 가라앉을 때 몸의 기운 역시 정미로울 수 있다. 몸과 마음을 다잡고 내 안의 신을 찾아 떠나기. 이것은 자아의 일상적 습관을 깨고 나오기 위한, 그리고 내 안의 북극성과 만나기 위한, 도가 나름의 전략이었다.

갈등과 번뇌로 시름겹다면, 고개 들어 북쪽 하늘을 보라. 산란한 마음을 다잡아 줄 부동의 별이 저 하늘에, 그리고 내 마음속에 빛나고 있다.

북두칠성, 영원의 시곗바늘

삼신할미와 고인돌

'칠성판'七星板을 아는가? 북두칠성北斗七星 별자리 그림이 그려진 2미터 정도 길이의 널빤지다. 이 판자의 용도는? 그렇다. 칠성판은 시신을 누이는 널빤지이다. 칠성판을 무덤에 함께 매장하는 이유는 망자의 영혼이 무사히 저승으로 돌아가기를 기원하기 위함이었다. 우리에겐 사람이 죽으면 그 영혼이 하늘로 돌아간다는 믿음이 있었던 것이다. 그런데 왜 북두칠성일까? 북두칠성은 망자들의 영혼과 무슨 관련이 있을까?

북두칠성은 생사를 주관하는 별자리이다. 우리의 삶은 북두칠성에서 시작되어 북두칠성으로 끝난다. 우리네 어머님들의 정화수는 칠성신七星神에게 기도를 드리기 위한 것이었다. 누구나 한번쯤 전래동화에서 이런 대목을 본 적이 있을 것이다. '비나이다, 비나이다, 칠성신께 비나이다! 이 늙은 부부를 불쌍히 여기시어 부디 옥동자 하나만 점지해 주십시오.'

북두칠성, 영원의 시곗바늘 59

옛사람들은 사람이 태어나는 것은 북두칠성과 남두육성南斗六星의 연계 플레이로 인한 것이라고 생각했다(남두육성에 대해서는 3부 3장 북방현무 7수의 두수편에서 자세히 소개하고 있다). 남두육성은 여름철 별자리로 서양 별자리로는 '궁수자리'의 일부 별들이다. 여섯 개의 별이 마치 미니 북두칠성처럼 국자 모양으로 연이어 있다. 남쪽의 국자 별이라는 의미로 그 이름을 남두육성이라 하는데, 이게 그 유명한 '삼신할머니'의 별이다. 자식을 바라는 인간의 정성에 북두칠성이 응하면 새로 태어날 영혼은 북두칠성 건너편의 남두육성으로 간다. 거기서 삼신할머니께 엉덩이를 찰싹 얻어맞고 어머니의 태胎 안으로 들어가는 것이다. 아기 엉덩이의 몽고반점은 이때 생긴 멍자국인데 이게 전생의 기억을 잊게 하는 역할을 한단다. 맞을 때 시퍼런 자국이 남도록 아주 제대로 맞아 주어야 한다.

남두육성과의 협력하에 인간의 탄생을 주관하기도 하지만, 북두칠성의 주 업무를 굳이 따지자면 그것은 '죽음'이다. 북두칠성에 거하는 칠성신은 인간의 수명을 주관한다. 이런 전설이 있다. 중국 위나라에 관로管輅라고 하는 점성술의 대가가 있었다. 어느 날 그는 밭에서 땀 흘려 일하고 있는 안초라는 청년을 만나는데, 얼굴을 보니 곧 죽을 운명이었다. 이를 안타깝게 여긴 그는 안초를 불러 말했다. "모월 모일 밭 가 뽕나무 아래에 가면 두 노인이 바둑을 두고 있을 테니, 그 옆에 앉아 술을 따르고 시중을 들어라." 안초는 뽕나무 아래 바둑을 두는 두 노인을 찾아 고이 술시중을 들었다. 이를 기특하게 여긴 노인은 수명을 기록한 명부를 뒤져 '十九'를 '九十'으로 뒤집어 주었고, 소년은 90세까지 오래오래 살았다. 이 이야기에 나오는 두 노인이 북두칠성과 남두육성의 신령이다. 남쪽에 앉은 이가 남두육성, 북쪽에 앉은 이가 북두칠성의 신인데, 남두의 신은 삶을 관장하여 탄생일을 기록하고, 북두의 신은 죽음을 관장하여 사망일을 기록한다. 둘이 나란히 생사의 끈을 쥐고 있지만 북두의 신이 좀더 끗발이 셌다. 왜냐? 그는 영원의 영역, 주극성에 위치한 별이기 때문이다. 하늘을 올려 보면 늘 볼 수 있는 별이었다. 탄생을 주관하는 남두육성은 하지 무렵부터 동지 무렵까지만 찾아들지만, 태어난 사람의 수명을 주관하는 북두칠성은 늘 만나 볼 수 있다. 즉 탄생을 염원하는 것보다 장생長生을 염원하는 게 더 수월한 문제였다. 자신이 타고난 수명을 충분히 누리며 사는 게 지복이라는 동양 특유의 인식은 이 별, 북두칠성과 함께했다.

북두칠성은 헤아릴 수 없이 오랜 시간을 인간의 죽음과 함께했다. 청동기 시대의 무덤인 고인돌을 살펴보면 북두칠성 별자리를 새겨 놓은 문양이 남아 있다. 고분의 무덤 천장에도 북두칠성의 그림이 있다. 이 풍습이 오늘날의 칠성판으로까지 이어진 것이다. 인간은 북두칠성을 통해 세상에 나와 살다가, 죽으면 다시 북두칠성으로 돌아가는 존재라는 것. 삶과 죽음은 끝없는 순환의 고리로 잇대어 있다는 것. 억겁의 세월 동안 우리는 이러한 인식을 공유해 온 것이다. 우주는 삶과 죽음의 끝없는 순환 고리를 이루며 돌고 돈다. 그것이 우주의 시간이다. 여기서 북두칠성은 끝없이 이어지는 생사의 고리를 주관하는 역할을 했다.

북두칠성은 왜 일곱 개인가

언제부터 우리가 북두칠성과 함께했을지 그 시원을 찾아 거슬러 오르는 것은 거의 불가능한 일이다. 중국 최초의 문자 기록에 이미 북두칠성에 대한 언급이 남아 있을 정도이니 그보다 훨씬 이전부터 북두칠성과 함께

<u>산둥성 자상현의 무씨 사당에 있는 동한 시대의 화상석(畫像石)</u> 북두칠성은 천자의 수레다. 북두칠성의 바가지인 '괴'(魁)는 천자를 상징하는 '북두성군'이 탑승하는 좌석이다. 구름을 타고 흘러가는 북두칠성의 모습은 세계를 순행하며 정치질서를 관장하는 천자의 소임을 상징한다. 북두칠성의 여섯번째 별, 개양성(開陽星)을 보라. 날개 달린 신선이 작은 구슬을 들고 보좌하고 있다. 이 구슬은 개양성과 쌍성을 이루는 보성(輔星)을 나타낸다.

살아왔다 해도 과언이 아니다. 물론 시절이 바뀌고, 그와 함께 신봉하던 사상이 바뀌면서 북두칠성의 의미는 조금씩 변해 왔다. 사람들은 그 시대의 감각으로 북두칠성을 보았고, 그때마다 북두칠성은 각기 다른 색깔로 채색되었다. 북두칠성이 항상 그 자리에 있듯, 북두칠성이 우주의 중심이 되는 별자리로 인간의 세계까지 주관한다는 생각만은 변함이 없었다.

북두칠성이 우주의 기틀이 되는 별자리이기 위해선 우주의 규범 원리를 아우르는 상징적 의미를 가지고 있어야 했다. 사람들은 북두칠성을 우주론의 기본 뼈대가 되는 '음양오행'陰陽五行을 명시하는 별자리로 인식했다. 음양이란 무엇인가? 천체를 가지고 설명하자면 음양은 곧 해와 달이다. 해와 달로 인해 낮과 밤의 교대가 생기고, 여기서 하루라는 시간의 흐름이 만들어진다. 또는 음양은 하늘과 땅[天地]이라는 상하의 공간적 격차를 의미하기도 한다. 가벼운 양의 기운은 위로 올라가 하늘을 이루고 무거운 음의 기운은 아래에 엉겨서 땅이 된다. 하지만 둘 중 어느 경우건 음양은 하나의 태극太極이 역동하면서 생긴 두 얼굴이라고 할 수 있다.

오행 역시 마찬가지. 오행은 하나의 태극을 다시 나누어, 다섯 스텝으로 나눈 것이다. 오행은 사계절의 교대와 생장수장生長收藏의 네 국면에서 출발했다. 이것이 사상四象의 시간적 의미다. 오행은 이 시간적 의미에 동서남북의 사방위라는 공간적 의미가 더해진 것이다. 이때 5라는 수는 그 순환운동의 회전축을 더한 것이다. 사상의 네 국면은 정지·분할된 각각의 컷들이 아니라 상호 순환하는 질서의 산물이다. 시간으로 보면 사계절과 각 계절 사이의 마디, 공간으로 보면 사방위와 그 중앙, 천체로는 수금화목토의 오성五星. 이것이 곧 오행에 해당하는 것들이다.

자, 그러니 이 수만 가지 우주질서를 모두 아울러 질서화한 것이 북두칠성의 수數 7이다. 7은 곧 음양(2)과 오행(5)의 결합체이며, 우주 질서의 상징이었다. 이는 음양이 나타내는 상하, 오행이 나타내는 사방과 중앙, 즉 3차원의 시공간을 표상한 것이다. 혹은 일월日月과 오성五星이 조화를 이루는 천체의 모습을 나타낸 것이기도 하다.

그리하여 진한시대에는 북두칠성이 천자의 통치행위를 상징하게 되었다. 중원 통일의 꿈을 이룬 뒤 강력한 중앙 집권 국가의 기틀을 마련하기 위해 고심하던 시대배경에 따른 것이었다. 북두칠성은 주극성이다. 주극성은 천자의 영역이었다. 중국에서는 이 별을 천자를 싣고 달리는 수레 모양이라 생각했다. 북두칠성이 사방위를 주유하며 사시와 오행의 질서를 세우듯이, 천자는 중원 영토의 사방을 순행하며 정치 질서를 건립했다.

사마천은 『사기』「천관서」에서 "북두칠성은 이른바 선기옥형璇璣玉衡으로 칠정七政을 다스림을 일컫는다"고 기록하고 있다. 선기옥형이란 아름다운 옥구슬로 된 저울대라는 뜻이다. 이 저울의 용도는 하늘의 기틀을 제시하는 것이다. 해와 달과 오성의 질서, 하늘의 음양과 오행을 주관한다. 나아가 음양오행에 의해 행해지는 만사의 일들을 다스리기도 한다. 그래서 '칠정'을 다스리는 별이란 직함을 얻었다. 이렇듯 북두칠성은 우주 질서의 근간이었다. 자연 현상과 정치질서를 아우르는 세계 질서의 총체가 그 안에 있다.

북두칠성은 일곱 개가 아니다

한편 한 무제武帝가 유학을 국가의 중심 사상으로 천명하면서 주변부로 밀려나게 된 도가들은 북두칠성에 대해 유가들과 다른 생각을 가지고 있었다. 한대의 우주론은 중앙 집중형 관료시스템이 어떻게 하면 순조롭게 운행될 것인가 하는 문제에 모든 관심을 기울인 나머지, 인간의 현세적인 욕망이나 종교적 요구들이 제기될 통로들을 철저히 봉쇄했다. 이에 도가 사상은 한대의 지고한 정치 문화와는 다른 출구를 모색했다. 유가들의 천문학이 일종의 국가 경영 지침서였다면, 도가들은 개인의 몸과 운명을 주관하는 점성적인 의미로 나름의 우주론을 구축해 나간 셈이다. 후한後漢이 망하고 육조시대六朝時代에 접어들면서 이들의 활동은 탄력을 받았다. 불교가 유입되어 도교와 서로 습합習合되면서 국가가 아니라 내 안에서 우주를 찾으려는 움직임이 활발해졌다. 그 합작품이 바로 칠성신앙이다. 이와 더불어 중국 천문학은 개인의 수행과 구복이라는 쪽으로 무게 중심이 기울었다.

　북두칠성의 일곱 별 각각은 천지 우주의 구성 원리이다. 모든 존재들은 다 그 별들과의 직접적인 영향하에 태어난다. 이때 일곱 별의 기운을 고루 받은 존재는 그렇지 않은 존재보다 더 큰 복을 누린다. 나는 그중 어느 별의 기운을 타고났는가? 지금 이 시대는 어떤 별의 영향 아래 있는가? 이런 식으로 북두칠성의 해석은 점성학적인 방향으로 전환된 것이다. 이들은 구체적으로 어떤 의미를 가지고 있을까?

북두칠성의 자루(손잡이) 부분을 표杓라 하고 머리 부분을 괴魁라 한다. 그중 괴의 첫 머리에 있는 별이 1성이 되고 자루 끝에 있는 별이 7성이 된다. 1성부터 순서대로 천추성天樞星, 천선성天璇星, 천기성天璣星, 천권성天權星, 옥형성玉衡星, 개양성開陽星, 요광성搖光星으로 불린다. 각각의 별들은 그 이름에 맞는 점성적인 의미를 가지고 있으며, 12지지에 배속되어 그해에 태어난 사람들의 운을 주관하기도 한다. 여기서는 그중 제6성인 개양성에 포커스를 맞추고자 한다. 이 별은 '북두칠성은 일곱 개가 아니다'라는 당혹스런 주장을 만들어 낸 '요주의 별'이기 때문이다. 북두칠성의 수 7이 얼마나 중요한 상징인지 이제껏 그토록 힘주어 주장했는데, 일곱이 아니라면 대체 뭐가 되냔 말이다.

고대 로마에서 군인을 뽑을 때 실제로 있었던 일이다. 장교 지망생의 시험 과목 중 하나가 별 보기였다. 면접관들은 밤하늘의 북두칠성을 가리키며 지원자들에게 묻는다. "저게 몇 개로 보이니?" 일곱이라 말하면 탈락이고, 여덟이라고 말해야 합격이었다. 실제로 육안으로도 관찰되는 북두칠성의 별은 일곱 개가 아니라 여덟 개란다. 제6성인 개양성, 서양에서 미자르Mizar라 불렀던 이 별은 단일한 별이 아니라 이중성二重星; 두 개의 별이 우연히 같은 방향에 놓이거나 가까이 있어서 육안상 하나처럼 보이는 별이다. 눈 좋은 사람에겐 그와 나란히 늘어선 보성輔星, 서양식 이름으로는 알코르Alcor가 보인다.

북두칠성을 북두팔성이라 개명이라도 해야 하는 건가? 그런데 도가

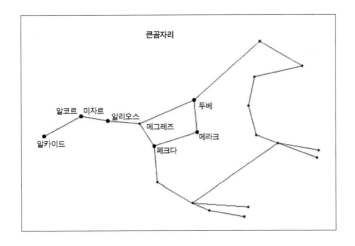

큰곰자리

알코르 미자르 알리오스
알카이드
메그레즈 두베
메라크
페크다

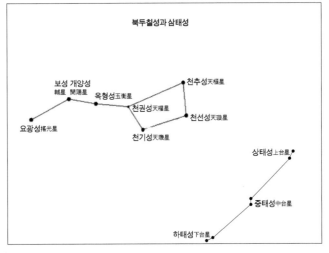

북두칠성과 삼태성

보성 개양성
輔星 開陽星
옥형성玉衡星
천권성天權星
천추성天樞星
요광성搖光星
천선성天璇星
천기성天璣星

상태성上台星
중태성中台星
하태성下台星

큰곰자리와 북두칠성 큰곰자리의 곰의 골반(?)과 꼬리를 잇는 일곱 별을 동양에서는 북두칠성이라 부른다. 곰의 앞발과 뒷발은 동양 별자리로 정승의 별 '삼태성'(三台星)에 해당한다.

들은 아예 한 발 더 나아가 북두칠성이 아홉 개라고 주장하기에 이르렀다. 보성 옆에 필성弼星이라는 또 하나의 별이 있다는 것!

이 황당한 주장을 점검하기 위해 천체 망원경으로 북두칠성을 관측해 보면 진짜로 개양성과 함께 나란히 빛나고 있는 두 개의 별이 관측된다고 한다. 하지만 이는 정밀 분광기를 동원해서야 관측되는 사실, 아무리 도를 닦은 도가 수행자라 해도 맨눈으로 이 별을 분간한다는 건 불가능한 일이었다. 그런데 이들은 무슨 근거로 북두칠성이 아홉이라는 북두구진北斗九辰 체계를 만들어 냈을까?

비결은 고도의 상수학象數學이다. 상수학에서 9라는 수는 이보다 더 큰 수가 없다는 완전수의 의미를 가진다. 또한 동서남북과 그 사이의 남동, 남서, 북동, 북서를 합한 팔방위에 중앙을 더한 명당의 수라는 의미도 있다. 『주역』周易에서는 1건乾이 8곤坤과 합하여 9수數를 이룬다고 한다. 만물을 낳는 건과 만물을 기르는 곤이 조화되어 새로운 것을 창조하는 수라는 것이다. 도가들이 북두칠성을 북두구성으로 주장한 이유? 7은 음양오행의 상징이지만 완전수는 아니었다. 결국 우주의 중심축으로서 일곱이 아닌 아홉 개의 별이 요구되었던 것이고, 이에 두 별을 추가해 북두구진의 질서를 만들어 낸 것이다.

도가들은 북두칠성을 일곱 현자와 두 명의 은자가 주관하는 칠현이은七賢二隱의 별이라 상상했다. 보이지 않는 두 별의 가세가 있어야만이 완벽한 우주질서를 표상하는 별이 된다는 것이다. 보이는 현상의 세계가 다가 아니다. 보이지 않는 차원에서 작용하는 그 무언가의 존재를 인식할 때 비로소 우주 질서를 올바로 포착할 수 있는 것이다. 만물에 내재된 생명 원리를 이해하고 거기 부합하는 삶을 살려 했던 도가다운 생각이었다.

일곱 개이든, 혹 아홉 개이든 북두칠성은 우주 질서의 주재자였다. 사시사철 지지 않고 밤하늘을 밝히는 주극성으로서의 역할은 이 별에게 '영원'의 지위를 부여했다. 억겁의 세월을 거듭하며 북두칠성은 저 하늘 위를 밝혀 왔을 것이다. 사람들은 거기서 무상한 생사의 모래바람에 쓸려 가지 않을 진리 혹은 질서를 발견하려 했다. 계절마다 자리를 달리하며 우리에게 사시의 질서를 알려 주던 별자리, 이 사계절의 흐름과 더불어 동서남북의 방위를 알려 주던 별자리, 매 시각 다른 방향을 가리키며 밤하늘의 시곗바늘 역할을 하던 별자리, 북두칠성은 시곗바늘이자, 달력이자, 나침반이었다. 거듭되는 순환의 주기 속에 우주의 시공간을 담아내고 있었다. 지금도 하늘 어딘가에서 찬란히 빛나고 있을 북두칠성은 멈추지 않는 우주의 시곗바늘이다. 북두칠성을 향해 우리도 한번 온 마음 다해 두 손을 모아 보자.

4장

태양, 질서의 수호자

생명의 원천

2012년, 금성 일식이 있었다. 금성 일식은 금성이 태양 앞을 지나가는 현상이다. (지구에서 보기에) 불안정한 궤도를 가진 금성은 태양의 주위를 어지럽게 지나다닌다. 때로 태양의 방향을 거슬러 역행하기도 하고 이번처럼 태양의 영역을 침범하기도 한다. 2012년 6월 6일, 현충일에 일어난 금성 일식에선 금성이 태양 안으로 쏙 하고 들어가는 것처럼 보이는(일면 통과) 흔치 않은 장면이 연출되었기에, 금세기 최고의 우주쇼라며 화제가 됐었다. 뉴스에는 태양을 관찰할 수 있도록 고안된 슈렉 가면을 쓴 아이들이 하늘을 향해 입을 벌리고 있는 사진이 실렸다. 지금 못 보면 다음 생을 기약해야 한다는 말과 함께(다음 금성 일식은 105년 후에나 일어나기 때문이다). 그런데 이건 옛 선조들이 봤다면 경을 쳤을 일이다. 점성학적으로 보면 태양은 왕을 상징하는 천체다. 그것이 금성에 의해 좀먹혔으니 이건 보통 심각한 전조가 아니다. 천체는 결코 혼자 '쇼'하지 않는다!

헤로도토스의 『역사』에는 고대인들이 일식을 어떤 전조로 받아들였는지에 관한 기록이 남아 있다. 지금의 터키 지역에 있던 리디아와 메디아 왕국 간에 전쟁이 벌어졌다. 한창 전쟁의 와중이던 때에, 일식이 벌어졌다.

전쟁은 막상막하로 진행되어 6년째에 접어들 때였다. 싸움이 한창일 때 갑자기 낮이 밤이 되고 말았다. 일식이라고 하는 하늘의 돌변은 밀레토스의 탈레스가, 실제로 그 해까지 정확히 들어 이오니아인에게 예언했던 일이다. 리디아 메디아 두 군은 다같이 낮이 밤으로 변한 것을 보고 싸움을 그만두고 할 수 없이 화평을 서두르기 시작했다.헤로도토스, 『역사』, 천병희 옮김, 숲, 2009, 50쪽

당시 사람들은 일식을 신의 노여움이라고 생각하고 자신의 행위를 바로잡는 계기로 삼았다. 그리하여 6년간의 싸움에 종지부를 찍고 화해 모드에 들어가게 된 것이다. 그만큼 태양은 중요한 천체로 여겨졌다는 것. 태양의 인기 비결? 그건 무엇보다 '질서'에 있었다. 성실하고 규칙적인 바른 생활 사나이 태양. 태양은 우주 질서의 수호자로 여겨졌다. 하지만 그의 반듯함은 일식과 혜성의 침범 등, 여러 방해요소들로부터 수시로 도전받는다. 그럼에도 한결같은 진로와 예측할 수 있는 주기를 유지하는 태양은 사람들에게 질서의 수호자로 여겨지기에 충분했다. 인간은 태양의 주기에서 시간과 공간의 질서감을 획득했다.

또한 태양은 만물을 생육하는 에너지의 원천이라는 의미도 가지고

<u>태양의 화신들</u> 이집트의 태양신 레(Re, 맨 왼쪽). 낮에는 동에서 서로 항해하며 하늘을 밝히고, 밤이 되면 지하왕국으로 내려갔다가 다음 날 아침 다시 동쪽으로 솟아오른다. 고대 이집트의 왕조의 수호신으로 자리매김했다. 광명의 부처, 비로자나불(毘盧遮那佛, 가운데). 삼라만상의 존재이유가 되는 근원의 신이다. 고대 아스테카인들이 섬기던 최고의 신, 토나티우(Tonatiuh, 맨 오른쪽). '빛나기 시작한 자'라는 뜻의 이 신은, 태양의 광휘를 본뜬 형상을 하고 있다.

있다. 농경을 토대로 흥기했던 4대문명의 발상지에는 공통적으로 태양숭배 신앙이 나타난다. 생명에너지를 무한 방사하는 태양은 범접할 수 없는 지위를 가진 신으로 이해되었다. 이집트 태양신의 이름은 레^{Re}이다. 이집트인들은 지하왕국의 어둠을 뚫고 나와 동에서 서로 항해하는 태양의 신 '레'야말로 진정한 질서의 근원이라고 믿었다. 레는 항상 선물인 마트^{Maat}와 함께 동행한다. 마트는 햇빛, 만물을 자라나게 하는 생명의 근원이다.

우리에게 익숙한 불교의 '비로자나불'^{毘盧遮羅佛}도 이런 태양신의 일종이다. 산스크리트어 '바이로차나'^{Vairocana}는 태양이라는 뜻. 이름 그대로 광명의 부처다. 태양이 만물을 비추듯 지덕^{智德}의 빛으로 세상을 밝힌다고 한다. 사라진 문명 아스테카의 신 '토나티우'^{Tonatiuh}도 태양신이다. 아스테카 신전의 태양의 돌 위에 묘사된 이 신의 모습은 한눈에 봐도 어엿한 태양의 화신이다. 머리 주위에 묘사된 빛살은 태양의 광휘를 표현한 것이다. 이들에게서 공통적으로 관찰되듯이 태양은 강렬한 생명의 에너지를 방출하는 최고의 신이었다. 뭇 존재들의 생명은 태양과 떼 놓을 수 없기에 태양신은 어디에서나 특권적인 지위를 가진 신으로 자리매김했다. 태양은 생명의 질서를 주관하는 소중한 천체였던 것이다.

중국의 태양신

중국의 신화에도 물론 태양신이 있다. 그런데 중국의 태양신은 여타 문명권만큼의 끗발을 날리지 못한다. 일찍이 중국에서도 태양 숭배 신앙과 밀접한 관련이 있는 농경 문명이 만개했다. 그럼에도 불구하고 특권적 권위를 가진 태양신의 전통이 발견되지 않는 것은 무슨 이유에서일까? 먼저 중국 신화 속의 태양 이야기를 만나 보자.

중국의 신화에서 태양은 세 발 달린 까마귀, 삼족오三足烏의 모습으로 나타난다. 고대 중국 사람들은 열 개의 태양이 있다고 믿었다. 태양의 집결지는 동쪽 바다 끝에 있는 부상수扶桑樹라는 나무다. 태양의 어머니 희화는 매일 나뭇가지에 매달린 아홉 개의 태양 중 하나를 탕곡이라는 호수에서 말끔히 씻겨 어제의 태양과 교대시켰다. 그런데 어느 날 열 개의 태양이 모두 하늘로 올라가 버리는 대형사고가 벌어졌다. 덕분에 세상은 불바다가 됐고 명사수 예羿에게 태양을 쏘라는 막중한 임무가 내려진다. 예는 솜씨를 발휘해 아홉 개의 태양을 명중시키지만 천신 희화의 자식을 죽였다는 이유로 하늘의 노여움을 사 지상으로 영원히 추방당한다.

그러자 예는 곤륜산의 서왕모西王母가 가지고 있다는 불사약을 구해 영생을 얻으려 한다. 서왕모 면전에 당도한 예와 그의 아내 항아姮娥. 서왕모는 이들에게 불사약을 내려주며 복용법을 일러 주는데, 한 사람이 한 병을 다 먹으면 즉시 하늘로 올라가고, 두 사람이 반을 나누어 마시면 영생을 얻는다는 것이었다. 그런데 이 말을 들은 항아는 남편을 배신하고 몰래 불사약을 들이킨다. 하늘은 이런 항아를 용서하지 않고 흉한 두꺼비로 만들어 버린다. 오늘날에도 해와 달에 이들의 본모습이 드러나는데 해에서는 부상수 가지에 매달려 있던 태양-새 삼족오를, 달에서는 두꺼비로 변한 항아의 모습을 볼 수 있다.

평소 우리가 해님 달님이라는 말을 자주 쓰듯이 중국에서도 해와 달을 함께 묶는다. 다른 문명권 사람들이 보면 놀라 자빠질 일이다. 감히 누가 태양을 달 나부랭이와 함께 묶는단 말인가? 태양이 이다지도 권위가 없는 것은 세계 신화에 유례가 없는 일이다. 그 배경을 살펴보자. 이는 앞서(1부 2장 '천문의 작은 역사' 참고) 언급했던 은나라의 몰락과 관련되는 이야기다. 우리는 날을 헤아릴 때 한 달을 열흘씩 끊어 상순·중순·하순으로 묶는다. 시간을 열흘 주기로 한데 묶는 것은 은나라로부터 전해진 전통이다. 부상수에 걸려 있었다는 열 개의 태양은 은나라에 살던 열 개의 부족체를 뜻한다. 각 부족의 시조신이 태양이 되어 세상의 날을 주관한다고 여겼던 것이다. 이들 조상신의 이름을 따 태양에 붙인 이름이 우리가 천간天干이라 부르는 '갑甲·을乙·병丙·정丁·무戊·기己·경庚·신辛·임壬·계癸'이다. 이들이 한 차례 순환하는 주기를 '순旬'이라 하여, 이를 시간의 중심으로 삼았던 것이다. 중국 문명은 분명 열 명의 태양신, '제帝'로부터 출발했다. 하지만 기원전 11세기, 은이 주나라에 의해 멸망하면서 태양의 특권적 지위는 후퇴하게 된다. 우주의 중심은 '천天'이라는 새로운 신이 차지하게 되고, 태양은 하루의 반절만을 주재하는 지위로 밀려나게 된 것이다.

음양, 현자의 눈

중국에서 해와 달을 하나로 묶은 이유는 시간의 안배와 관련이 깊다. 태양은 하루의 절반인 낮을 주관한다. 나머지 반절은 달이 주관한다. 크기상으로는 무려 400배의 차이가 나지만, 지구에서 보기엔 이들은 하루라는 시간의 반절씩을 주관하는 대등한 천체이다. 이들의 의미는 해와 달이라는 천체의 외연을 넘어 보다 추상적인 원리로 발전했다. 바로 중국의 독특한 세계관인 음양이라는 개념이다. 한자 음陰과 양陽은 언덕[阝]의 응달과 양달을 나타낸 글자이다. 그늘과 양달이라는 상반되는 요소는 하나의 언덕이 두 모습으로 함께 공존하는 데다, 시간의 흐름에 따라 서로의 성격이 반대의 것으로 뒤바뀐다. 일과 월의 조합으로 '밝을 명'明; 日+月이나 '바꿀 역'易; 日+月이란 한자가 만들어진 것만 봐도 알 수 있듯이 해와 달은 떼 놓을 수 없는 한 쌍이었다. 서로를 포함하며 변이하는 음양의 개념은 우주의 상관관계를 나타냈다.

언덕의 양달은 응달이 있어야 가능하다. 언덕은 언덕이고 양달은 양달이다, 라고 이들의 관계를 단절시킬 수 없다. 한 사물은 자신의 반대항을 전제하고서야 가능하다. 모순되는 것들을 무 자르듯 잘라 버리는 태도는 '밝은'[明] 인식이 아니다. 반대되는 요소들이 하나로 있기 때문에 세상은 부단히 '변화'[易]한다. 낮[日]은 밤[月]으로 밤[月]은 낮[日]으로. 이 생각은 중국 특유의 시간개념이 형성되는 데 중요한 역할을 했다. 시간이란 직선으로 나아가는 화살이 아니라 거듭되는 생성이다. 그것을 가능하게 하는 것은 대립적이면서 보완적인 두 개의 기운이 공존과 교대 속에 함께하고 있기 때문이다.

음양의 개념은 중국의 사유가 협소한 인식에 갇히지 않는 데 일조했다. 일상적인 사고에 매몰된 인간은 사물의 일면을 보고 전체를 규정하려 하지만, 음양은 사물의 보이지 않는 반대편과 나중에 도래할 다른 국면을 함께 이해하게 한다. 이러한 생각은 시간과 공간을 전체적으로 이해하게 한다. 이것이 사물의 전체를 인식하는 현자의 앎이다.

서구 문명의 뿌리가 되는 고대 그리스에서도 음양과 비슷한 사유들이 발견된다. 기원전 6세기의 헤라클레이토스는 일찍이 이렇게 말했다. "신은 낮이자 밤이며, 겨울이자 여름이고, 전쟁과 평화이며, 포만감이자 배고픔이다." 그는 대립물이 공존하는 채로 부단히 변화하는 세상의 모습을 포착했던 것이다. 그리스의 방대하고 화려한 신화 역시 같은 맥락의 것이다. 태양의 신 아폴론은 섬광이면서 때로는 어두움이고, 직선이면서 사선이기도 했다. 이것이 그리스의 신화가 기대고 있는 시적 언어, 뮈토스muthos의 세계다.

하지만 기원전 5세기, 그리스인들은 얘가 쟤가 되고, 쟤는 애가 되는 이런 어정쩡한 이야기들을 벗어던지기 시작했다. 반대되는 것들이 온통 뒤섞여 있는 신화적 세계관과 절연하면서 그리스는 진실에 대한 엄밀한 기준을 요구하기 시작했다. 관측 위주의 서양의 천문학이 태동한 것도 이 즈음이다. 별에서 세상을 읽고 나를 읽던 고대의 전통을 말끔히 청산하고 우주의 구조를 그야말로 과학적인 태도로 규정하려 나선 것이다. 그러면서 그들은 인간과 우주가 소통하던 감응의 세계관을 상실하기 시작했다.

전통적 삶을 벗어던진 우리 역시 그리스인들과 같은 수순을 밟아 왔다. 다음번의 일식이 언제 어디서 또 관측될지, 우린 몇 백 년 앞을 정확히 내다보고 있다. 하지만 당장의 일식이 어떤 의미인지, 우린 단 한마디도 말할 수 없다. 반면 조악하기 그지없는 고대인들의 생각들은 우리를 너무도 황당하게 하지만, 그 안에는 나와 우주를 합치시키려던 고대 현자들의 지혜가, 삶을 우주적 차원으로 끌어올리려던 고민이 담겨 있다. 중국인들은 태양과 달을 보고 음양을 생각했다. 하나 안에는 반드시 정반대의 것이 내재해 있고, 그렇기에 우주는 멈추지 않고 굴러갈 수 있다는 것, 이것이 음양의 이치이다. 이글거리는 생명의 원리 또한 이와 같다. 삶 안에 죽음이 있고, 삶은 죽음으로 죽음은 다시 생명으로 이어진다. 태양도 음양의 원리에 따라 매일 탄생과 부활을 거듭한다. 그러니 삶에 집착하는 것, 허무의 늪에 파묻히는 것 모두 인간의 협소한 이해가 지어낸 망상에 불과한 것이다. 음양의 리듬, 그 아름다운 순환의 질서에 부합하는 삶을 살 때 비로소 우리는 생명일 수 있다.

5장

달빛과 함께 춤을

달빛 아래 두 개의 풍경

'달' 하면 떠오르는 것은? 정월대보름이나 추석의 환한 보름달, 풍성한 먹거리와 정겨운 풍습들……. 우리에게 달은 풍요와 다산의 상징이었다. 환하게 밝은 달이 떠오르면 사람들은 손을 모으고 기도를 올렸다. 이런 우리에게 달을 광기狂氣와 동의어로 놓는 서양인들의 정서는 낯설기 그지없다. '광기 어린'이라는 뜻의 영어 '루나틱'lunatic은 라틴어 '루나'luna에서 왔다. '루나'는 달이라는 뜻이다. 서구인들의 기억 속에 달은 어둡고 음산한 이미지로 각인되어 왔다. 보름달이 뜰 때마다 괴수로 변하는 늑대인간 이야기에 보름달이 뜨는 날에는 자살률과 살인율이 높아진다는 연구결과도 있다. 여기에는 달이 내뿜는 서늘한 빛이 인간의 숨은 본능을 자극한다는 인식이 깔려 있다. 하나의 달을 두고 동과 서는 너무도 엇갈린 생각을 해왔다는 것. 휘영청 보름달이 떠오른 밤, 서양인들이 원초적인 두려움에 휩싸여 하늘을 봤다면, 지구 반대편의 사람들은 달빛을 가운데 두고 축제를 벌인 셈이다.

나는 달과 관련된 잊을 수 없는 기억 하나를 가지고 있다. 벌써 10년도 훨씬 전의 일이다. 어느 날엔가 할머니와 기도를 드리러 산에 올랐었다. 목적지는 친척 중 누군가의 꿈에 나타났다는 고목나무. 그런데 공교롭게도 그날은 그믐날 밤이었다. 그믐날 밤에 꿈에 본 고목나무 찾기라……. 차라리 서울에서 김 서방 찾기가 그보다 쉽지 않을까? 그믐날 밤의 산 속은 무엇도 없는 절대 어둠의 상태, '칠흑 같은 어둠' 따위의 뻔한 수사로도 형언할 수 없는, 암흑의 극치다. 그런데 일순간 놀라운 일이 벌어졌다. 어느 모퉁인가를 도는데 갑자기 훤히 길이 밝아진 것이다. 달 없이 빛나던 그날의 달빛은, 꿈에서 본 고목나무를 찾아 치성을 드리고 돌아올 때까지 계속 이어졌다. 우리 집안 사람들은 지금까지도 그 달빛을 산신의 보살핌이자 기도에 대한 응답이라 믿어 의심치 않는다.

같은 상황을 서구인들이 겪는다면, 그들은 어떤 반응을 보일까. 우선, 산을 오른다는 것에서부터 '멘붕'이 시작될 것이다. 중세 유럽의 신학자들은 산을 '추악한 대지의 혹'이라 여겼다. 유아사 야스오, 『몸과 우주』, 이정배 옮김, 지식산업사, 2004, 331쪽 그곳은 악마와 마귀가 득시글거리는 저주의 장소였다. 그렇기에 산은 오로지 정복의 대상으로서만 의미가 있었다. 서구인들은 산꼭대기를 찍는 등산의 방식으로 산을 대한다. 이런 서구인들에게 골짜기와 달빛의 조합이라면, 이보다 더 나쁠 수 없는 최악의 경우에 해당할 것이다. 아마도 그들은 이 상황을 마귀의 저주라 여기며 혼비백산하지 않았을까? 반대로 동양인에겐 산은 온갖 신령과 수도자들로 가득한 제의와 수행의 공간에 다름 아니었다. 이들에겐 정상을 오르는 것 보다 깊고 그윽한 곳에서 산과 감응하는 것이 우선이었다. 달은 동과 서의 너무나도 상반된 태도를 잘 보여 주는 매체다. 이 차이는 천 길 사이로 벌어진 두 세계관을 명징하게 드러내 준다.

달과 몸의 리듬

동양에서 해와 달은 부단히 교대되는 두 양상으로 이해되었다. 이들 사이에는 어떠한 위계도 설정되지 않았다. 이런 생각은 음양이라는 추상적 관념을 낳는 데 일조했다. 양은 상승과 발산의 국면이며, 음은 하강과 수렴의 국면이다. 음과 양은 서로 의존하는 가운데 부단히 순환한다. 음양의 개념으로 말하면, 달은 음기를 주관하여 세상에 하강과 소멸의 기운이 가득하게 만드는 밤의 주인장이라고 할 수 있다.

　음은 발산하는 기운을 수렴시켜 구체적인 결과물로 벼려내는 기운이다. 그렇기에 밤은 생산의 시간으로 이해되었다. 낮이 발산한 양기를 벼려서 물질로 길러내는 시간. 달은 그런 생산의 과정을 총괄하는 천체이다. 태양이 용솟음치는 양기로 생명의 주재자 역할을 한다면, 달의 음기는 야무진 손끝으로 만물의 몸체를 빚어낸다. 비근한 예를 들자면, 태양은 돈 벌어다 주는 아빠 역할이고, 달은 세세한 살림살이를 주관하는 엄마 역할이라고 할까. 돈줄을 쥐고 있는 건 엄마 소관, 엄마한테 밉보였다간 밥 못 얻어먹는다. 물질세계를 주관하는 달은 만물의 밥줄을 쥐고 있는 우주적 엄마다.

　신화시대의 흔적들을 들춰보면 고대인들이 공통적으로 모신母神 숭배 전통을 보유하고 있음을 알 수 있다. 그중 특히 달은 남신男神 태양의 능동성을 받아들여 만물을 자라나게 하는 지모신地母神의 대표 격이었다. 사람들은 달을 원초적인 숭배의 대상으로 여겨, 잉태와 다산을 주재하는 여신의 이미지를 부여했다. 그리고 달을 향해 풍요를 기원했다. 인류의 역사상 달 숭배 전통은 태양 숭배 신앙의 흔적보다 훨씬 오래전부터 발견된다. 역사를 가지기 이전부터 사람들은 일찍이 우주의 엄마, 달에게 잘 보여야 한다는 걸 간파한 것이다. 그렇기에 인간의 삶은 달에 기대고 있는 것이 많다. 구체적이고 경험 가능한 물질세계의 거의 모든 것이 음의 담금질 속에서 만들어졌다고 해도 과언이 아니다. 그중 우리가 가장 직접적으로 경험하는 차원의 것이 바로 우리 '몸'이다.

인간의 몸은 달의 리듬에 영향을 받는다. 달의 성정은 초승달에서 보름달로 그리고 그믐달로, 차고 기우는 것이다. 달이 만들어 내는 순환의 율동은 지상의 만물에 차고 넘친다. 그것이 바다에 가서는 밀물과 썰물의 리듬을 만들어 내고, 사람에게 오면 들숨과 날숨의 호흡을 만들어 낸다. 바람이 없는 상태에서 파도의 물결이 이는 것은 1분에 약 18회이다. 이에 응하여 사람도 1분 동안 약 18번 숨을 쉰단다. 자, 여기에 숫자 2를 곱해 보자. 그러면 사람의 평균 체온 36도가 된다. 도가 수행자들은 36이란 수를 몹시 중요하게 여겨 도인술의 동작들을 꼭 36번씩 반복했다. 여기에 다시 2를 곱하면 72가 나오는데, 이는 일 년 360일을 오행의 5로 나눈 수이자, 사람의 평균 맥박수와도 일치하는 수이다. 이 신비로운 수의 유희는 넘실거리는 파도처럼 달의 율동이 우리 몸에 리듬을 부여하고 있음을 보여 준다. 여성의 월경주기도 달의 영향을 받는다. 여성의 월경주기와 달의 삭망월朔望月; 달이 삭에서 다음 삭까지, 또는 망에서 망까지 이르는 시간 주기는 모두 29.5일이다. 인체는 달과 함께 춤춘다. 달이 차고 기우는 것을 따라 몸의 기도 돌고 도는 것이다.

『황제내경』에는 인체와 달의 관계를 이렇게 설명하고 있다.

인체는 자연계와 유관하며 해와 달의 운행과도 상응한다. 그러므로 달이 차면 바닷물이 서쪽으로 차오르고, 인체의 기혈 역시 쌓이므로 기육이 충실하고 피부가 조밀해지며 모발이 견고해지고 주리腠理; 땀구멍가 닫히며 기름때가 끼는데, 이때는 비록 적풍사기가 침입하더라도 깊숙이 들어가지 못한다. 달이 이지러지면 바닷물이 동쪽으로 차오르고, 인체의 기혈이 부족해져 위기가 가라앉으며 형체만 있을 뿐이고 기육이 감소하고 피부가 이완되며, 주리가 열리고 모발이 손상되며 기육의 결이 얇아지고 검은 때 같은 것이 떨어지는데, 이때에 적풍사기가 침입하면 사기가 깊숙이 들어가 갑작스럽게 발병한다.「영추·세로론」

만월·만조일 때는 몸의 혈기가 강건하고 기육이 튼실해지지만 달이 기울면 혈기의 운위가 쇠약해진다. 이 말이 너무도 분명하게 보여 주고 있듯이, 달의 우아한 율동에 따라 우리 몸도 차고 기운다. 일찍이 옛사람들은 인간의 몸이 달의 리듬에 상응한다는 것을 알았고, 그 리듬을 거스르지 않고 살려 노력했다. 달과 바다, 인간이 하나로 어우러지는 우주의 리듬에 밝았던 것이다.

해와 달의 궁합은?

달은 생명체의 몸을 주재할 뿐 아니라, 인간이 문명을 구축하는 데 일조하기도 했다. 달은 가장 가시적인 순환의 주기를 보여 주는 천체다. 영화나 TV에서 좁은 감방에 갇힌 죄수가 창밖의 달빛을 가늠하며 날짜를 새기는 장면을 본 적이 있을 것이다. 달만큼 시간의 흐름을 한눈에 보여 주는 천체는 없다. 달이 차고 기울면서 만들어 내는 보름이라는 주기는, 소리 없이 흘러가는 듯한 시간의 강물에 일정하게 굽이치는 리듬과 순환의 주기가 있다는 것을 알려 준다. 인간은 이 순환의 질서 속에서 규칙성을 읽어 냈다. 달은 인간으로 하여금 시간을 발명하게 하는 데 큰 기여를 한 것이다. 인류에게 달은 첫 달력이 되어 주었다.

여기 한나라의 어느 무덤에서 출토된 재미있는 유물이 있다. 두 그루의 나무 그림(오른쪽 페이지). 너무 평범해서 누군가 무덤가에 휘갈겨 놓은 낙서 같다는 생각도 든다. 하지만 여기에는 옛사람들이 달력을 만들었던 원리가 들어 있다. 왼쪽의 나무는 여섯 개의 잎을, 오른쪽의 나무는 열다섯 개의 잎을 가지고 있다. 벌써 눈치 챈 사람도 있겠지만 오른쪽의 나무는 달의 이지러짐을 보고 날을 헤아리는 기능을 한다. 차오르는 달을 보고 15일 동안 여기에 잎을 붙여나가고, 달이 기울면 다시 잎을 뗀다. 이렇게 한 주기를 돌고 나면 한 달이라는 시간이 찬다. 그러면 왼쪽의 나무에 잎을 하나 붙인다. 왼쪽의 나무는 한 달이 지날 때마다 잎을 붙이고 6개월이 차면 다시 잎을 뗀다. 잎이 모두 떨어지면 1년이 지나고 새로운 한 해가 시작된다.

이 그림이 잘 보여 주고 있듯, 달력의 탄생에 있어 달은 가히 독보적인 역할을 했다. 비단 중국뿐 아니라 메소포타미아와 일찍이 태양력을 발명하고 이를 기반으로 문명을 발달시켰던 이집트나 잉카 제국에서도 달을 고려한 달력을 만들어 냈다. 그 당시 달력의 용도는 오직 제의에 국한

<u>달력 풀, 명협(蓂莢)</u> 요(堯) 임금 때 섬돌 위에 돋아났다는 신비로운 풀. 이 야릇하게 생긴 풀의 용도는? 정답은 '달력'이다. 왼쪽의 풀은 한 달에 잎이 하나씩 돋아나서 6개월이 되면 다시 하나씩 떨어진다. 오른쪽의 풀은 하루에 잎이 하나씩 돋아나서 15개가 되면 16일째부터는 잎이 하나씩 떨어진다. 왼쪽의 식물은 일 년의 달수를, 오른쪽의 식물은 한 달의 날수를 알아내는 데 쓰였다.

됐었다. 하지만 시간이 갈수록 사람들은 달력이 보다 실용적인 용도로 쓰이길 바랐다. 특히 농경의 시작에 있어 달력의 필요는 너무도 절실한 것이었다. 달력의 발달과 문명의 고도화는 궤를 함께해 갔다. 사회가 복잡하고 고도화될수록 보다 체계적인 천체 질서를 반영한 달력을 보유하게 되었다. 각 문명권마다 다양한 천체의 질서를 반영해 달력을 만들었지만, 주 쟁점이 되었던 사안은 해와 달의 주기를 맞추는 문제에 있었다. 해와 달의 운행을 동시에 고려한 이런 달력을 '태음태양력'太陰太陽曆, lunisolar calendar이라고 한다.

태음태양력의 난점은 지구의 공전주기에 따라 만들어지는 1년(365.2422일)과 달의 공전에 따라 만들어지는 한 달(29.5306일)이 열두 개가 모여 이루어지는 1년(29.5306×12=354.3672일)이 서로 어긋난다는 것,

어찌 보면 해와 달은 궁합이 안 맞는 부부인 셈이다. 그럼에도 둘이 함께 살아가자니 부단히 지지고 볶을 수밖에. 그렇다면 이 문제를 어떻게 해결할 것인가? 달만을 고려한 태음력은 한 해의 시작과 끝을 딱 떨어지게 포착할 수 없다. 절기의 변화에 대해서도 사실상 알려주는 바가 없다. 하지만 태양의 운행을 고려하면 한 해의 기준점과 절기 변화를 단박에 움켜쥘 수 있다. 해와 달의 어긋나는 리듬을 조율하기 위한 비결, 이 문제는 달력에 윤달[閏月]을 넣는 문제로 모아졌다.

윤달의 문제에 있어 중국인들은 타의 추종을 불허할 집요함을 보였다. 제대로 된 시간 질서의 확립이라는 과제는 천자에게 주어진 가장 비중 있는 과제 중 하나였다. 이에 대해 전설의 요임금이 이렇게 한 말씀 남기실 정도였다. "삼가 천체 운행의 원리를 파악해 해와 달과 뭇 별의 운행을 계산하고 관측하도록 하라. 그리고 경건히 백성들에게 시간을 알리도록 하라."

해와 달의 공전주기가 자연수로 똑 떨어지지 않고 소수단위로 늘어짐에도 불구하고(둘의 차이는 10.8751일, 얼마나 머리에 쥐나는 계산이었을까!), 보다 정교하게 윤달을 넣는 법을 골몰했다. 각고의 노력 끝에 19년 7윤법(19년 동안 7번의 윤달을 끼워 넣는 방법)이 도입되는데, 이는 태양이 선회하는 기점인 동지일과 달의 기점인 초하루가 같은 날에 들어오도록 맞춘 것이다. 이에 자신감을 얻은 중국인들은 동짓날 자시[子時]에 해와 달이 동시에 반환점을 끊는 76년의 주기를 알아내기도 하고, 동짓날하고도 갑자일 자시에 해와 달이 나란히 골인 하는 4617년의 주기를 계산해내기도 한다(이 징한 계산에 참여한 이가 그 유명한 사마담과 사마천 부자이다). 여기에 1태양년의 주기에 질서를 부여한 24절기 체계가 확립되면서 중국의 달력은 달의 위상과 계절의 변화를 정교하게 포착하는 보다 균형감 있는 모습을 갖춰 갔다.

달(moon) 없는 달(month)

달력 하나에 이다지도 많은 관심을 보였던 중국인들의 태도에서 우리는 천체의 운행을 모델로 해서 인간 사회의 규칙을 찾으려 했던 천인감응의 세계관을 읽어 낼 수 있다. 하지만 이 시간 체계는 서양의 달력이 받아들여진 이후, 달력의 한 귀퉁이로 밀려나고 말았다. 하지만 달력의 작은 글씨에서나마 이를 만날 수 있다는 건 행운일지 모른다. 우리가 소위 '양력'이라 부르는 서양의 그레고리우스력의 실체를 알고 나면 우리가 얼마나 앙상한 시간 질서 속에서 살고 있는지 알게 될 것이다.

　달을 배제하고 순전히 태양의 운행만을 고려한 달력인 태양력은 고대 이집트인들의 산물이었다. 나일강이 범람하는 하지夏至 무렵을 짐작하기 위해 그들은 일 년의 정확한 길이가 얼마만큼인지를 따지려 했다. 하지만 이 달력은 농사를 위해 고안된 반쪽짜리 달력에 불과했다. 제의를 포기할 수 없던 이집트인들은 이 달력을 태음태양력과 병행해 사용했다. 이 태양력이 세계적인 시간 체계로 급부상한 건 로마시대 정복자들의 눈에 들면서부터다. 로마의 정복자들은 태양력의 간편함에 매료되었고 이를 자신들의 달력으로 삼기에 이르렀다. 이로써 서구의 시간 질서에서 달의 운행은 배제되어 버리고, 달moon 없는 달month로 이루어진 기계적인 달력이 만들어지게 되었다. 기고만장한 정복자들은 급기야 각각의 달에 매겨진 이집트 신들의 이름을 지우고 자신의 이름을 새겨 넣기에 이르렀다. 고대 로마의 제왕 율리우스 시저는 율리우스력을 제정하면서 7월에 자기 이름(July)을 끼워 넣었다. 아우구스투스는 8월에 자기 이름(Augustus)을 새겼다. 자기 생일이 든 달을 기념하기 위해서였다. 원래 7월을 뜻하던 셉템Septem; 라틴어로 7이라는 뜻은 9월로 밀려나게 되었다. 이로써 서구인들은 시간의 질서가 만들어지는 데 큰 역할을 한 달moon의 존재를 깡그리 지워 버리고 오로지 눈에 환하게 들어차는 태양의 길만을 따라 외발로 걷게 된 것이다.

시간의 체계에 있어 달의 주기를 배제했다는 것은 몹시도 위태로운 일이다. 달의 주기가 잊혀졌다는 것은 동시에 우주의 순환의 질서도 함께 망각되었다는 것을 뜻하기 때문이다. 달력이란 무엇인가? 그것은 한없이 연이어 있을 것만 같은 아득한 시간들을 위해 세워진 일종의 이정표와 같은 것이다. 달력이 있기에 우리는 연속되는 날들 속에 매듭을 지을 수 있게 된다. 하루, 한 달, 한 해의 시작과 끝. 하나의 국면을 온전히 마무리할 수 있기에 비로소 새로운 시작 또한 가능한 것이다. 달력은 시간이 순환하는 질서를 제시함으로써 세상에 생명의 리듬을 불어넣는 역할을 했다. 그렇기에 달 없는 달력이란 엔진을 들어낸 자동차와 다를 바 없는 것이다. 달의 주기가 사라짐과 함께 사람들은 열리고 닫히는 시간의 마디를 상실하게 되었다. 달이 차오르고 기울고, 파도가 밀려왔다 쓸려가고, 호흡이 들고 나는 것처럼, 시간은 돌아오고 떠나가는 순환의 리듬을 가지고 있다. 시곗바늘이 지나가는 균질한 거리의 칸들, 혹은 일직선으로 뻗어가는 화살 같은 게 결코 아닌 것이다.

이쯤에서 서구인들이 달을 보고 느꼈던 공포감이 이해될 수 있을 것도 같다. 어쩌면 그들은 굽이치는 시간의 물결을 받아들이지 못했던 것 아닐까? 삶이 죽음으로 죽음이 또한 삶으로 이어진다는 것을, 또한 시간 그 자체가 매번 사라지고 탄생하는 순환의 연속이라는 것을, 감당치 못했던 것 아닐까?

6장

돌고 돌고 돌고, 오성 이야기

칠요

고대 천문학의 용어 중 우리 귀에 가장 익은 단어는 아마 '일월오성'日月五曜이 아닐까 한다. 일월은 해와 달, 오성은 태양을 가운데 놓고 공전하는 다섯 행성을 일컫는 말이다. 태양계의 행성들 중 육안으로 관찰 가능한 다섯을 엮어서 오성이라 했다. 화성, 수성, 목성, 금성, 토성. 그리고 여기에 일월의 두 요소를 합쳐 칠요七曜 혹은 칠정七政이라 불렀다. 칠요와 칠정은 곧 일월오성의 다른 말인데, 칠요라고 하면 음력 한 달을 4등분해서 얻은 7일의 시간주기이고, 칠정은 일곱 개의 천체의 운행을 정치 원리에 대응시킨 것이다. 각각 일월오성에서 얻어낸 시간 질서와 정치 원리라 할 수 있다. 여기서 눈여겨볼 것은 일월과 오성의 운행이 지상의 시간 질서를 만들어 내고, 나아가 나라의 정치 원리까지 결정한다는 것이다. 하늘의 무수한 천체들 중 이들 일곱이 그만큼 인간의 삶에 가장 밀접한 영향을 미치는 요소들임을 알 수 있다. 하늘의 운행을 살펴 인간의 삶에 적용시키려 했던 고대인들에게 이들 일곱 천체는 하늘의 관전 포인트가 되었다.

칠요 중 일월, 즉 태양과 달은 오늘날의 천문학에서는 각각 항성恒星과 위성衛星으로 분류된다. 항성은 천구상에서 서로의 상대 위치를 바꾸지 않고 별자리를 구성하는 별을 가리킨다. 행성, 위성, 혜성 등을 제외한 스스로 빛을 내는 천체를 우리는 항성이라 부른다. 태양은 물론이고 앞서 설명했던 북극성이나 뒤에서 자세히 다룰 28수 역시 항성이다. 그러나 행성이든 위성이든 고대 천문학에서 이들은 천구라는 우산 위 저마다의 자리에 고정되어 있다. 다만 우산이 움직이기에 하늘을 도는 것처럼 보인다. 하지만 칠요는 그렇지 않다. 이들은 자신의 궤도를 따라 천구 위를 움직인다. 그런데 그 걸음이 어딘지 불안하다. 태양의 길 황도는 찌그러진 타원형이다. 그 길을 따라가는 일월오성의 궤도는 하나같이 일그러진 모습이다.

이 장의 주인공인 오성五星은 행성行星; 항성 주위를 도는 스스로 빛을 내지 못하는 천체이다. 태양을 중심으로 나란히 돌고 있는 다섯 행성인 이들은 이름 그대로 '떠돌아다니는 별'이다. 행성을 영어로 플래닛planet이라 하는데, 이 말은 '떠돌이'라는 뜻의 고대 그리스어 플라네테스planētēs에서 유래했다. 행行이란 움직인다는 의미다. 그것도 삐걱삐걱 절룩이며 걸어가는 모양이다. 글자를 풀어 보자면, 한 발을 들고 깨금발로[彳] 비틀거리며 걷는 모양[亍]이 곧 行이다. 어긋남과 충돌, 그 많은 사건의 와중에 우주는 돌고 돈다. 행성도 그렇다. 자기 궤도를 따라서 돌기는 하지만 그 모습이 태양처럼 일정하지 않다.

지구 위에 선 관찰자의 시점에서, 항성들 사이에 매일 조금씩 변화하

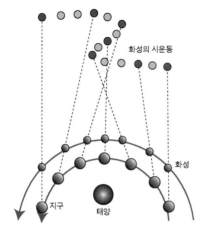

화성의 시운동

화성의 역행 행성들은 타원형의 궤도를 따라 태양의 주위를 공전한다. 그러나 지구의 관찰자가 보기에 이들은 천구 위에 '갈지' 자를 그리며 운행하는 것으로 보인다. 이는 각각의 행성과 지구의 운동 속도가 다르기 때문에 나타나는 현상이다.

화성

지구   태양

는 행성의 위치를 추적해 보면, 행성들의 궤도가 무척 기이한 곡선을 그리며 변화한다는 것을 알게 된다. 때로는 비틀비틀, 절뚝거리며 운행하기도 하고, '갈 지之' 자를 그리며 앞뒤로 왔다갔다 하거나 정상적으로 운행하는 듯하다가 갑자기 멈춰서는 반바퀴를 돌아 뒤로 간다. 그러다가 다시 멈추고 다시 반바퀴를 돌아서 정상적인 운행을 한다. 그 모습, 흡사 공중제비를 넘는 것처럼 보인다. 이 현상을 역행逆行이라고 한다.

하지만 이들 오성은 마구잡이로 떠돌아다녀 궤도를 예측할 수 없는 혜성彗星과는 다르다. 이들은 엄연히 태양을 중심으로 한 자신의 궤도를 지키고 있으며, 단지 태양계의 세번째 별인 지구와 운행속도가 다른 탓에 어지러이 떠도는 것처럼 보일 뿐이다. 그 궤도는 태양처럼 안정적이진 않지만, 혜성처럼 예측 불가능하지는 않았다. 하지만 그걸 알아낸다는 건 굉장히 까다로운 문제였다. 옛 중국인들은 오성에서 무엇을 보려 했을까? 오성의 운행과 우리의 삶 사이에 어떤 접점을 찾고 있었을까?

답은 오성의 이름에 들어 있다. 오성五星의 운행은 목화토금수의 오행과 연결된다. 오행은 삼라만상이 생성변화하는 이치를 목, 화, 토, 금, 수의 다섯 가지 기운으로 나타낸 것이다. 오행은 각각 생명이 탄생[木]하고, 자라나고[火], 꽃 피우고[土], 열매 맺고[金], 소멸하는[水] 과정을 상징한다. 여기에 '행' 자가 쓰인 것은 생명의 펼쳐짐이 순탄하지 않은 여정을 거친다는 것을 뜻한다. 이는 우주에 내재하는 선천적 결함을 나타낸다. 만물의 생성변화는 무수한 엇갈림과 충돌들을 겪을 수밖에 없다는 것이다. 삼라만상이 모두 우주의 결함 위에 살아간다.

비록 천지가 우주적 결함 속에 돌아가지만 이 위대한 결함이 없었다면 이 땅에 인간을 비롯한 모든 생명의 탄생도 불가능했을 것이다. 이런 점에서 평형상태란 곧 정적과 죽음을 의미한다. 요컨대 어긋남이, 기울어짐이, 울퉁불퉁함이 생명을 만들어 낸다.고미숙,『동의보감, 몸과 우주 그리고 삶의 비전을 찾아서』, 북드라망, 2011, 128쪽

하지만 결함이 있기에 차이가 생기고 생명이 가능했다. 오행과 오성의 비틀거리는 운행은 생명이란 결국 결함 속에서 이루어지는 차이와 생성의 춤이라는 것을 보여 준다.

잃어버린 시간을 찾아서

고대 사회에서 천문학은 비중 있는 국책사업이었다. 천체의 운행은 시간질서의 확립에 중요한 기준점이 되었기 때문이다. 고대의 군주들은 시간

(시간 질서)을 갖기를 원했다. 고대 군주들에게 시간 질서의 확립은 사활이 걸린 문제였다. 시간을 다스리는 것은 곧 세계를 다스리는 것과 같았다. 무질서한 세계를 문명화시키려는 야심찬 군주라면 먼저 무상한 시간의 흐름을 다스릴 수 있어야 했다. 그저 흐름으로 있을 뿐인 시간을 쪼개고 나누어 만든 시간(시간 체계)이란 발명품은 인간이 자기의 필요에 따라 어떤 것을 다스리는 데 필수적인 디딤돌이 되었다.

고대 문명권 중 중근동의 지역에서는 태양의 움직임에 주목했다. 이걸 그려낸 것이 '황도대'zodiac이다. 황도대는 곧 지구가 태양 주위를 공전하는 궤도이다. 이 황도 구역을 달의 열두 주기를 뜻하는 12구역으로 나눈 것을 황도 12궁이라고 한다. 천구상의 공간이 구획되면 그걸 시간 질서로 이해할 수 있다. 이 시간 체계는 태양과 달의 운동이 함께 반영된 '태음태양력'으로 발전해 갔다. 이들의 시간 체계는 해와 달의 운행을 고려해 만든 일 년 열두 달의 변화를 중심으로 한다.

이에 비해 중국에서 시간 추산을 위해 주목한 것은 뜻밖에도 목성의 공전 주기였다. 계산하기도 어려운 목성의 공전 주기를 택한 겁 없는 사람들! 그리하여 중국인들은 상당히 복잡하고도 독특한 시간 질서를 가지게 되었다. 목성이 태양 주위를 한 번 도는 동안 지구는 약 12번(정확히는 11.86번) 공전한다. 그러니까 목성의 한 해가 지구의 12년이다. 이를 구분하기 위해 지구의 한 해를 '연'年이라 부른다. 목성의 한 해는 '세'歲라고 한다. '세월이 흐른다'고 할 때의 세월歲月은 목성의 주기를 달[月]의 수인 12로 나눈, 한 해의 다른 이름이기도 하다. 김일권, 『동양 천문사상 하늘의 역사』, 216쪽

제사의 축문 앞머리에 붙는 '유세차'唯歲次라는 말도 그해에 목성이 어떤 위치에 자리했는지를 나타내는 것이다. 이처럼 중국의 시간 체계는

세성歲星; 목성이 위치한 위치에 따라 각각의 해를 다른 식으로 이해하는 방식이다. 중국인들은 목성의 공전 주기에서 얻은 12라는 수가, 일 년 열두 달, 즉 일 년에 해와 달이 같은 자리에서 만나는 12신辰과 같은 수라는 데 착안해 이를 공간 분할의 원리로 사용했다. 세성의 공전 주기에 따라 천구의 적도를 12개로 나누어 여기에 12지지의 명칭을 부여했다. 그런데 문제는 해와 달이 만나는 12신의 방향과 목성의 공전 방향이 반대로 돌아가기에 실제의 세성과는 거꾸로 돌아가는 가상의 천체를 만들어 내야 했다는 것이다. 이를 세음歲音이라 한다. 이 방법은 계산법이 복잡하다는 이유로 나중에 12지지에 흡수 통합된다. 하지만 이는 각각의 해마다 펼쳐지는 시공간의 주기성을 파악하는 데 일조했다. 12년을 주기로 기후조건이 변화하며 흉년과 풍년이 교대한다는 것을 포착한 것이다. 중국은 여기에 태음태양력의 역법 체계마저 고수하려 했다. 해와 달 그리고 목성이라는 세 마리 토끼를 한 번에 꿰차는 시간 체계를 가지려 했던 셈. 이것은 일 년 열두 달뿐 아니라 십이 년 한 해 한 해의 특이성을 놓치지 않으려는 노력이기도 했다.

다람쥐 쳇바퀴 돌듯 매일 똑같은 시간 속을 살아가는 현대인들에게 이런 고대의 시간관은 너무도 낯설다. 어제가 오늘 같고 오늘이 내일 같은 무심한 삶의 습관에 길들여진 우리들은 하루, 한 달, 그리고 일 년이 각각 얼마나 다른지 알지 못한다. 하지만 옛사람들은 천체의 순환과 함께 매번 되풀이되는 듯한 시간 속에 도드라지는 차이의 지점들을 포착해 내려 했다. 매 순간이 얼마나 새롭고 다른 것인지! 우리가 망각해 가고 있는 잃어버린 시간이 여기 있다.

오성의 점성적 의미

오성은 시간 질서의 협조자로 나서기도 하지만 인간의 삶에 직접 영향을 미치기도 한다. 이제까지 수차례 이야기했던 천인감응이 그것이다. 거리상으로 까마득한 격차로 떨어져 있는 천체와 인간이 감응하고 공조하는 질서를 이룬다.

중국인들은 태양이 지나가는 길을 천자의 길로 여겼다. 이를 천도天道라 부른다. 태양 주위를 도는 다섯 행성의 궤적은 태양을 보좌하는 관리들의 영역이라 여겨졌다. 왕은 유려하게 뻗은 자신의 길을 순행하며 스스로가 천자임을 세상에 천명했고, 자신의 다섯 신하들에게는 그들 각자에 맞는 직무를 나누어 부여한다. 오성이 운행하며 이룬 궤적은 말하자면 태양으로부터 하사받은 업무들의 그래프와 같은 것이었다. 이때 오성은 오행에 배속되어 각 기운이 주재하는 방위를 상징한다. 다섯 행성이 모두 모이면 동서남북과 중이 합쳐진 정방형의 공간이 완성되는 것이다. 오성은 왕이 다스리는 땅에 해당한다. 오성의 궤적을 관찰하는 것은 주로 점성학자들의 몫이었다. 이들은 오성의 운행을 보고서 전쟁과 천재지변 등의 국가의 대사를 점쳤다. 대략적으로 오성의 점성적 의미를 살펴보면 다음과 같다.

목성은 동방東方의 목기에 배속된 행성이다. 앞서 봤듯이 '세성'이라고 한다. 목의 기운이 추진력을 의미하기에 목성의 세勢를 보고 어떤 지역의 정벌 여부를 점쳤다.

화성은 남방南方의 화 기운에 속한 행성이다. 뜨고 지는 것이 일정하지 않아 사람을 미혹시킨다고 해서 형혹성熒惑星이라 부른다. 화는 예禮를 뜻하므로, 화성이 어지러우면 나라의 예법이 문란해진다. 그리고 화는 폭발력을 의미하기도 하니, 화성의 세는 전쟁을 의미하기도 한다. 옛날에 전투를 할 때는 화성의 운행을 눈여겨봐야 했다. 화성의 운행을 따를 경우 승리하고 거스르는 경우 지게 된다. 화성과 금성이 충돌할 경우 화극금火克金하므로 금이 상징하는 군대가 파괴된다.

토성은 중앙의 토기에 배속되니 점성학적으로는 제후와 임금의 상으로 여겨진다. 토성이 특정 궤도에 머물 경우 그에 해당하는 지역에 길한 일이 있다. 오래 머물수록 그 복은 크다. 한편 토성이 급하게 움직이면 왕이 편안하지 않고, 거꾸로 운행하면 반란이 일어나게 된다.

금성은 태백성太白星이라고 하는데 서방西方의 금에 배속된 행성이다. 금성은 군사를 주관하기에 금성의 운행이 순조롭지 못하면 군대가 패하거나 임금이 왕위를 찬탈당한다.

수성은 북방北方의 수 기운에 배속된 행성. 수가 잉태의 기운을 상징하듯이 이 별은 뭇 별들을 잉태하는 어머니와 같다고 여겨진다. 그래서 진성辰星이라고 불린다. 수성의 운행이 순조롭고 그 빛이 고르면 풍년이 들고 날씨가 조화로우나 그렇지 않으면 흉년과 기근이 찾아온다.

물론 오성을 살피는 방법은 이보다 훨씬 복잡하고 다양하다. 그것의 빛이 어떤지, 어떤 궤도와 속도로 운행하는지, 그리고 주변의 천체와 어떤 관계에 있는지 등 복잡한 변수들이 고려되어야 한다. 하지만 여기서 기억해 둬야 할 것은, 오성은 저마다의 궤도 위에서 돌고 돈다는 것. 오성의 운행은 그치지 않고 이어지며, 천체들의 관계는 매번 새로운 장 속으로 접어든다. 세상의 오행, 그리고 우리의 삶은 모두 천체의 조화와 같다. 천체의 운행에 쉼이 없듯 교차하고 얽히며 매번 새로운 관계망을 만들어 낸다. 우리의 삶 역시나 매번 새롭게 벌어지는 사건의 무대 위를 살아가고 있는 것. 하늘의 오성은 매 순간 새롭게 거듭나는 이 시공으로 우리의 눈을 돌리게 한다.

3부

별자리 28수 이야기

1장

천상열차분야지도

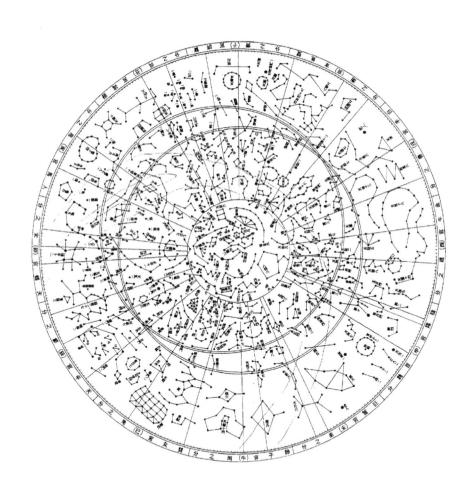

여기 한 장의 별자리 지도가 있다. 천상열차분야지도天象列次分野之圖. 고구려에 전해 오던 천문도를 바탕으로, 1395년 조선 태조 때 석각본으로 처음 만들어져 이후 목판본, 필사본으로 널리 전해져 왔다. 왼쪽의 별자리 그림은 그 일부다. 별자리 그림 외에도 해와 달에 대한 설명, 우주관, 천문도의 내력 등이 함께 기록되어 있다.

하늘의 별자리를 어떻게 한 장의 지도 안에 그려 넣었을까? 그리고 이 별자리 지도는 무엇을 위해 만들어진 것일까? 제목이 많은 것을 말해 준다. '천상열차분야'를 두 음절씩 끊어서 이해하면 된다. 천상天象, 하늘의 조짐을 읽는다는 뜻이다. 천체의 움직임이 지리地理와 인사人事에 어떤 영향을 미칠지를 궁리하는 게 천문의 가장 큰 목적이었다. 그렇다면 어떤 기준으로 하늘에 나타난 조짐을 해석할 것인가? 그걸 알려 주는 게 열차列次와 분야分野다. 열차에서 차次는 목성의 공전주기를 따라 하늘의 적도를 12개의 구역으로 나눈 것이다. 지도의 제일 바깥 테두리의 글자를 잘 살피면, 12지의 글자들을 찾을 수 있다. 이것이 12차次다. 12차는 하늘의 영역을 12개로 나누어 준다.

분야는 말 그대로 땅을 나눈다는 뜻이다. 하늘과 땅이 서로 연결되어 있다는 천인감응의 인식에 입각해 하늘의 별자리를 일대일로 땅에 대입시켰다. 어떤 별자리에 특정한 천문현상이 생기면 그에 해당하는 지역이 영향을 받는다고 해석했다. 우리는 평소에 '한 분야에 최고가 되어야 한다'는 말을 쓰는데, 이때의 분야라는 말이 바로 여기서 유래한 것이다.

도圖는 그림이라는 말이다. 3차원의 천구를 2차원의 평면에 위치 지웠다. 이 별자리 지도의 둥근 원은 천구를 평면에 옮겨 놓은 것이다. 그 결과 복잡한 천체의 움직임을 한눈에 알아볼 수 있게 되었다.

지도 보는 법을 조금 더 알아보자. 둥근 원 전체는 천구이고 가운데 중심점은 북극성이다. 안쪽의 작은 원은 주극성의 영역이다. 주극성의 영역 안에는 북두칠성이 있는데, 북두칠성의 자루가 빙그르 돌면서 우리에게 계절과 시간을 알려 준다. 적도 곁에는 중심 축을 벗어나 치우친 원이 있는데, 이것이 태양의 길 황도黃道이다. 주극성의 영역 다음으로 큰 동심원이 하늘의 적도이다. 원의 중심에서 방사상으로 뻗어나간 선이 보인다. 개수를 세어 보니, 28개이다. 28개의 구획 가운데 황도와 적도 주변의 별들을 뽑아 동양 별자리 28수宿를 만들었다.언뜻 복잡해 보이지만 사실 이것은 별자리를 찾기에 무척 편리한 시스템이다. 주극성의 별을 찾아 방사상의 선을 따라서 가상의 선을 그리면 내가 찾고자 하는 별이 어디에 있는지 알 수 있다. 태양과 반대 위치에 있는 별도 알아낼 수 있다.

원의 바깥에 그려진 12차次는 일 년에 해와 달이 만나며 만들어지는 방위인 12신辰과 통한다. 12신은 땅의 방위와도 상응하며, 각 달月마다 태양이 어디에 있는지를 나타낸다. 날日마다 달이 어디에 위치하는지 궁금하다면 28수를 참고 하면 된다. 동양 별자리를 왜 28수라 하는지 먼저, '수' 자의 의미를 살펴보자.

'수'宿 자는 '묵을 숙' 혹은 '별자리 수' 자로 쓰이는 글자다. 옛날에는 '수'宿 자로 표기되었다고 한다. 그 모양을 뜯어보면, '갓머리'宀는 집을 뜻하고, '인'亻 은 사람, '첨'囨은 이부자리로 쓰는 대나무 깔개를 뜻한다. 즉, 이 글자는 '사람이 집안에 요를 깔고 눕다', 혹은 '사람이 집안에 묵다'는 뜻을 가지고 있다. 류시성 · 손영달, 『갑자서당』, 북드라망, 2011, 203쪽이에 수는 머무른다는 뜻을 가지게 되었다. 하늘에 있는 이 별들은 고속도로의 각 지점들마다 드문드문 있는 휴게소들처럼, 태양이나 달, 그리고 행성들이 쉬어 갈 수 있는 쉼터로 인식되었다. 밤에 가장 밝게 빛나는 천체는 달이다. 곧 달은 밤의 주인이다. 그렇기에 달에 대해서는 특별대우가 주어져야 한다고 생각했다. 이를 위해 쉼터의 개수를 달의 운행 주기인 28에 맞춘 것이다. 이것이 동양별자리가 28수로 맞춰진 이유다.

이 28개의 별자리는 네 개의 궁에 배치된다. 이들을 담는 궁은 동서남북 사방四方의 방위에 대응된다. 동방의 청룡靑龍, 남방의 주작朱雀, 서방의 백호白虎, 북방의 현무玄武가 그 수호신이다. 그들의 휘하에 7개의 별자리를 배치한다. 동서남북의 사방에 둥글게 별들이 들어앉았다.

각각의 궁에 별자리가 일곱 개씩 배당된 이유는 우주의 시곗바늘 북두칠성北斗七星의 수를 본뜬 것이다. 북두칠성의 7은 음양의 2와 오행의 5가 합쳐진 것이다. 북두칠성은 음양오행의 질서를 주재하는 별로, 음양을 나누고, 사시四時를 세우고, 오행을 가지런히 한다. 각각의 궁에 일곱 개씩 배당된 28수의 별자리는 북두칠성의 다스림을 받아 우주의 질서와 조화에 동참하겠다는 의미다.

28수의 안쪽 영역에 들어오는 별자리 중 일부는 28수와는 별도로 3원三垣; 자미원, 태미원, 천시원의 별자리로 묶인다. 원垣은 담장이라는 뜻이다. 웅장한 담장이 쳐진 궁궐을 뜻하는 이 별자리들은, 실제로 모두 좌우에 긴 담장으로 둘러싸여 있다. 제일 중요한 건 자미원紫薇垣이다. 주극성의 영역 안에 자리하는 자미원은 황궁皇宮에 비견된다. 임금과 왕비, 태자를 상징하는 별들이 그 안에 자리 잡고 있다. 그중 북극의 중심[北辰]에 오는 별이 임금의 자리가 된다. 그런데 지구의 자전축이 25,800년을 주기로 팽이

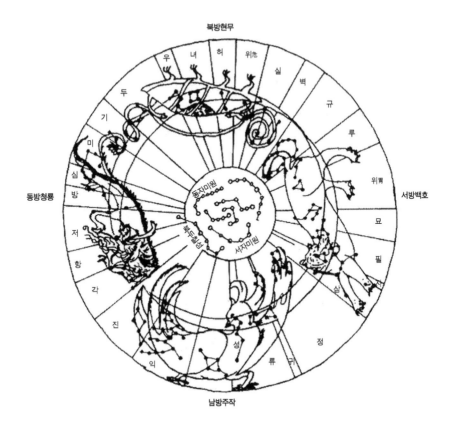

<u>28수와 사신(四神)의 대응도</u> 동양별자리 28수는 관료기구를 본떠 만들어졌다. 지도의 가운데는 주극성의 영역이고, 이 안에 하늘의 황제가 거하는 궁전인 자미원이 속한다. 그로부터 방사상으로 뻗어나가는 선에 의해 28개로 구획되는 하늘이 바로 28수다. 그중 적도와 황도 주위로 늘어선 별자리들을 뽑아 28수의 대표 별자리를 삼았다. 28수는 동서남북 사방의 수호신에 배속된다. 동청룡, 북현무, 서백호, 남주작. 우리에게 풍수지리의 용어로 익숙한 사방신은 원래 하늘의 영역을 구획짓기 위한 것이었다

처럼 회전운동을 하는 '세차운동' 때문에 북극성의 주인은 종종 교체된다. 별자리가 만들어질 무렵 자미원의 주인은 '제성'帝星이었다. 하지만 지금은 왕비인 '구진대성'句陳大星이 자미원의 주인을 맡고 있다. 각수角宿의 위에서 찾아볼 수 있는 태미원太微垣은 천자가 정사를 펴는 조정이다. 태미원의 가운데에 있는 태미오제는 오행 순환에 따른 왕조교체를 주관한다. 북두칠성과 함께 인간의 수명과 복록을 주관하는 삼태성三台星이란 별도 있다. 천시원天市垣은 기수箕宿, 두수斗宿 위의 구역으로, 하늘의 시장 혹은 제후들의 도시라고 본다. 천시원의 좌우 구획이 되는 담장은 제후들이 늘어서서 조회를 받는 형상이다. 그래서 제후의 봉토명이 이름으로 붙었다. 천시원은 제후들의 도시로 간주되었고, 실제 도시와 같은 모습으로 질서지워졌다.

　3원 28수는 관료질서를 하늘에 투영시켜 별자리들을 질서화하기 위해 고안되었다. 우주의 구조화를 통해 광대무변한 하늘의 영역을 임의로 나눌 수 있게 되었다는 것은, 하늘의 질서를 장악할 수 있게 되었다는 말과 통한다. 옛 중국인들은 땅을 나누고 인간의 세계를 나누듯이 하늘을 나누었다. 그리고 이 분류체계를 통해 하늘 아래 펼쳐지는 인간의 삶을 이해할 수 있다고 생각했다. 이제부터는 28수 별자리 안에 녹아 있는 고대 중국인들의 지혜를 추적해 보려 한다. 고대인들이 애써 구축했던 28수 별자리의 정교한 우주 질서는 시간의 흐름과 함께 점차 어긋나고 말았다. 하지만 그 안에서 우리는 우주의 장구한 운행에 자기 삶을 일치시키려던 고대인들의 노력을 엿볼 수 있지 않을까?

2장

동방청룡7수

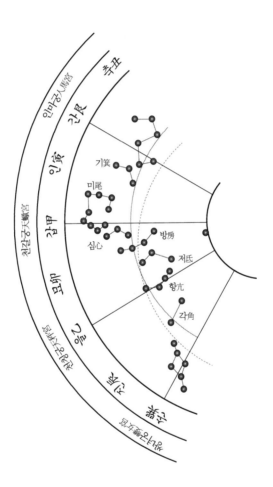

봄철엔 용을 써라 — 봄철 하늘 징검다리

하늘 바가지 기울다

입춘立春이면 바야흐로 봄이다. 그런데 사방천지를 아무리 둘러보아도 아직 '봄'이라고 할 만한 건 없어 보인다. 눈앞에 펼쳐진 설산, 매섭게 볼을 때리는 바람, 우리 눈에 비춰진 대지는 아직 꽁꽁 얼어붙은 겨울이다. 새로 오신 봄님은 세상천지 어디에 계신단 말인가!

고개 들어 하늘을 보자. 시커멓다고 다 같은 밤하늘이 아니다. 저 하늘 어딘가에는 생동하는 봄의 양기가 잔뜩 담겨져 있다. 그렇다면 봄은 저 하늘에 어떤 변화를 몰고 왔는가? 가장 알아차리기 쉬운 것은 북두칠성이다. 북두칠성의 바가지 있지 않은가? 이를 괴魁 혹은 선기璇璣라 한다. 이 바가지에 무엇이 담길까? 답은 바로 양기陽氣다.

양기가 모두 졸아들고 음기가 극점을 넘기는 동지冬至가 되면, 북두칠성은 바가지를 하늘 위로 받친 채 떠오른다. 마치 두 손 가지런히 모으고 얼마 안 되는 양기나마 보충하려는 듯이! 동지가 든 음력 11월의 괘상을 지뢰복地雷復(☷☳)으로 나타낸다. 지뢰복의 복復은 돌아온다는 뜻이다. 북두칠성 바가지에 조금씩 양이 차오르며, 새로운 약동과 도약의 계절을 준비하는 것이다.

반대로 하지夏至가 되면 북두칠성의 바가지는 하늘 위에 거꾸로 뒤집힌 형상이 된다. 바가지 안에 차 있던 양기가 모두 쏟아져 버렸으므로 이제는 거꾸로 음기가 차오르기 시작한다. 이때는 천풍구天風姤(☰☴)의 괘상이다. 구姤란 우연히 만난다는 뜻, 음기가 차오르면서 나뉘어 있던 음과 양

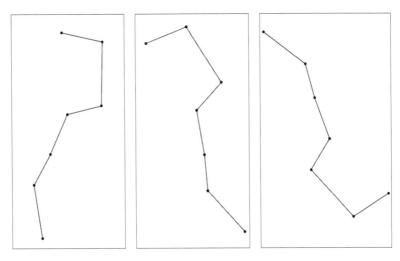

<u>북두칠성의 모습</u> 왼쪽부터 차례대로 동지, 입춘, 하지 때의 북두칠성의 모습이다.

이 우연히 만나게 된다는 말이다.

그렇다면 춘분 무렵 밤하늘의 북두칠성은 어떤 모습을 하고 있을까? 동지 이후 수직으로 세워져 있던 바가지가 조금씩 기울기 시작한다. 그러면 어찌 되겠는가? 바가지에 담긴 양기가 조금씩 넘쳐흐르지 않겠는가. 상상들 해 보시라! 동지로부터 서서히 차오르던 양기가 바가지가 기울면서 왈카닥 쏟아지기 시작하는 모습을! 하늘로부터 양기가 터져 나오는 달, 겨우내 음에게 눌려 있던 양이 드디어 기지개를 켜고 몸을 뒤틀기 시작한다. 음의 컴컴한 감옥에서 양이 발을 구르며 도약하는 달, 이로써 봄의 시작을 알리는 첫 신호탄이 울려 퍼진 셈이다.

봄철 하늘에서 삼각형을 찾아 주세요

봄의 두번째 달 중춘(仲春; 봄의 한창 때, 음력 2월에 접어들면, 본격적으로 봄철 별자리들이 떠오르기 시작한다. 본격적으로 봄철 하늘 이야기에 들어가기 이전에 우선 봄철 밤하늘의 길을 찾는 법을 익혀야 한다. 우리를 안내해 줄 봄철 밤하늘의 길잡이 역시 북두칠성이다. 이번에 주목할 것은 북두칠성의 손잡이, 표(杓)이다. 북두칠성의 바가지가 대지에 양기를 쏟아부어 주었다면, 북두칠성의 손잡이는 봄철의 별자리를 찾는 길을 제시한다.

자, 그럼 함께 북두칠성을 찾아보자. 인체공학적(?)으로 구부러진 북두칠성의 손잡이를 발견할 수 있을 것이다. 북두칠성 자루의 세 별을 이어 원을 그린다 생각하고 가상의 곡선을 이어 보자. 따라가다 보면 무지막지한 밝기로 빛나는 별 하나를 만나게 된다. 이 별의 이름은 아크투루스(Arcturus), 서양 별자리로는 목동자리에 속한다. 북두칠성이 속한 큰곰자리를 수호하는 '곰의 수호자' 별이다. 동양 별자리로는 항수(亢宿)에 속한 대각성(大角星)이라 불린다. 여기서 곡선을 따라 더 나아가 보면 또다시 만나게 되는 1등성이 있는데, 이 별이 처녀자리의 '스피카'(Spica)다. 청초한 은빛으로 빛나는 봄 하늘의 심볼이다. 뒤에서 다루겠지만 이 별은 동양 별자리로는 청룡의 뿔, 각성(角星)에 해당하는 몹시 비중 있는 별이다. 자, 그렇다면 이번에는 지금까지 찾은 별들을 하나의 곡선으로 이어 보자. 북두칠성의 자루에서 아크투루스를 거쳐 스피카에 이르는 크고 아름다운 곡선이 그려질 것이다. 이를 봄철 별자리를 찾는 기준선인 '봄의 대곡선'(the great spring curve)이라 한다.

한 가지 단계가 더 남았다. 아크투루스와 스피카를 직선으로 연결한

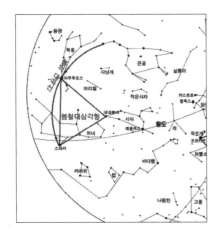

다. 그다음, 봄의 대곡선 안쪽에서 이 두 별의 양끝을 꼭짓점으로 하여 정삼각형을 그릴 수 있는 별을 찾아보자. 그 별의 이름은 '데네볼라'Denebola, 서양별자리로 사자자리의 꼬리에 속하는 별이다. 자, 삼각형의 꼭짓점을 모두 찾았다. 이 별들이 이루는 삼각형의 형상은 봄철 밤하늘의 길을 알려 주는 소중한 등대 역할을 한다.

자, 이 정도면 아주 든든한 길잡이가 생긴 셈이다. 함께 봄밤 하늘을 올려다보자. 저 하늘 어디엔가 만물을 소생시키는 생동의 기운이 펼쳐져 있을 것이다. 봄철의 별자리 여행, 이제 시작이다.

고개를 들라, 청룡

별자리 여행에서 우리가 먼저 주목해야 할 것은 동쪽 하늘이다. 이곳은 새로운 계절의 별들이 고개를 내미는 영역이다. 천구라는 거대한 우산이 빙그르 돌며 우리에게 새로운 시절의 도래를 알려 준다. 지평선 위로 솟아나는 별들을 보자. 봄철 밤하늘엔 어떤 별자리들이 수놓이는가?

봄철 밤하늘에 떠오르는 별자리들은 동방의 수호신이다. 천구상의 동쪽 영역을 담당하는 별들이 떠오른단 얘기다. 왜 봄에 떠오르는 별들을 동방에 배속시켰을까? 동쪽은 무언가 떠오르는 영역이다. 해가 뜨고, 달이 뜨고, 별이 뜨는 곳, 그곳이 동쪽이다. 고대의 별바라기들은 거기서 천체들이 태어난다고 생각했다. 탄생, 창조, 소생이 일어나는 곳, 그것이 곧 동쪽이 의미하는 바다. 라틴어로 동쪽은 오리엔트orient인데, 이는 동사 '떠오르다'에서 파생된 단어다.

인디언 속담에는 또 이런 얘기가 있다. "난관에 봉착했을 때 동쪽을 보고 생각을 하면 답이 나온다." 이것이 뭔 자다가 봉창 두드리는 소리란 말인가, 동쪽에 대체 뭐가 있길래? 뭐든 떠오르고 새로 시작하게 하는 힘이 동쪽에 있다는 것이다. 인디언들은 이를 치유의 힘으로 활용했다. 잊었던 물건이 어디 있는지 떠오르고, 어려운 시기를 통과해 갈 출구가 솟아나고! 봄은 겨울의 고요한 적막이 끝나고 새로운 때가 시작되는 시기이다. 이러한 계절의 특징이 동방이 가지는 의미와 맞물린다고 생각했던 것이다.

옛 동양인들은 동방의 별에 청룡靑龍의 형상을 부여했다. 청룡은 동방의 목木 기운을 주관하는 수호신이다. 봄철에 씨앗이 터지고[甲], 몸을 비틀며 싹이 터 오르듯이[乙], 청룡이란 짐승은 몸을 비틀며 하늘로 솟아올라 소생의 계절이 도래했음을 알리는 봄의 전령사이다. 동쪽 지평선을 주시하자. 어둑한 밤 하늘 위에 용솟음치는 긴 별들의 무리가 있다. 용의 뿔 각角, 용의 목 항亢, 용의 가슴 저氐, 용의 배 방房, 용의 심장 심心, 용의 꼬리 미尾와 기箕. 이들이 동방청룡 7수다.

그런데 궁금하다. 옛사람들은 왜 하필 봄철의 별들에 청룡의 이미지를 부여한 것일까? 몇 가지 단서가 있다. 우선, 용이 어디에 사는 짐승인지를 떠올려 보자. 물[水]에 살다가 하늘로 솟구쳐 오르는 게 용 아니던가. 용의 몸은 비늘로 덮여 있다.

용은 북쪽의 깊은 물 속에 있던 짐승[玄武]이 동쪽으로 솟아오르며 하늘로 올라가는 상징이기도 합니다. 아직 비늘을 가지고 있음은 북의 수水에서 뛰쳐나온 것이 남은 흔적이며, 뱀의 형상을 닮은 것은 탈퇴脫退를 하고 하늘로 솟구쳐 오름을 빗댄 것입니다. 전창선 · 어윤형, 『음양오행으로 가는 길』, 와이겔리, 2010, 92쪽.

그렇다. 지난한 겨울의 수기水氣를 아직 몸에 흔적으로 지니고서, 이 용은 저 하늘로 솟구치고 있다. 동방청룡 7수는 겨우내 단단하게 응축해 둔 기운들을 분출시키고 터뜨려 내는 수생목水生木의 결정체이다. 또한 『설문해자』說文解字에서는 '용' 자에 이런 주석을 달아 놓고 있다.

용은 비늘 있는 동물[鱗蟲]의 우두머리다. 능히 짧아질 수도 있으며 길어질 수도 있다. 춘분春分에 하늘로 오르고, 추분秋分에 연못 속에 잠긴다.

춘분에 하늘에 오르고 추분에 못 속에 잠긴다는 이 신비로운 묘사는, 동방청룡 7수의 움직임을 비유한 것이리라. 동쪽 하늘에 청룡의 뿔 각수가 솟아오르는 중춘 무렵이 되면, 땅속에 겨울잠 자던 벌레들이 깨어나

구멍을 뚫고 밖으로 기어 나온다. 동면하던 짐승들이 잠에서 깨어난다는 경칩驚蟄도 모두 청룡의 분신들이다. 여기 쓰인 '놀랄 경'驚 자를 보시라! 그냥 잠에서 깨는 게 아니라, 우렛소리에 놀라서 후다닥 밖으로 튀어나오는 것이다. 용수철이 튀어 오르듯 약동하는 목의 분출력! 죽은 듯 잠자던 만물이 '뿅' 하고 솟아오르는 때! 바야흐로 소생의 기운이 용솟음치는 것이다. 이는 농사일의 시작을 알리는 표지였고, 동시에 누에 치는 여인들에게는 잠업蠶業의 시작을 알리는 신호이기도 했다.

'용쓴다'는 말이 있다. 지금부터는 이 말과 함께 동방청룡 7수를 떠올리자. 이 별자리는 겨울의 휴식기가 끝나고 만물이 용써야 하는 때가 도래했다는 선언문이다. 어둔 하늘을 뚫고 밤 하늘의 용이 솟아오른다. 두꺼운 지표를 뚫고 겨울잠 자던 벌레들이 기어오른다. 난관에 가로막혀 있더라도, 어둠 속에 길이 안 보이더라도, 동방청룡의 별자리들이 밝아오는 무렵이 되면 어떻게든 돌파구가 생겨나는 법. 이 별들은 젖 먹던 힘까지 짜내 가며 용을 쓰는 세상 만물들을 축복한다. 밤하늘에 동방청룡 7수의 몸부림이 보인다면 함께 이 말을 되새겨 보자. 세상 만물들이여, 용써라!

돌파의 별 각수 – 단언컨대 뿔은 가장 단단한 물체이다

뿔에 관한 단상

'뿔이 났다'는 말, 누군가 단단히 화가 났다는 뜻이다. 재미있는 표현이다. 왜 뿔인가? 더듬이면 안 되나? 수염이면 안 되나? 비늘이면 안 되나? 당연한 상식이지만 뿔은 동물들의 가장 원초적인 공격무기다. 천적으로부터 자신을 보호하는 데, 혹은 짝짓기의 경쟁자들을 밀쳐내는 데, 뿔은 요긴하게 쓰인다. 그러다 보니 뿔이 주는 이미지는 공격적이다. '당신 자꾸 그러면 이걸로 확 받아 버리겠어!' 하는 위협과 경고의 메시지가 뿔에서 느껴진다. 뿔은 곧 힘이다.

물론 뿔에는 다른 뜻도 있다. 최고 혹은 우두머리라는 뜻이다. 동물들의 무리 중에 우두머리들은 하나같이 크고 화려한 뿔을 달고 있다. 인디언 추장들도 동물의 뿔이 연상되는 화려한 관으로 머리를 장식했다. 남들에게선 볼 수 없는 특출난 재능이 보일 때, '두각頭角을 나타내다'라는 말도 쓴다. 잘생긴 뿔은 그 소유자를 돋보이게 만든다. 중요한 건 뿔이 엉덩이나 옆구리가 아니라 머리 위로 우뚝 솟아난다는 사실이다. 몸의 가장 높은 곳이 머리 아닌가? 판단하고 분별하는, 정신의 밝은 빛이 소재하는 곳. 그런데 그보다 높이 솟아나는 것이 바로 뿔이니, 뿔은 보다 높은 지성과 권위를 상징하게 된다.

돌진하는 공격의 힘, 장애물을 밀어내고 앞으로 돌진해 나가는 추진의 힘. 이것이 뿔의 이미지다. 음양오행으로 이는 목의 기운에 해당한다. 새싹이 지표의 거죽을 뚫고 솟아오르는 힘, 직선의 추진운동. 목의 기운은 그래서 역경을 이겨 내는 소생의 힘을 의미하고, '그럼에도 불구하고' 뚫고 나아가게 만드는 추진력을 의미한다.

'뿔 각'角 자는 뿔의 모양을 본뜬 상형이다. 동양의 오음五音 중에 각성角聲은 뿔피리를 길게 불어내는 소리를 의미한다. 고대의 군대에서 뿔피리는 군대의 진격 명령을 알리는 신호였다. 그 소리에서 추진력과 힘이 느껴져 전장의 지휘도구로 쓰이게 되었을 것이다. 그 소리에 담겨져 있는

것은 추진과 돌파의 목 기운이다. 류시성·손영달, 『갑자서당』, 139쪽

목은 '곡직'曲直, 뒤틀리고 굽히며[曲] 앞으로 추진해 나가는[直] 기운이다. 새싹이 두꺼운 지표를 뚫고 솟아오르는 것, 태아가 좁고 긴 산도産道를 비집고 태어나는 것, 모두 이 목의 추진의 기운을 쓴 예이다. 짐승들이 머리에 달고 있는 뿔[角]도 이러한 목 기운의 결정체이다. 상대를 밀치고 힘을 겨루기 위한 무기, 이는 강력한 목 기운을 쓰는 것이다.

목은 사계절 중 봄에 배속된다. 봄, 하면 우리는 여린 새싹이나 해빙기의 청아한 계곡물 같은 것을 떠올린다. 겉으로는 더없이 유하고 부드러워 보인다. 하지만 그게 다가 아니다 목의 안에는 뿔이 있다. 역경을 딛고 솟아오르는 강인한 추진의 힘. 잡념을 날려 버리고 오직 하나의 일념에 마음을 모으는 분노의 힘. 저 높은 곳으로 고양되고자 하는 상승과 비약의 의지. 이 역동적인 힘이 봄철에 생육하는 만물에 내재되어 있다.

봄이 되면 만물에 뿔피리 소리와 같은 진격명령이 내려진다. 봄의 소리에 귀기울여 보자. 눈앞의 장애와 어려움을 딛고 앞으로, 앞으로 나아가라는 외침이 온 천지에 충만하지 않은가?

진격의 각수

동방청룡의 첫번째 별자리를 소개한다. 동방청룡의 뿔, 각수角宿! 별의 생김새가 딱 뿔 모양이다. 달랑 별 두 개가 뿔처럼 우뚝 솟아 있다. 이 별이 떠오르는 건, 춘분 무렵이다. 해질 녘 지평선 위로, 비죽 청룡의 뿔 하나가 솟아오른다. 별을 보고 농사의 시기를 판단하던 옛 농부들은 동쪽 하늘 위에 나타난 청룡의 뿔을 보고 농사철의 도래를 감지했다.

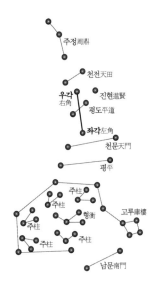

별의 생김새를 보자. 너무 심플해서 별로 부연할 것도 없다. 두 별 중 아래에 있는 별을 좌각성左角星이라 하는데, 이 별이 앞서 설명한 처녀자리의 스피카다. 위에 있는 별은 우각성右角星이라 한다. 좌각성과 우각성 사이로 태양의 길, 황도가 나 있다. 그런가 하면 우각성 위로는 달이 지나다닌다. 또 이들 주변으로 오성이 모두 지나다닌다. 그러다 보니 점성학적으로 몹시 중요한 역할을 했다.

점성학에서 각수는 임금의 자리다. 뿔이 우두머리를 의미하는 것과 같다. 『천문류초』에서는 각수를 이렇게 설명하고 있다.

각수와 수거성 '각' 28수의 각 수(宿)를 대표하는 별을 일러 수거성(宿距星)이라고 한다. 대개 각수, 항수라고 할 때는 각수와 항수에 해당하는 모든 별자리를 가리키는 것이 아니라, 각수와 항수의 수거성인 각성과 항성을 이른다. 위 그림에서 진한 글씨로 표시된 부분이 각수의 수거성 각성이다. 이하의 28수 그림에서도 수거성은 진한 글씨로 나타냈다.

만물을 생성하고 소멸하는 등 조화를 주관하고, 임금의 위엄과 신용을 베푸는 일을 맡는다. 황도의 길 가운데 있으며 칠정이 다니는 길이 된다. 각수가 밝으면 나라가 태평해지고, 가시 같은 까끄라기 빛이 있으면서 움직이면 나라가 편안하지 못하다. 이순지, 『천문류초』, 70쪽

황도를 가운데 끼고 있다 보니, 간혹 태양이 좌각성을 사뿐히 즈려밟는 일이 생기는데, 태양이 양陽이므로 이때는 나라에 대외적인 변고가 생

긴다. 우각성 위로는 달의 길, 백도가 있어 가끔 달이 우각성을 침범하는데 이럴 경우 달이 음陰에 해당하므로 나라의 도덕이 무너지고 기강이 해이해지는 내적인 해악이 생겨난다. 각수에 어떤 오성이 오느냐도 중요한 문제였다. 금성과 화성이 지나면 적과 전쟁이 벌어질 징조였다. 금성이 각수에 머무르면 장수가 정사에 참여할 징조라 했다.

『삼국사기』三國史記의 「김유신열전」에 각수에 얽힌 고사가 기록되어 있다. 15세에 화랑이 된 김유신. 고구려와 백제 그리고 말갈의 잦은 침략에 비분강개하여, 홀로 석굴에 들어앉아 기도와 수련에 정진하게 된다. 그러다 단 4일 만에 은혜(?)를 받는다. 웬 노인이 나타나 각종 무예를 은밀히 전해 준 것이다. 그의 나이 17세 때의 일이다. 이에 재미를 봤는지, 이듬해 김유신은 다시 면벽수련에 들어간다. 이번에는 3일 만에 응답이 왔다. 그의 허리춤에 찬 보검에 각수의 별빛이 환하게 내리쬔 것이다. 그러자 검이 마구 요동치는 듯했다. 청년 김유신의 '비전 탐구' 현장인 셈이다. 화랑 김유신을 용맹한 장수로 거듭나게 한 사건이었다. 이 사건 이후(그로부터 16년 후이기는 하지만)로는 김유신의 활약상이 기술된다. 김유신의 칼에 힘을 실어 준 별빛이, 임금의 별이자, 공격과 추진과 분노의 별, 청룡의 뿔 각수의 빛이었다는 게 의미심장하지 않은가?

각수의 빛이 솟아오른다. 진격의 각수! 머뭇거리고 있던 일이 있다면, 저질러 보라. 어려움이 닥친다면, 두려움이 엄습한다면, 마음을 다해 발원해 보라. 저 빛은 우리에게 바로 지금이 시작의 때라는 것을 알려 주고 있다.

소통의 별 항수 – 소생하는 봄의 소리

청룡의 목, 항수

다음 별자리는 청룡의 목에 해당하는 항수亢宿다. 각수 바로 옆에 붙어 있으니 찾기 쉽다. 네 개의 별이 이런 모양(亻)으로 이어진 모습이다. 한눈에 청룡의 목이 연상되는 모양이다. 항亢이라는 이름도 목이란 뜻이다.

항수는 무엇을 점치던 별일까? 답은 목이라는 뜻의, 그 이름에 있다. 목, 하면 무엇이 떠오르는가? 목은 연결부다. 머리와 몸통을 잇는 통로이자, 숨이 드나드는 길목, 음식물이 통과하는 관문이다. 특별히 하는 일은 없지만, 없으면 그야말로 '모가지'가 달아난다. 생명에 필수적인 흐름과 소통을 주관하는 곳이기 때문이다. 이곳과 저곳을 이어 주는 역할을 하는 목은 관문이요, 통로다.

각수의 임무는 뿔로 두꺼운 겨울의 장벽을 뚫는 것이었다. 그렇다면 이제 필요한 것은 봄의 도래를 만방에 알리는 일이지 않을까? 청명清明 무렵에 떠오르는 별 항수는 목소리를 주관한다. 동쪽 하늘에 걸린 항수가 서서히 무르익는 봄의 기운을 목청껏 외치고 있는 것 아닐까? 나라에서 목청 좋은 소리로 크게 외치는 것은 정사를 담당하는 관리들이다. 그래서 이 별은 하늘의 관료를 상징한다. 관료들의 소임은 나라의 대소사를 통하게 하는 연결과 소통의 일이다. 이 별이 밝을 때면 나라의 대사가 원활히 소통되지만 그렇지 않으면 어딘가 막히고 정체가 발생한다. 이 별은 천하의 예법과 재판 등 국가 행정의 영역들을 점치는 별자리로 해석되었다.

『천문류초』에서는 항수를 이렇게 설명한다.

항은 해와 달이 다니는 길로 천자가 조정에서 조
공을 받는 예법을 주관한다. 또 여러 곳에서 청하
여 아뢰는 일과 송사를 심리하여 죄를 다스리고
일에 대해 포상하고 기록하는 일 등을 총괄한다.
다른 이름으로는 소묘疏廟라고도 하는데 돌림병
등을 다스리기 때문이다. 이순지, 『천문류초』, 76쪽

항수의 별들

항수가 관리들의 별이니만큼 왕실 신하들의
목줄이 여기 달려 있다. 항수가 크고 밝으면 신하들
이 충성을 다한다. 한마디로 밥줄 보장이다. 그런데
항수에 변고가 있으면 신하들의 모가지가 달아날
일이 생긴다. 전염병이 창궐하고 가뭄과 수해가 찾
아드는 등, 관리들의 넋을 쏙 빼놓는다.

　『조선왕조실록』에 보면 항수에 얽힌 이야기가 나온다. 조선조의 두
번째 왕 정종定宗 때, 실제로 항수에 변고가 생긴 적이 있다. 바로 화성火星
이 항수를 범한 것. 즉위한 지 반년도 채 되지 않았을 때였다. 게다가 한 달
에 무려 다섯 차례나 같은 일이 벌어졌다. 화성은 전란을 상징하는 행성
이다. 그것이 조정의 예법을 상징하는 항수를 침범했으니 난으로 왕실의
질서가 어지러워질 징조다. 아나나 다를까. 그 일이 있고 이듬해, 정종은 2
차 왕자의 난으로 이방원에게 왕위를 물려주고 권세에서 물러나게 된다.

　항수는 정치 질서의 소통을 주관하던 별자리다. 기운이 막힘없이 흐
를 때 안정이 찾아온다는 것, 비단 국가의 영역에 국한되는 사실이 아니
다. 『동의보감』에 '통즉불통'通卽不痛이라고 했다. 통하면 아프지 않다는 말

이다. 통한다는 것, 즉 순환과 소통은 생명의 핵심원리이다. 막힘없이 흐르고 원활히 통하게 하는 것, 우주만물에 통하는 공통의 이치다. 청룡의 목 항수는 우리에게 말한다. "봄이 찾아왔습니다. 겨우내 막힌 곳은 없는지 주변을 둘러보세요!"

처녀자리, 목은 인(仁)이다

잠깐 서양 별자리의 신화를 짚어 보자. 각수와 항수는 서양 별자리로 치면 처녀자리에 해당한다. 각수가 처녀의 팔이라면 항수는 처녀의 다리다. 서양에서도 이 별들은 점성학적으로 몹시 중요했다. 이 별들은 일월오성이 지나는 목이 좋은 곳이기에, 동서의 점성술사들이 눈에 불을 켜고 바라보던 동쪽 하늘의 블루칩이었다. 그렇담 서양에서 이 별은 어떤 의미로 받아들여졌을까?

　그리스신화에서 이 별자리의 주인공은 페르세포네라는 처자로, 대지의 여신 데메테르의 딸이다. 대지의 여신의 혈통을 이었으니 얼마나 아름다웠겠는가. 그 어떤 꽃을 갖다 대어도 페르세포네의 미모 앞에서는 무색했다 한다. 그러던 어느 날 꽃밭을 산책하던 페르세포네에게 무시무시한 재앙이 들이닥친다. 갑자기 주위가 어두워지며 땅이 갈라진 것이다. 갈라진 땅에서 지하세계의 지배자 하데스가 튀어나왔다. 페르세포네를 연모해 오던 하데스의 납치극이 시작된 것이다. 결국 페르세포네는 하데스의 아내가 되었다. 졸지에 딸을 잃은 데메테르는 비탄에 휩싸였고, 이윽고 대지엔 가뭄과 흉년이 찾아들게 되었다. 그 모습을 보다 못한 제우스가 하데스를 설득하여 '페르세포네 친정 보내기 프로젝트'를 감행한다. 그 결과 세상엔 다시 생기가 찾아들게 되었다. 하지만 하데스와 약정한 석 달 동안만은 꼭 시댁에서 보내야 했다. 페르세포네가 시댁에 가 있는 인고의 석 달 동안을 인간들은 겨울이라 부르게 되었단다. 여자들에게 시댁이란 하데스의 영역, 곧 지옥이라는 것, 이것은 만국 공통의 진리인가 보다.^^

이집트에서는 이 별을 이시스라는 여신으로 여겼다. 이시스는 대지의 신 게브와 하늘의 여신 누트의 딸이자 오빠 오시리스의 아내다. 이시스 역시 페르세포네처럼 팔자 사납기로 둘째가라면 서러운 여자였다. 남편이자 오빠인 오시리스가 그만 동생 세트의 손에 갈기갈기 찢겨 죽고 만 것이다. 그러자 갖은 고초를 겪으며 사방에 흩어진 남편의 유해를 찾아 떠나는 이시스, 이집트에서는 하지 무렵 비가 내리는데 이 비를 이시스의 눈물이라 불렀다 한다. 이윽고 나일강이 범람하면 이집트 땅에도 농번기가 찾아온다.

페르세포네이건, 이시스이건, 동양의 각수건, 어쨌든 이들은 혹독한 겨울철의 기후가 물러가고 새 봄이 찾아옴을 알리던 신호탄이었다. 순결한 처녀의 얼굴처럼 청초한 백색으로 빛나는 별 스피카, 이 별이 나타나면 사람들은 소생과 부활의 축제를 벌였다.

고로 처녀자리는 단순히 처녀의 상징이 아니다. 인고하는 인간형의 원형이다. 세계 어느 신화권에서나 이 별은 온갖 고초를 견뎌 낸 인고의 여신으로 묘사되었음을 상기해 보라. 저승과 지옥을 넘나들며 혹독한 시련을 감내해 낸 존재들. 어려움에 굴하지 않고, 시련을 온전히 받아들인 덕에 이들은 해방과 소생의 기쁨을 맛볼 수 있었다. 그랬기에 더욱 겨울의 어려움을 딛고 소생하는 봄철의 여신으로 자리매김할 수 있었으리라.

이상의 이야기로 미루어볼 때, 이 별들은 '참을 인忍'의 아이콘(?)처럼 보이지만, 의역학의 관점에서 볼 때 이들을 대표하는 글자는 '어질 인仁'이다. 오행으로 목은 인仁의 덕德에 배속된다. 인이란 무엇인가. 글자의 모습에서 알 수 있듯, 두 명二의 사람人이 서로를 온전히 받아들인다는 뜻이다. 그런데 이것이 왜 목기운과 연결되는가? 목은 만물이 시작되는 봄과 태양이 떠오르는 동쪽을 의미한다. 목은 생성의 기운이 가득한 시공간이다. 그러니 봄날의 기후와 같은 온화함으로 사람과 사람이 교유하게 되는 것이다.

오행의 상생관계를 빌려 말하자면, 인이란 수생목水生木, 즉 물水의 기운으로 나무木를 길러내는 것이다. 물이란 세상 만물 중 가장 낮은 사물이다. 물은 아래로 흐르고 어떠한 환경이 닥치건 자신을 그곳에 맞춘다. 물의 기운水氣을 쓴다는 것은 주어진 조건을 온전히 감당한다는 의미다. 온갖 시련과 난관이 닥치더라도 그것을 온전히 받아들이는 것이다. 목은 환경을 초극하는 생성의 기운이다. 난관이 닥치더라도 어려움을 이겨내고 추진하는 기운이다. 악을 악으로 갚지 않으면서, 원수도 자식으로 삼을 수 있는 무한한 애정을 보내는 것, 그것이 인이다. 닥쳐오는 모든 존재들을 감당하고, 타자에 대한 온전한 열림을 살아가는 것. 즉 인이란 도저히 그럴 수 없으리라 하는 삶을 살아내는 것이고, 그런 뒤에 부활과 소생의 새싹을 들어 올리는 것이다. 바야흐로 봄이다. 희망찬 기운이 감도는 이 봄, 서울 하늘에서도 어렵지 않게 백색의 청초한 별 스피카를 찾을 수 있다. 저 뿌연 하늘에서 처녀자리, 각수, 항수를 찾아보자. 어떤가, 소생하는 봄의 힘찬 박동소리가 느껴지지 않는가.

조율의 별 저수 ─ 우주의 축을 맞춰라

청룡의 가슴, 저수

저수氐宿, 동방청룡의 세번째 별로 청룡의 늠름한 앞가슴에 해당한다. 네 개의 별이 하나로 모였다. 이것은 무엇의 형상인가. 『천문류초』에 실린 「보천가」步天歌*에 "저氐는 네 개의 주홍색 별이 말[斗]을 기울여 쌀의 양을 헤아리는 형상"이라고 소개되어 있다. 네모지게 연이은 별자리의 모양, 영락없는 됫박의 모습이다. 저 네모 별자리를 기울여 금방이라도 곡식을 퍼 올릴 것 같다. 이름도 '근본 저氐'이지 않은가. '저'氐 자는 예리한 쇠붙이[氏]를 숫돌[一]에 대고 가는 모습을 본뜬 것이다. 쇠붙이를 숫돌에 갈려면, 자세를 낮추어야 한다. 여기서 '낮추다'란 뜻이 나왔다. 또 쇠붙이를 가는 행위는 근본을 다시 점검한다는 것을 의미하기도 한다. 그래서 '근본'이라는 뜻도 붙었다. 여러모로 절묘한 이름이다! 됫박을 닮은 저수, 사물과 사물을 견주는 기준이 되는 게 됫박이렷다. 이름 그대로 근본의 별, 맞다.

　이 별에 이런 이름이 붙은 건 아주 먼 고대의 일이다. 기원전 2400년 경으로까지 거슬러 올라간다. 뽕나무밭이 바다가 될 만큼의 시간이 흘러, 별이 뜨는 시각이 점점 늦어져 버리고 말았지만──세차운동으로 별이 뜨는 시기가 늦어져, 오늘날 저수는 곡우 무렵양력 4월 중순경에 떠오른다──당시엔 이 별이 봄 기운이 완연해지는 중춘 무렵에 떠올랐다. 중춘,

---

* 「보천가」는 수나라 단원자(丹元子)의 저작으로 3원 28수의 별자리를 7언의 시가에 맞추어 기술한 책이다. 조선 세종 때의 천문학자 이순지는 「보천가」의 체계를 이어받되, 1000여 년의 시간 동안 생긴 오차를 바로잡아 천문학서 『천문류초』를 완성했다.

즉 묘월卯月; 음력2월은 봄의 목기가 대지에 도달하는 때, 봄의 기운이 성盛해 지는 때다. 묘卯는 "어떤 물건을 반으로 갈라놓은 모양을 상형"한 글자다. 류시성·손영달, 『갑자서당』, 172쪽 아마도 묘월의 중기에 낮과 밤의 길이가 같아지는 춘분이 온다는 데서 딴 이름이지 싶다. 동지 지나고부터 서서히 자라난 양기가 드디어 음기와 견주어 조화를 이루게 되는 시기. 한마디로 잃었던 음양의 저울추가 다시 균형을 되찾는 시기라 할 수 있다. 춘분보다 보름 앞선 경칩 역시 마찬가지다. 옛사람들은 잠자던 짐승이 우렛소리에 놀라 뛰쳐 나온다고 표현했지만, 우주의 무게추가 화평해진 것을 감지한 짐승들이 미리 동토를 박차고 나온 거라 봐도 무방할 듯싶다. 움츠러든 주름이 펼쳐지는 시기, 지난 시기의 후퇴를 힘찬 약동으로 밀어 올리는 시기가 곧 묘월인 것이다.

낮과 밤, 음과 양의 세력이 균형을 이루는 시기, 밀쳐냄과 당김이 평형을 이루는 시기, 열림과 닫힘이 절묘한 조화를 이루는 시기, 접힘과 펼쳐짐이 교대되는 시기! 닫힘이 있었기에 열림이 있고, 물러남이 있었기에 나아감이 가능하다. 이 얼마나 경이로운 조화란 말인가! 저수에 이름을 붙인 옛사람들은 묘월에 음양의 기운이 평형을 되찾는 모습을 노래하고 싶었던 것이리라. 음양이 균형을 이루며 우주의 기운이 근본을 다잡는다는 것을 나타내려던 것이 아닐까?

그렇다면 저수는 무엇을 점치던 별자리였을까. 저수의 아래로 2척尺 되는 곳으로 오성과 해와 달이 지나간다. 고대의 점성가들은 이 별에서 어떤 조짐을 읽어 냈을까? 저수의 의미를 알기 위해서 두 별자리의 도움이 필요하다. 먼저, 대각성大角星, 이라고 하니 처음 만나는 것 같지만 앞에서 이미 인사를 나눴다. 봄철의 대곡선을 그려내는 밝은 별 아크투루스를 동양에서는 대각성이라고 한다. 유일무이한 밝기를 자랑하는 이 별을 사람들은 천자의 상징이라고 보았다. 그리고 저수 다음에 오는 방수房宿는 임금의 집무실이라고 보았다. 그렇다면 답이 나온다. 대각성과 방수 사이에 자리한 저수는 임금이 집무실로 가기 전에 머무는 장소인 셈. 집무를 보기 전에 좀 쉬어야 하지 않겠는가? 그래서 사람들은 이 별을 '천자의 침소'라고 보았다. 마침 그 아래로 일월오성이 지나니 그 모습을 보고 침소에서 일어나는 '천자의 사생활'(?)을 점친 것이다. 이 별자리는 비와 후궁, 그리고 대신들의 세력을 의미했다. 이 별이 밝고 바르면 궁실에서

저수의 별들

왕을 잘 보필하지만 여기에 오성이 지나거나 일월식이 있으면 왕실에 내란이 일어난다고 보았다.

그런데 뭔가 이상하다! 저수가 조화와 조율에 관한 별이라는 이야기가 왜 갑자기 침소로 튀는가? 이 역시 음양의 '조화'와 관계가 있다. 저수가 떠오르는 묘월은 대대로 짝짓기의 시기였다. 음양의 균형이 맞춰지니 남녀가 짝을 짓는 것이 당연한 이치 아니겠는가? 초목과 금수가 번식을 하는 때, 음양이 고르게 소통하는 때가 바로 묘월이었다. 「월령」에 기록된 묘월의 풍습을 보자.

이달에는 제비가 남쪽에서 날아온다. 제비가 오는 날에 소, 양, 돼지의 세 가지 희생을 갖추어 고매신高禖神에게 자식을 낳게 해달라고 제사를 지낸다. 이때 천자가 친히 행차하는데, 후后와 비妃는 아홉 빈嬪을 거느리고 천자의 앞에 가서 기다린다. 그러면 천자는 곧바로 왕림하여 제례를 거행하는데 천자는 고매신상의 앞에 나아가 몸소 궁대로서 허리를 감고 고매신 앞에서 활과 화살을 받는다.『여씨춘추 12기 (상)』, 정영호 옮김, 자유문고, 2006, 56쪽

이는 옛날에 고신씨高辛氏; 중국 전설의 제왕 제곡帝嚳의 호의 비妃인 간적簡狄이 제비의 알을 삼키고 설契을 낳았다는 설화에서 유래한 제사다. 여기서 고매신이란 아들을 낳게 해주는 결혼의 신, 우주의 중매쟁이다(고매신의 '매'禖 자는 '중매 매媒' 자와 통한다). 천자는 곧 고매신의 화신으로서 음양의 교화, 그리고 대지의 생육과 번성을 상징하는 의례를 시행한 것이다. 고매신에게 받은 활과 화살은 주지하듯, 양陽의 상징이다. 이로써 천자는 대지라는 음陰의 영역에 양기를 방사하라는 임무를 부여받는 셈이다. 또한 양기의 생동을 돕기 위해 천자는 왕실의 악공들에게 음악과 춤을 장려했다. 노래와 춤을 통해 언 땅을 비집고 솟아오르는 생동하는 봄의 기운에 응하고자 노력한 것이다. 백성들에게는 문門을 수리하게 했다. 이는 음양이 드나드는 문이 제 역할을 다할 수 있게 하기 위한 것이다. 이로써 인간집단은 우주의 음양이 서로 사귀고 조화하여 쉼 없는 창조와 생성[生生不息]의 작업에 참여하게 된다고 본 것이다. 이 의례는 어긋난 질서를 다잡는 우주적 축제였다.

자, 이제 다시 하늘을 보자. 저 하늘의 저수는 음양이 교통交通하는 하

늘의 문이다. 고대 점성가들은 저 별을 통해 음양의 조화되는 모습을 점친 것이다. 천자의 사생활이 아니라 우주의 사생활, 만물의 생육과 번성을 점치던 별자리인 셈이다.

우주를 조율하라, 저수와 천칭자리

묘월의 풍습 중 재미있는 것이 또 하나 있다. 바로 도량형을 맞추는 일이다. 온갖 저울추와 부피를 재는 됫박, 말박 등의 도량형을 점검하고 고르게 한다. 왜냐? 우주의 음양이 평형을 이루는 때이므로 기울어진 도량형 저울추에 영점을 잡기 좋은 때라고 본 것이다.

그런데 더 흥미로운 것은 서양 별자리로도 이 별이 저울의 형상이라는 점이다. 저수의 일부분은 서양의 천칭자리와 겹친다. 그리스인들은 이 별자리를 전갈자리의 집게발이라 보았다. 그래서 이 별자리의 알파별에 주벤엘게누비Zubenelgenubi라는 이름을, 베타별에 주벤에샤마리Zubeneschamali라는 이름을 붙였다. 모두 전갈의 집게발이라는 뜻이다. 그중 주벤에샤마리는 맨눈으로 볼 수 있는 유일한 녹색 별로 유명하다.

그런데 로마의 황제 카이사르는 이 별자리의 신화를 재창조했다. 당시 이 별자리가 추분점에 위치한다는 데 착안한 것이리라. 안정된 통치 기반을 갈망했던 그는 하늘의 별들 중에서도 누군가 질서의 수호자 역할을 해야 한다고 생각한 모양이다. 그래서 이 별을 정의의 여신 아스트라이아가 손에 든 천칭이라고 여기게 되었다. 신과 인간이 교통하던 황금시대가 저물고 인간이 갈수록 타락의 일로를 걷게 되자, 정의의 여신 아스트라이아는 깊어 가는 분쟁과 갈등을 해결하기 위한 중재자 역할을 했다. 그는 저울추를 기울이며 옳고 그름을 따졌다. 하지만 신과 인간의 관계가 어깃장이 나 버린 철의 시대가 되자, 그는 더 이상 통제할 수 없는 인간들의 세계를 버려 두고 하늘로 올라가 별이 되고 말았다. 로마인들은 앞서 항수와 함께 소개했던 처녀자리를 정의의 여신 아스트라이아라고 여겼고, 여신의 손에 들린 천칭을 천칭자리라 생각했다.

동양인들도 서양인들도 모두 이 별을 우주의 저울추, 천칭이라고 여겼다. 동서의 별자리에 이렇듯 상통하는 점이 있다는 점, 경이롭지 않은가? 우주의 실상을 이해하고 그 안에서 인간의 자리를 성찰하려고 했던 고대인들의 지혜가 돋보이는 대목이다. 동서의 점성가들은 공히 저 하늘의 저수 혹은 천칭자리에서 우주의 조화와 균형을 읽어 냈다. 치우친 기운을 바로잡으려 우주가 거대한 용트림을 하는 시기! 저성이 뜨는 시기, 우리도 풀어진 일상의 나사들을 조여 보는 것이 어떨까.

명당의 별 방수 ─ 천자의 집무실

해와 달이 된 오누이

떡 하나 주면 안 잡아먹지, 하는 호랑이 이야기를 모두 알 것이다. 홀어머니 슬하의 가엾은 남매를 잡아먹으려다 비참한 최후를 맞이한 호랑이 말이다. 이웃 잔치집에서 뼈 빠지게 일하고 돌아오던 애엄마를 잡아먹고, 집을 지키고 있던 어린 남매까지 노린 걸 보면, 아주 철저히 계획된 범행이다. 호랑이씩이나 돼선 애들 먹이려고 가져가던 떡까지 다 뺏다니, 죄질도

나쁘다. 아무리 허구라지만 저런 비열하고 극악무도한 악당들은 왜 늘 가난하고 힘없는 사람 앞에만 들이닥치는 것인지. 하지만 세상은 공평하다. 우리에겐 동아줄 엔딩이 있지 않은가! 남매의 간절한 기도에 하늘은 튼튼한 동아줄로 응답했고, 탐욕스런 호랑이에게는 썩은 동아줄을 선사했다. 하늘이 내린 동아줄 한 가닥! 그렇다. 아무리 무법이 판치는 세상이라지만 하늘은 알아 주신다는 거다. 옳고 그름과 선과 악의 진실을!

난데없이 옛날이야기를 들이미는 이유는 지금부터 이야기할 주인공이 바로 하늘이 내린 '동아줄 별'이기 때문이다. 옛사람들은 이 별을 궁지에 몰린 남매에게 내려진 구원의 동아줄이라고 생각했다. 이 이야기가 별자리 설화로까지 확실히 자리매김한 걸 보면, 옛사람들에게 하늘의 공명정대함에 대한 바람이 있었나 보다. 인간의 삶은 늘 어딘가 모나고 치우쳐 있지만 저 하늘엔 이지러진 이 땅을 바로잡을 질서의 수호자가 있다는 믿음. 그렇다, 하늘은 확실히 하나의 신앙이고, 하나의 세계관이었던 것이다! 어지러운 세상에 한 줄기 빛처럼 강림할 별자리, 혼란과 파괴를 잠재울 질서의 주재자! 이 대단한 별이 바로 방수房宿다.

명당의 별, 방수

방수房宿, 동방청룡의 형상으로 보면 용의 배에 해당한다. 별자리의 생김새는 네 개의 주홍색 별이 한 줄로 이어져 있어 영락없이 하늘이 내린 동아줄 모양이다. 그런데 동아줄처럼 한 줄로 늘어선 별 이름에 '방 방房' 자가 붙었다는 점이 다소 의아한 대목이다. 이 별을 호랑이의 악행을 심판하는 동아줄로 본 것은 별다른 이론적 체계 없이 하늘을 보던, 하지만 그러면서도 즉각적으로 본질을 꿰뚫던 민중들의 시선이었다. 천문天文에서 국가의 질서를 읽으려 했던 왕실의 점성가들은, 노래대로 이 별을 천자가 정무를 보는 방인 '명당'明堂*으로 보았다. 이쯤에서 『천문류초』에 실린 「보천가」를 한 곡조 청해 들어 보자.

> 방房은 네 개의 주홍색 별이 곧바로 아래로 향한 모습으로 명당明堂을 주관하네.이순지, 『천문류초』, 87쪽

천자가 정치를 베푸는 자리, 혹은 심판과 구원의 동아줄. 모양은 많이 다르지만 속뜻은 묘하게 통하는 지점이 있다. 결국 이 별이 질서를 구현하는 중대한 자리라는 것이니 말이다. 왕의 집무실을 왜 명당이라 지칭하는가? 왕이란 하늘[天]·땅[地]·인간[人]을 아우르는 중용의 존재이기 때문이다. 그렇기에 왕이 거처하는 공간은 우주질서의 총체를 상징해야 했다. 역대의 왕들이 왕궁의 건축에 사활을 걸었던 것은 그만큼 왕실이 내포하는 상징적인 의미가 중요했기 때문이다. 명당의 위상에 대하여 마르셀 그라네는 이렇게 설명한다.

> (명당의) 구도는 병영과 도시 구도를 재현하는 것으로서 세계와 군주의 구도를 재현한다. …… 그 형태가 어떠하든 중요한 것은 군주가 책력冊曆의 집에서 순행巡行하여 이 형태를 작동시키는 데에 있으며, 태양과 사계가 대질서나 하늘의 길을 따르는 것이었다.마르셀 그라네, 『중국사유』, 320쪽

---

* 천자가 하늘의 명을 받아 정치를 펴던 건물. 우주의 중심인 자미원(紫微垣)의 모습을 본떠 만들었다. 풍수지리학의 명당사상에서는 자미원을 닮은 땅을 길지로 여겼다.

천원지방天圓地方, 하늘은 둥글고 땅은 모나다고 생각했던 옛사람들은 네모난 기단 위에 둥근 제단이 올라앉은 모양으로 명당을 건축했다. 그 위에 올라선 천자는 곧 북극성이자 태양이었다. 명당 위에 올라 천자는 북극성 아래에서 남면南面하고 서서는 뭇 제후들의 조회를 받았다. 또, 태양처럼 지상을 순행하면서 계절의 운행과 시간의 안배를 주관했다. 하늘·땅·인간의 소통의 고리, 어긋난 균형을 바로잡는 질서의 수호자, 그것이 곧 천자의 역할이었다. 하여 왕은 부단히 우주의 질서를 모방하며 체화하려고 노력한 것이다. 왕도王道가 곧 천도天道와 다르지 않게 하려는 것, 그것이 곧 지상 과제였다.

명당의 별, 방수는 명당의 정치적 기능 이상으로 중요한 존재였다. 하늘을 본뜬 명당에서 하늘을 닮은 조화의 정치를 펴려 했다면, 하늘의 명당별에서는 자신의 시대가 위치한 우주적 좌표를 읽으려 했던 것이다. 천자는 하늘의 조짐에 귀를 기울였다. 별들의 운행은 천자 자신은 물론, 국가 구성원 모두가 어느 인연의 장場 가운데 살고 있는지를 보게 하는 운명의 지도였고, 동시에 자신의 통치에 대한 하늘의 즉각적인 응답에 다름 아니었다. 그렇기에 왕들은 노심초사하며 저 하늘의 방수를 주시했다. 하늘은 과연 내게 썩은 동아줄을 내릴 것인가, 아니면 새 동아줄을 내릴 것인가!

천자의 길, 음도와 양도 사이

동아줄처럼 그저 늘어져 있는 것으로 보이지만, 네 별은 왕을 보필하는 네 명의 신하라 하여 각각 상장上將, 차장次將, 차상次相, 상상上相이라 이름

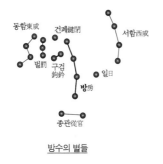

방수의 별들

한다. 다른 한편에서는 이들을 하늘의 마차나 마구간으로 보기도 한다. 여튼, 이들 별들이 밝으면 임금이 현명할 조짐이다. 별들이 벌어지면 백성이 유랑한다. 맨 위와 맨 아래의 별이 커지면 참모들이 병란을 일으킨다.

재미있는 것은 방수를 읽는 데 있어, 별도 별이지만 별과 별의 사이, 텅 빈 허공이 더 중요하다는 거다. 네 별의 한 가운데를 대도大道라고 한다. 이곳은 태양이 지나가는 길, 즉 황도와 겹친다. 태양, 곧 천자가 드나드는 중요한 길목인 것이다. 이를 기준으로 남쪽을 양도陽道라 하고 북쪽을 음도陰道라 한다. 일월오성이 방房, 즉 대도의 가운데를 지나는 것은, 천자가 음양이 조화된 가운데 명당을 순행하는 형국이므로, 천하가 안정되고 평화로울 징조다. 하지만 이들이 치우친 길을 가면 세상에 재앙이 찾아든다. 그 해석도 어찌나 자세한지! 칠요가 양도를 지나면 세상에 양기가 치성해지고, 음도를 지나면 음기가 성해진다. 당연한 얘기겠지만 양기가 성하면 가뭄이 일어나고, 음기가 성하면 홍수가 발생한다.

방수와 이웃하거나 그에 딸린 별자리들의 의미도 재미있다. 방수 바로 위에는 천시원天市垣이 있다. 천시원은 하늘의 주극성을 삼분한 삼원三垣 중 하나로 이름 그대로 하늘의 시장이요, 저잣거리다. 백성들이 살아가는 구체적이고 세속적인 삶의 장을 주관한다. 그래서 점성가들은 여기서 민생을 읽어 냈다. 흥미로운 점은 시끌벅적한 삶의 활기로 충만한 천시원이 천자의 명당, 방수와 마주해 있다는 점이다. 세속의 번잡함으로 가득한 이곳을 잘 주시하고 다스리는 게 천자의 임무다. 또한 세속에 휩쓸려서도 세상과 단절돼서도 안 되는 것 역시 천자의 임무다. 그래서인지 방수에는 열쇠의 별, 건폐鍵閉와 구검鉤鈐이 함께 있다. 건鍵은 열쇠, 폐閉는 자물쇠를 말한다. 구검鉤鈐은 끝이 구부러진 열쇠를 가리킨다. 모두 하늘을 여닫는 일을 주관하는 것이다. 건폐와 구검이 방수와 가까워지면 천자가 민생을 잘 읽어 내는 것이고, 멀어지면 그들과 불화하게 된다. 그런가 하면 형벌로 민생을 다스리는 벌罰이라는 별도 있다. 이 경우는 보다 적극적으로 천시天市를 다스리는 것이라 하겠다. 그밖에도 천자를 보위하며 무巫와 의醫를 주관하던 주술사의 별 종관從官, 태양을 상징하는 일성日星이 있다. 일성은 태양의 정기를 나타내는 별이며, 대도를 통과하며 천하를 순행하는 군주의 모습을 표상한 것이라 볼 수 있다. 안상현, 『우리가 정말 알아야 할 우리 별자리』, 현암사, 2005, 149쪽

주술사의 별, 종관에 대해 좀더 살펴보자. 국가가 들어서기 이전 부족의 원로, 우두머리들은 동시에 뛰어난 샤먼shaman이기도 했다. 그들은 천지 우주와의 감응 속에서, 공동체의 운명을 예견하고, 삶의 방향을 모색했다. 그러다 정치와 종교가 분리되면서 이들은 정치적 권위를 박탈당하고 일개 주술사로 전락하고 말았다. 하지만 무기만으로, 병사의 수와 힘만으로 안 되는 게 통치의 문제였다. 알 수 없는 위험, 예기치 못할 사건들과 분투하면서 사람들은 우리가 까마득한 우주의 그 어드메를 헤매고 있는 건지 알고 싶어 했다. 종관, 이 별은 한없이 낮은 곳으로 내려 앉았지만, 우주와의 소통을 향한 사람들의 구애와 갈망은 여전하다.

방수에 얽힌 이야기를 한 바퀴 돌아 나왔다. 방수는 천자의 명당이고, 자신의 통치를 비춰볼 수 있는 하늘의 거울이었다. 꼭 왕이 아니더라도,

자기 삶으로 정치를 하려는 자라면, 자신의 몸과 운명에 대한 주인으로 살아가려는 사람이라면, 꼭 눈여겨봐야 할 게 이 별 방수가 아닐까 한다. 나의 일상은 음도, 혹은 양도로 치우치지 않았는가, 세속의 웅성거리는 활기에 눈이 멀지는 않았는가. 우주 안의 나를 들여다보게 하는 운명의 명당, 방수에서 내 삶의 좌표를 읽어내 보자.

심장의 별 심수 — 심장은 차갑고 맑게!

하늘의 왼쪽 가슴 아래께

이번 주인공은 청룡의 심장, 심수心宿다. 때는 바야흐로 봄꽃들의 황홀한 퍼레이드가 펼쳐지는 완연한 봄날, 눈앞의 꽃잔치 못지않은 볼거리가 머리 위에 펼쳐져 있는 줄을, 사람들은 아마 모를 것이다. 머지않아 도래할 여름철의 은하수를 예비하듯, 늦봄 밤하늘은 한동안 보기 힘들었던 별잔치를 한바탕 준비해 놓고 있다. 그 주인공이 바로 심수 되시겠다.

'심장의 별'이라는 뜻의 심수, 동방청룡의 심장에 해당한다는 뜻에서 붙은 이름일 테다. 강렬하게 타오르는 붉은 빛이 흡사 약동하는 심장을 연상시키는 별, 우연의 일치일까. 서양의 전갈자리에서도 이 별은 '심장'에 배속된다. 심장이란 무엇인가? 『황제내경』에 "심장은 군주지관으로 신명이 여기에서 나온다"心者 君主之官 神明出焉고 했다. 사람의 몸을 국가에 비유할 때, 심장은 통솔하고 주재하는 군주의 역할에 해당한다는 거다. 판단하고 명령을 내리는 역할을 수행하기에 심心은 몸의 전체를 살피고, 그렇기에 신명神明을 주관한다. 그만큼 우리 몸의 중심이요, 중요한 장부臟腑라는 얘기다. 그러니 심수의 이름이 얼마나 범상치 않은 것인지, 짐작할 수 있을 것이다.

적졸積卒

심수의 별들

심수의 모습은, 더도 말고 덜도 말고 딱 심장스럽게 생겼다. 심수는 세 개의 별이 둔각을 이루며 연이은 모양이다. 그 모습이 심장을 본떠 만들었다는 '마음 심心' 자와도 흡사하다. 붉은 별 셋이 나란히 연이어 있다 하여 심수를 '대화'大火라고도 부른다. 그야말로 거대한 불덩어리라는 거다. 특히 가운데 별이 유독 강렬한 빛을 뿜어낸다. 밝기로는 뭇 별들 중에 겉보기 등급 랭킹 16위이며, 태양보다 1만 배 더 밝고, 700배 더 크다는 이 별, 그야말로 무지하니 밝고 크다! 하여 이 가운데 별에는 별도로 '심대성'心大星이란 별칭이 붙는다. 심대성의 빛이 유난히 밝은 이유는 이 별이 '적색거성'赤色巨星이기 때문이다. 적색거성이란 나이 들어 비대해진 별을 일컫는 말이다. 진화 과정을 거치는 동안 핵반응이 점점 활발해져서 크기는 커지고, 표면의 온도가 낮아져 색이 붉어진 것이다. 별도 무르익고 원숙해질수록 농익은 때깔을 내는 법이라는 거, 흥미롭지 않은가? 태양을 화성 궤도까지 부풀려 놓은 규모라고 하는 이 별은, 그 규모와 밝기로 자신의 지위를 증험하는 셈이다.

평소 우리는 '심장이 터질듯이' '심장이 펄떡이듯'이라고 하며, 심장에 역동적이고 혈기방성한 젊음의 이미지를 입히려는 경향이 있다. 하지만 심수가 보여 주는 심장의 이미지는 오히려 그 반대이다. 차라리 오랜 시간을 두고 숙성된 장맛과 같달까. 시간의 깊이와 주름을 간직한 원숙함, 그렇기에 그 안에 만물을 주재하는 현모賢髦한 지혜가 담길 수 있는 것이다. 우리의 몸 안에 있어 제대로 알기 힘든 심장의 모습, 저 하늘의 심수에서 '내 안의 심장'을 발견해 보는 건 어떨까.

형혹수심

심장이 몸의 군주 역할을 하듯, 심수는 별 중에 천왕의 자리에 해당한다. 심수의 심대성은 방수와 마찬가지로 천자의 자리인 명당을 상징한다(방수의 명당이 군신간의 관계를 점치는 별이라면, 심수를 보고는 태자와의 관계를 점쳤다). 예로부터 이 별은 천하에 상벌을 내리는 심판의 자리로 해석되었다. 적색거성이 뿜어내는 원숙한 붉은 빛이 만물을 통어統御하고 질서를 부여하는 천자의 역할을 한다고 보았던 것이다. 심대성 좌우의 별들은 왕자라 여겨졌다. 천왕의 오른쪽별이 적자인 태자, 왼쪽별이 서자인 왕자들의 자리다. 이 별들의 밝기와 각도를 보고 태자와 서자의 권력 다툼을 점쳤다. 가령 이 별자리가 일직선으로 펼쳐지면 태자와 서자의 세력이 비슷해지는 형국이므로 왕권쟁탈이 극심해지거나, 지진·해일 등이 일어날 조짐이라 보았다.

　더 중요한 것은 심대성과 다른 천체들 간의 관계다. 심대성은 안타레스Antares; 전갈자리의 알파별라는 말로 더 유명하다. 안타레스란 그리스어로 '화성의 라이벌'이라는 뜻이란다. 화성 못지않게 붉은 별이라는 뜻일 테다. 이 이름은 2년에 한 번, 화성이 심대성 옆을 지나는 데서 유래했다.

　심수의 위로 4척 높이 되는 곳에는 일월오성日月五星이 지나가는 천도

天道가 있어, 해와 달과 다섯 개의 별이 그 주위를 지난다. 지구에서 보기에 오성의 운행 궤도는 지그재그로 불규칙하게 뻗어나간다. 앞으로 가는가 하면 뒤로 빠지기도 하고, 한 자리에 죽은 듯 머물러 있기도 한다. 그러다 갑자기 경로를 틀어 쏜살같이 빠져나가기도 한다. 이 모두는 각 행성과 지구의 공전 속도가 다르기 때문에 벌어지는 일로, 이들의 비정형적인 운행 궤도는 '예기치 않은 일', '돌연한 사건'이라는 해석의 여지를 남겼다. 특히 오성이 특정 별자리의 영역을 침범할 때면, 만국의 점성사들은 긴장해야만 했다.

화성은 그중에서도 보다 각별한 주의를 요하는 별이었다. 화성은 오행으로 화火에 배속되어 전쟁과 살육을 상징하는 별로 여겨졌다. 화성을 형혹성熒惑星이라 부르는데, 이는 '광기의 등불에 미혹되다'라는 뜻이다. 전쟁의 별 화성이 심장과 군주의 별 심수를 침범하는 사건은 흉조 중의 흉조였다. 화성의 사나운 붉은 빛이 심대성의 정갈한 붉은 빛을 잠식해 들어가는 것, 이는 전쟁과 파국의 메시지였다. 형혹성이 심수에 접근하는 것을 두고 '형혹수심'熒惑守心이라 부른다. 이는 화성이 역행하여 심수의 자리에 머물러[守] 있는 모습을 일컫는 것이니, 곧 천자의 자리가 광기의 등불에 장악당할 조짐이다. 최악의 흉조가 아닐 수 없다.

『사기』의 「진시황본기」에 보면 진시황이 죽기 전에 일어난 세 가지 기이한 사건 중의 하나로 바로 이 '형혹수심'이 기록되어 있다. 진시황 36년(기원전 211년), 형혹성이 화성을 범하고 하늘에서 운석이 떨어졌다. 그야말로 살벌한 광경이 아닐 수 없다. 이듬해 진시황은 길 위에서 급사한다. 이보다 앞선 송나라 경공 37년(기원전 480년), 형혹수심이 일어났으나 왕이 재앙을 재상들과 백성의 탓으로 돌리지 않으며, 곡진히 백성을 걱정하고 위하자, 그 마음이 하늘을 감화시켜 형혹이 움직여 갔다는 고사도 있다(『사기』, 「송미자세가」宋微子世家). 어쨌거나 형혹수심은 재앙을 예고하는 대표적인 천상天象으로 예로부터 악명 높은 것이었음을 알 수 있다.

흥미롭게도 이집트에서도, 메소포타미아에서도, 심지어 사라진 마야 문명에서도 화성이 심대성을 침범하는 현상은 치명적인 전쟁과 파멸의 전조로 읽혔다. 그리스인들은 화성의 붉은 빛이 피를 연상시킨다고 하여 잔인한 전쟁의 신 아레스Ares라고 불렀다. 화성이 안타레스를 침범하는 것은, 전갈의 심장이 전쟁의 신에 물들어 버리는 형국이니 이를 전쟁의 조짐으로 해석하였던 것이다.

'열심히' 산다는 것에 대하여

형혹수심은 비단 하늘에만 있는 것이 아니다. 몸 안에 심장을 달고 사는 우리는 저 하늘의 심수처럼 화火의 침범에 무방비 상태로 노출되어 있다. 우주를 다스리는 하늘의 심장 심수가 화성의 불 기운에 노출되는 건 2년에 한 번 정도지만, 소우주인 우리들의 일상에서는 그보다 더 자주 형혹수심이 일어난다. 우리가 흔히 사용하는 '열심'熱心이라는 말이 그것이다.

"열심히 살겠습니다!"를 입에 달고 사는 우리들이다. 종일토록 분주하게 지내느라 밤을 잊고 산다. 매일이 '열심'의 연속이다. 그러면서도 더 열심히 살겠다는 말을 놓지 않는다. 열심히 산다는데 문제될 게 있나? 글자를 풀어 보자. '열심'이란 '뜨거울 열熱'에 '마음 심心', 즉 심장이 '열 받도록' 애를 쓴다는 말이다. 심장은 열 받으면 안 된다. 마치 하늘에서 형혹수심이 일어나면 안 되는 것처럼 말이다. 차게 식히고 고요하게 가라앉혀야

제격인 게 심장이다. 그래야 적색거성에서 뿜어 나오는 현묘한 빛줄기처럼, 존재를 아우르는 신명이 흘러나온다. 『동의보감』에도 "심이 고요하면 신명과 통하여 문 밖을 나가지 않아도 천하를 알고 창밖을 보지 않아도 하늘의 도를 알게 된다"고 했다. 심장이 제 빛깔이 나게 하려면 모름지기 차게 식히고 맑게 가라앉히는 게 최선이다. 매 순간 '열심히'를 외치는 우리 시대의 모습은 그 자체로 하나의 병증, 형혹수심인 셈이다.

일찍이 아메리카 인디언들이 백인 정복자들을 두고 이런 얘기를 했다고 한다.

> 그대들 얼굴 흰 사람들은 모든 것을 서둘러 원하며, 많은 노력 없이 그것을 얻고자 한다. 그렇기 때문에 오히려 그들은 더 많은 걸 놓친다. 무엇보다도 사물에 대한 이해를 놓치게 되는데, 그것은 그들이 이해에 필요한 만큼 충분히 그 세계에 몸담고 있지 않기 때문이다. 그들은 지금 당장 쉽고 빠른 대답을 원한다. 류시화, 『나는 왜 너가 아니고 나인가』, 김영사, 2003, 508쪽

눈앞의 가시적인 성과에만 집착하는 우리, 도달할 목적지를 설정하고 그 사이의 모든 여정을 하나의 수단과 비용으로 치부해 버리는 우리 모습은 인디어들의 눈에 비친 백인 정복자들과 크게 다르지 않다. 성과를 위해 스스로를 달달 볶아 대는 '열심증'의 시대. 푹푹 찌는 열기에 신명이 흐려져 버린 모습들. 나는 어디 있는지, 또 어디로 가고 있는지 우린 결코 묻지 않는다. 그저 달리고 또 달릴 뿐! 이 얼마나 치명적인 악순환의 연속이란 말인가!

스스로 온전한 자기 삶의 주인이 되길 원한다면, 운명과 사건의 주인

이길 바란다면, 일단 고개들어 저 하늘의 심수를 좀 보는 건 어떨까(자기 심장을 꺼내 볼 순 없으니^^). 내 심장의 온도는 몇 도인가? 심대성의 빛깔처럼 나의 신명도 맑고 청아한가?

꼬리별 미수 — 여성의 별, 여성의 지혜

꼬리별 미수

미수尾宿는 '꼬리'별이다. 동방청룡으로도, 서양 별자리의 전갈자리로도 이 별은 꼬리다. 이 별은 만국 공통의 꼬리별이다. 왜냐? 둥글게 또르르 말린 별자리의 모습이 영락없는 꼬리의 형상이기 때문이다. 미수를 노래한 시를 먼저 보는 것이 좋겠다.

> 갈고리 모양의 아홉 개의 붉은색 별이 청룡의 꼬리 미尾이며,
> 미의 아랫머리에 다섯 개의 붉은 색 별이 귀龜라네.
> 미의 위에 네 개의 주홍색 별이 천강天江이며,
> 미의 동쪽에 한 개의 붉은 별이 부열傳說이네.
> 부열의 동쪽에 외롭게 떠 있는 주홍색 별 하나가 어魚이며,
> 귀龜의 서쪽에 한 개의 붉은 색 별이 신궁神宮이니,
> 후비后妃의 가운데에 놓여 있게 되었네. 이순지, 『천문류초』, 97쪽

한동안 양기 충만한 남성적인 별들 일색이었는데, 이번에는 모처럼

우아한 별이 찾아왔다! 곡선미가 살아 있는 아홉 개의 붉은 별. 영롱하게 흐르는 은하수의 강물 한가운데에 자리한 매혹의 별. 은하수의 유장한 강물에 꼬리를 담그고 낚시라도 하려는 것인가! 꼬리를 말아 올리고 유혹이라도 하려는 것인가! 아랍의 점성사들은 이 별자리를 전갈자리의 꼬리라 생각했다. 그중 가장 밝은

미수의 별들

여덟번째 별 '샤울라'Shaula; 세운 꼬리라는 뜻는 전갈의 독침이라 보았다. 유혹하듯 우아하게 말아 올린 꼬리 뒤편에 숨은 치명적인 독침. 작고 연약하다고 무시하면 안 된다. 그 안에는 방심한 상대의 숨통을 일순 끊어 버리는 파멸의 힘이 잠자고 있다.

미수는 음陰의 별이다. 몸에서 꼬리가 음기陰氣를 주관하듯, 꼬리별 미수는 음을 관장한다. 그중에서도 '여성'을 주관한다. 위의 시에서도 언급되어 있듯, 미수가 관할하는 영역은 후비后妃 즉 '왕의 여자들'을 의미했다. 별이 늘어선 순서는 곧 궁실에서의 서열(?)과 같았다. 가장 위에 있는 별이 왕비인 후后이다. 그 아래의 세 별은 부인夫人, 다음 세 별은 빈嬪, 마지막 두 별은 첩妾의 별이다(이때 부인과 첩은 보통명사가 아닌 천자의 여자들을 분류하는 명칭이다). 전갈자리의 '샤울라'는, 미수로 치면 '첩의 별'이다. 치명적인 매혹으로 왕들을 주무르던 팜므파탈들. 그런데 화려한 겉모습 그 이면에 파멸의 독침이 도사리고 있다는 걸 잊어선 안 된다. 주왕紂王과 주지육림酒池肉林의 파티를 벌였다는 달기妲己, 비단 찢는 소리를 사랑했다는 포사褒姒……. 첩과의 향락에 빠져 정신 못 차리던 왕들은 역사에 부끄

러운 이름을 남기고 말았다. 아마도 그들은 '하늘의 미수가 어지러우니 몸가짐을 삼가십시오'라는 천관天官들의 충언을 무시했으리라. 망국의 군주들에게는 항상 경국지색傾國之色이 있고, 동시에 미수의 침범이 있었다는 것을 잊어선 안 된다.

이렇듯 미수는 궁실의 내밀한 속사정을 점치던 별이었다. 별의 색이 고르면 왕비에게서 질투가 사라지고 후궁들 사이에 질서가 잡히지만, 별이 작고 어두워지면 왕비에게 질병과 우환이 생긴다. 오성이 미수를 침범하면 그 별에 해당하는 궁녀에게 질병과 근심이 찾아든다. 그리고 '요주의'(?) 별인 화성과 금성이 이 별을 범하면 후궁들 간에 피 튀기는 세력다툼이 벌어지게 된다. 꼬리는 몸의 균형을 잡는 기관이라고 한다. 하늘의 꼬리인 미수가 제 역할을 할 때, 음陰의 무게추로 천자의 양陽을 보필하여 기운의 균형을 잡는 역할을 한다. 하지만 꼬리가 제 역할을 못할 때면 파멸의 독침으로 돌변하기도 했다. 후미진 곳에 달려 있어 지나치기 쉬운 게 꼬리이지만, 옛 점성가들은 꼬리별 미수의 조짐을 시종 예의주시했다. 균형을 잡아 주는 꼬리가 바로 설 때 몸이, 나라가, 그리고 우주가 바로 설수 있기 때문이었다.

별이 된 재상, 부열

미수가 은하수 한가운데 놓인 별자리여서 그런지 미수에 딸린 별들 중에는 물과 관련된 별들이 많다. 미수의 아래에 있다는 거북 별자리 '귀'龜라든지, 미수의 동쪽 너머에 있다는 물고기 별자리 '어'魚가 그렇다. '귀'는 점복卜을 주관하는 별자리이며, '어'는 음한 일[陰事]을 주관하는 별이란다.

미수의 위에 있다는 하늘의 강, 천강天江 별자리는 달[月]과 백성의 운을 주관하는 별자리다. 모두 물[水] 혹은 음과 관련된 별자리이다.

그런데 물과는 전혀 상관없는, 실존 인물의 이름이 붙은 별자리가 있다. 미수의 동쪽에 자리잡은 부열傳說이 그것이다. 부열은 상商나라 무정왕武丁王 때 재상을 지낸 인물이다. 그는 어떤 인물이었기에 하늘의 별이 되기에 이른 것인가. 또 하필 '여성의 별' 미수에 속하게 되었는가.

『사기』의 「은본기」에 부열의 이야기가 다음과 같이 전해지고 있다. 무정왕이 임금의 자리에 올랐을 때 상나라는 망해 가고 있었다. 무정왕은 나라를 부흥시키려 하였으나 자신을 보좌해 줄 인물을 찾지 못했다. 그러자 왕은 특단의 조치를 내렸다. 나랏일은 재상에게 돌보게 한 뒤, 인재를 찾아 손수 발벗고 나선 것이다. 그러기를 3년째. 어느 날인가 그는 꿈속에서 바라 마지않던 성인을 만나게 된다. 꿈결에 들은 '열說'이라는 이름을 왕은 잊지 않았다. 신하들에게 명을 내려 온 나라를 샅샅이 뒤지게 했고, 마침내 '부험'傳險이라는 땅에서 그를 찾아냈다. 열은 죄수였다. 강제 노역에 동원되어 부험에서 길을 닦던 중이었다. 무정왕은 그와 몇 차례 이야기를 나눈 뒤, 그 됨됨이를 알아보고 그를 재상으로 등용했다. 그러고는 '부험 땅에서 길을 닦던 열'이라는 뜻의 '부열'이라는 이름을 내렸다. 위대한 재상으로 덕을 쌓은 부열은 죽은 뒤에 하늘의 별이 되어 영원히 기억되었다. 그게 부열이라는 별이다.

『서경』書經 「열명」說命편에는 부열과 무정왕이 주고받은 이야기가 기록되어 있다. 무정왕은 죄수 신분이던 부열에게 정치를 맡기면서 이렇게 말했다. "만일 약에 명현반응이 없으면 그 병은 낫지 않는다."若藥不瞑眩 厥疾不瘳 '명현瞑眩 반응'이란 약을 썼을 때 일시적으로 병이 악화되는 현상이다. 이 말은 무정왕이 갓 재상이 된 부열에게 전한 독려의 메시지였다. 부열이 정치를 맡은 뒤 당분간 혼란이 더 심해질 테지만, 그것은 약을 먹고 나서 잠깐 더 어지러워지는 명현 반응과 같은 것이니, 흔들리지 말고 마음을 다잡으라는 말이다. 부열의 삶은 시련과 고통의 연속이었다. 하지만 그는 자신에게 닥친 고통의 길을 외면하지 않고 묵묵히 돌파함으로써, 그것을 하나의 명현 반응으로 전환시켰다. 맹자孟子는 부열이 공사장에서 길을 닦다 재상으로 등용된 고사를 전하며 이렇게 말한다.

하늘이 장차 큰 임무를 어떤 사람에게 내리려 할 때는, 반드시 먼저 그의 마음을 괴롭게 하고, 그의 근골을 힘들게 하며, 그의 몸을 굶주리게 하고, 그의 몸을 곤궁하게 하며, 어떤 일을 행함에 그가 하는 바를 뜻대로 되지 않게 어지럽힌다. 이것은 그의 마음을 분발시키고 성질을 참을성 있게 하여 그가 할 수 없었던 일을 해낼 수 있게 도와주기 위한 것이다.『맹자』, 355쪽

곤란함을 피하고 싶어하는 것은 인간의 공통된 심정일 것이다. 하지만 병과 고통, 시련과 장애는 오행의 비틀거리는 길을 걸어가는 우주가 겪을 수밖에 없는 필연이다. 우리가 그것을 긍정하고 세계의 하나로 떠안을 때 긍정의 동력으로 전환된다. 맹자의 말처럼 고통과 시련이 나를 분발시키고 부족함을 키워주는 양약으로 쓰이는 것이다.『주역』에 "한 번 음이 되고 한 번 양이 되는 것, 이것이 도이다"一陰一陽之謂道라고 했다. 음양은 서로 교대하기에 한 번 음이 찾아오면 그 다음엔 양으로 전환되는 법이다. 인생의 음지陰地를 지나던 부열은 이 과정을 자신을 숙성시키는 계

기로 여기고 곤궁함 가운데 자신을 낮추었다. 자기를 버리고 모두를 위한 길을 닦았다. 부열은 하심下心의 달인이었다. 모든 것을 내려놓았지만, 그게 결국 자기 자신에게 최고의 선물이 되는 삶을 실천할 수 있었다.

중국의 여성들은 봄 여름이면 이 부열의 별을 주시하며, 부디 아들을 하나 점지해 달라고 기도를 올린다. 자손의 잉태란 사람의 인생사에 가장 절실한 문제에 속한다. 그런 중대사를 주관해 온 것을 볼 때, 중국인들의 무의식 속에 그가 얼마나 확고부동한 현자로 자리매김되어 있는지를 짐작할 수 있다. 이 풍습이 상나라 때 자리 잡은 것이라 치면, 부열성은 장장 3천 년에 달하는 긴 시간 동안 동아시아 여성들의 염원을 주관해 온 셈이다. 그 오랜 시간을 민중들의 염원 속에 살아남게 된 비결은, 자신을 낮추고 시련을 온전히 감내함으로써 삶의 전환의 계기로 삼았던 지혜 때문이 아닐까?

용의 꼬리보다는 뱀의 머리가 되라고 했던가? 부열성과 미수는 꼬리로 산다는 것이 얼마나 의미 있는 일인지를 되새기게 해 준다. 낮추는 것이 높이는 것이고, 베푸는 것이 얻는 것임을 가르쳐 준다. 영롱한 은하수의 강물 위에 빛나는 미수. 그대, 용의 꼬리를 무시하지 말지어다!

순환의 별, 기수 — 바람의 노래를 들어라

바람의 별, 기수

어릴 적 내가 살던 시골집 뒤에는 비탈밭들이 얼기설기 얽혀 있는 너른 언덕이 있었다. 뒷산 공동묘지로 향하는 상여가 지나던, 나뭇단을 짊어 메고 내려오는 나무꾼들이 지게를 내려놓고 한숨 돌리던 언덕이었다. 그 언덕을 사람들은 '강신터'라 불렀다. 그 이름이 '신이 강림하는 곳'이란 뜻의 '강신'降神인지 알 길은 없으나, 그곳엔 늘 신의 숨소리 같은 높고도 가느다란 바람소리가 그치지 않았다. 소백산맥을 타고 넘나드는 바람이 대지를 휘감아 돌며 내는 소리였다. 강신의 언덕을 지키는 바람소리는 회한과 미련으로 뒤처지는 상여의 뒤를 떠밀어 주고, 나무꾼의 지겟단에 실린 삶의 무게를 덜어 주곤 했다. 그 바람의 언덕에 작은 땅 한 뙈기를 얻어 '화전'을 일구던 나는, 신의 영지에 세 들어 산다는 외경심을 지울 수 없었다. 한 줄기 바람에도 내가 알아채지 못하는 무수한 인연이 실려 있다. 바람은 나에게 무수한 인연 가운데 내가 살아가고 있음을 가르친다.

이번 주인공은 '바람의 별'이다. 동방청룡의 마지막 별 기수箕宿! 절묘하게도 이 별은 청룡의 '똥꼬' 위치에 아슬아슬하게 매달려 있다. 동청룡이 시원하게 가스라도 내뿜기 때문일까? 이 별은 세상에 바람을 몰고 온다.^^

그런데 사람들은 이 별에 왜 기수라는 이름을 붙였을까? 기箕는 '키'를 뜻하는 글자다. 왜 있잖은가, 오줌 싼 아이를 소금 동냥을 보낼 때 머리에 뒤집어씌우는 것 말이다. 키는 곡식을 까불러 알곡과 쭉정이를 가려내기 위한 도구다. 추수한 곡식을 올려놓고 들썩거리면 곡식에 섞인 검부러기들은 바람에 실려 날아가 버린다. 옛사람들은 하늘의 거대한 키가 오르내리며 우주의 바람을 만들어 낸다고 생각했다. 우주의 바람을 만들어 내는 하늘의 키, 그것이 기수다.

기성은 팔풍을 주관한다

기수의 수거성 '기성'箕星은 이름처럼 네모진 키의 형
상을 하고 있다. 그 모습, 네 개의 주홍색 별이 키 모
양의 사다리꼴로 연결된 모습이다. 이 별은 바람을
주관한다. 옛사람들은 이 별에 바람의 신인 풍백風伯
이 거하며 세상의 바람을 주재한다고 생각했다. 『풍
속통의』風俗通義에서는 기수를 이렇게 묘사한다.

기수의 별들

> 바람을 다스리는 것은 기성이다. 기성이 키를 까부르고 드날리니, 능히
> 바람의 기운을 이르게 한다.

바람의 별 기성. 바람을 주관한다는 이 별은, 그렇다면 무엇을 점치는
데 쓰였을까? 바람, 날씨, 풍작, 아니면 설마 성풍속? 기성에 대한 해석은
그리 단순한 문제가 아니다. 한마디로 정의하기가 곤란한 말이 바람이다.
바람은 언어의 고정화하는 힘 앞에 참으로 완강하게 저항한다. 붙잡아 놓
으면 빠져나가고, 새어나가는 게 바람이다. 고대인들은 그런 바람을 신神
으로 여겼다. 저 너머로부터, 알 수 없는 무엇을 실어다 나르는, 외경과 숭
고의 대상으로 여겼다. 용케도 바람에서 종교적 광휘를 내려놓을 수 있게
된 문명사회의 인간들은 바람을 말로써 규정지으려 한다. 하지만 어렵다.
그저 흐름이라고, 순환과 유통이라고, 기氣라고 뭉뚱그릴 수밖에. 그런데
여기, 바람의 별 기성을 둘러싸고 펼쳐진 고대 사유는 바람의 문제가 우
리가 알고 있는 것처럼 단순하지 않음을 보여 준다.

즉, '산들산들 봄바람' 할 때의 그 바람이, 바람의 전부가 아니라는 거다. 우리의 이해는 바람을 너무도 세속적이고 왜소한 의미로 한정짓는다. 이순지의 『천문류초』를 보자. 그는 기성이 '팔풍'을 주관한다는 고대적 사유를 이어받고 있다.

> (기성은) 천계天鷄라고도 부르는데, 팔풍八風을 주관해서 일·월성이 머무는 곳에 바람이 일어남을 맡는다. 이순지, 『천문류초』, 103쪽

기성을 하늘의 닭[天鷄]이라고 한다. 갑자기 닭이 웬말이냐! 닭이 날개짓을 하면 바람이 나오니까!, 라고 단순하게 생각할 수도 있다. 그런데……, 그게 정답이다. 심오하지만 단순한 게 동양 사상의 매력 아니던가.^^ 주역의 '손괘'巽卦(☴)는 바람을 상징한다. 바람이 흐르고 유통하여 만물을 가지런히 한다는 게, 손괘의 의미다. 그런데 여기서 손괘를 상징하는 동물로 닭이 꼽힌다. 지금 닭은 인간의 식량으로 전락해 버린 비참한 가축이지만, 고대의 사유에서는 하늘을 가르며 우주의 바람을 주재하던 풍신, 봉황鳳凰의 원형이다. "동방에서 나와 해 질 무렵이 되면 풍혈風穴에서 잠잔다"『회남자』,「남명훈」는, 바람과 자유의 신이 곧 봉황이자 닭인 것이다.

여기서, 봉황의 날개짓이 일으킨다는 바람이 우리가 이해하는 단순한 기류 변화가 아님은 쉽게 짐작할 수 있는 문제이다. 그것은 '팔풍'이다. 팔풍이란 동·서·남·북·서북·동북·동남·서남의 팔방위에서 불어오는 우주의 바람이다. 『회남자』에서는 이렇게 설명한다.

> 팔풍八風이란 무엇인가? 태양이 동지를 지난 지 45일 후 조풍條風이 불어

오고, 조풍이 분 지 45일 후 명서풍明庶風이 불어오며, 명서풍이 분 지 45일 후 청명풍淸明風이 불어오고, 청명풍이 분 지 45일 후 경풍景風이 불어오며, 경풍이 분 지 45일 후 양풍凉風이 불어오고, 양풍이 분 지 45일 후 창합풍閶闔風이 불어오며, 창합풍이 분 지 45일 후 부주풍不周風이 불어오고, 부주풍이 분 지 45일 후 광막풍廣漠風이 불어온다.『회남자』, 「천문훈」, 178쪽

팔풍은 대지의 방위에 소속된 것이면서, 천체의 운행을 아우른다. 동서남북이라는 '공간'을 주재하면서, 절기라는 '시간'을 창출하기도 한다. 하늘과 땅을 아우르고 시간과 공간을 갈마드는 우주의 리듬이자 질서, 그것이 고대인들이 생각한 바람의 모습이었다. 바람은 하늘·땅·인간을 아우르는 생성의 운율에 다름 아니었다.

조풍條風은 동북쪽에 위치하고 있으며, 만물의 생출을 주관한다. 조條란 말은 만물을 조리 있게 다스려 나타나게 한다는 의미이며, 이 때문에 조풍이라고 한 것이다. 조풍은 남쪽으로 가서 기수箕宿에 이른다. 기箕란 만물의 근본이란 뜻이며, 이 때문에 기수라 부른다.사마천, 『사기 표·서』, 「율서」, 109쪽(인용자가 일부 수정).

그리고 여기 사마천이 말하고 있듯, 기성은 바람을 주재하는 우주의 키[箕]이자, 생성과 순환을 주재하는 생명의 키key이다. 거대한 키를 펄럭이며 바람을 만드니, 세상에 기운의 출납出納과 순환循環이 발생하게 된다.

더 중요한 것은 기란 근기를 뜻한다는 말이다. 제아무리 순환과 소통이 중요하다지만, 어거지로 틀을 잡아 흐르게 하는 건 자연의 섭리가 아

니라는 거다. 만물의 근기에 따라, 제각각의 생명의 '결'과 리듬에 따라, 그야말로 들숨과 날숨이 교차하듯 자연스럽게 흘러야 한다는 것이다. 오직 나의 생긴 '결'대로 흐를 때, 좋음과 나쁨, 선과 악은 고정되지 않는다. 나의 본성에 부합하는 것을 나의 알곡으로 취하며, 만일 나와 관계 맺지 못하는 것이 있다면 날려 버리면 된다. 내가 놓아 버린 무엇은 흐르고 흐르다 다른 이의 알곡이 될 것이다. 기성의 키질은 세상을 규정 짓고 단죄하는 것이 아니다. 오직 계속되는 순환의 흐름, 그것이야말로 선이며, 또 신성한 것이라는 거다. 그렇게 해야만이 진정 알곡과 쭉정이를 가릴 수 있다는 것이다.

기성을 보고 옛사람들은 천하의 도를 논했다. 이 별이 어둡거나 좁아지거나 흐트러지면 난세가 찾아온다. 대지의 기후가 정미롭지 못하니 생명의 조리가 원활하지 못하며, 인간 세상의 정치질서와 사회관계들도 기성에 응應하여 어긋나게 된다. 반대로 이 별이 바르고 밝으면 천하의 오곡이 바르고 정치가 안정되는 호시절이 찾아든다. 천·지·인의 도를 일이관지一以貫之 하는 별이, 이 별 기성 아닐까 싶다. 이 별은 우리에게 막힘 없는 순환, 계속되는 흐름, 그것이야말로 지상명령이라고 말한다! 통하는 게 선이요, 막히는 게 악이라고! 초여름 밤, 기성이 뜨기 시작한다. 저 하늘의 기성을 보고 우리 시대의 순환과 흐름의 좌표를 확인해 보자.

3장

북방현무7수

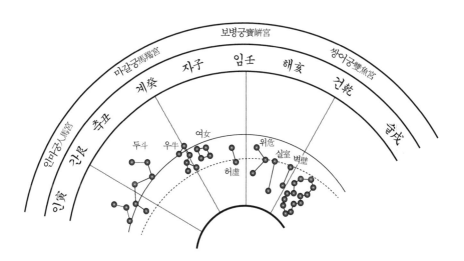

여름엔 펼쳐라 — 여름철 하늘 징검다리

여름철의 삼각형을 찾아보자

은하수가 펼쳐진 여름 밤하늘. 날도 덥고, 밤에 딱히 할 일도 없고. 일 년 중 사람들이 그나마 밤하늘을 많이 볼 때가 여름이다. 저 하늘엔 어떤 별자리가 펼쳐져 있을까? 먼저 여름 밤하늘에서 길을 찾는 법을 배워 보자. 해가 지고 나면 밤하늘 동쪽 지평선에는 여름 별자리들이 하나 둘 떠오른다. 여름 하늘에서 길을 찾기 위한 첫번째 길라잡이는 이번에도 역시 '북두칠성'이다. 여름 하늘의 북서쪽을 올려다보면 어렵지 않게 북두칠성을 발견할 수 있다. 북두칠성을 찾았다면, 북두칠성의 자루를 따라 이어지는 '봄철의 대곡선'을 그려 보라. 북두칠성의 휘어진 자루를 따라 남서쪽으로 길게 곡선을 그려, 화려하게 빛나는 '아크투루스'와 '스피카'를 이으면 된다. 그렇다면 이번에는 방금 그린 곡선을 동쪽으로 이동시킨다 생각하고 동쪽으로 눈을 돌려보자. 그러면 놀랍도록 시린 빛깔로 반짝이는 별 하나를 만날 수 있을 것이다. 이 별이 바로 직녀성 '베가'vega이다. 이 별은 기원전 1만 5천 년경의 북극성이었다.* 세차운동으로 지구 자전축이 이동하면서 이 별은 북동쪽 하늘로 밀려 나왔다. 이 별의 별칭은 '하늘의 아크등'이다. 아크등처럼 회백색으로 밝게 빛나기 때문이란다. 하늘에서 베가의 독특한 빛깔을 찾아본 사람은 금방 고개를 끄떡일 것이다. 북반구에서 세번

---

* 고대인들은 북극성을 부동의 중심축이라고 여겼지만, 북극성은 25,800년을 주기로 회전운동을 한다. 이 현상은 지구의 자전축이 팽이처럼 회전운동을 하기 때문에 발생하는데, 천문학의 용어로 이를 세차운동(歲差運動)이라 한다.

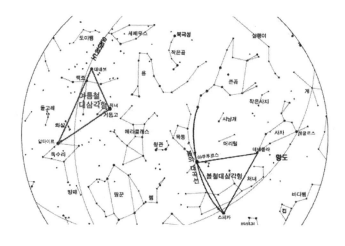

째(겉보기 등급)로 밝게 빛난다는 이 별은, 어디서나 쉽게 볼 수 있는 여름 하늘의 두번째 길라잡이다.

　다음, 직녀성의 근처에 있는 또 다른 밝은 별을 찾아보자. 직녀성에서 가장 가까운 1등성은 북동쪽의 백조자리 으뜸별 '데네브'Deneb다. 데네브는 '새의 꼬리'라는 뜻, 백조자리의 꼬리 부분에 위치한 별이라는 데서 붙은 이름이다. 사실 이 백조는 바람기 많은 신 제우스가 변한 것이다. 헤라의 눈을 피하기 위해 백조의 탈을 쓴 제우스는 지금, 스파르타의 왕비 '레다'를 만나러 가는 중. 글을 쓰며 살펴 보니 '데네브'라는 이름을 상표명으로 삼은 물건들이 꽤 있다. 그리고 주로 남성용품들이다. 데네브 낚시대, 데네브 신발, 데네브 바람막이……. 얼마나 많은 여자들이 사랑하는 남자에게 저 데네브들을 선물했을까. 이제는 밝혀야 한다. 데네브란 이름 석 자는 외도의 심볼이라는 것을.

　이번에는 직녀성의 남쪽으로 고개를 돌려 보자. 연인과의 생이별에서글퍼하는 직녀의 앞에 은하수라는 망망대해가 펼쳐져 있고, 그 너머에는 알타이르Altair가 빛난다. 알타이르는 '나는 새'라는 뜻. 서양 별자리로 독수리자리에 해당하는 별이다. 이 별은 동양 별자리로 은하수를 관장하는 별 '하고'河鼓에 해당한다. 그런데 일부 학자들은 이 별이 동양의 견우성이라 주장한다. 『사기색은』史記索隱에 "하고를 일러 견우라 한다"고 한 것이 그 근거였다. 하지만 이 의견은 견우성을 북현무의 우수牛宿로 보는 동양별자리 28수의 해석과 엇갈린다. 과연 어느 별이 진정한 견우성인가? 이는 아직도 끝나지 않은 중국 천문학사의 논쟁거리다. 이 책에서는 28수의 별자리 해석을 따라 우수를 견우성으로 보고자 한다.

어쨌거나 이 셋이 여름 하늘에서 가장 크고 밝은 주연급 별들이다. 그렇다면 이번에는 이 세 별을 이어 삼각형을 만들어 보자. 이것이 '여름철의 대삼각형'으로 여름 하늘에서 길을 찾는 기준점이 된다. 가짜 견우(?)와 직녀와 제우스라는 유명인사(?)들이 총출동하는 이 세 별은 여름 밤하늘을 밝히는 등대다.

북현무는 어디에?

여름철의 삼각형을 찾았다면 이제 동양 별자리를 찾아볼 차례. 이 현란한 여름 별무리 속에 동양의 별자리는 어떤 조합으로 펼쳐져 있을까? 동양 별자리를 찾으려면 앞에서 살펴본 베가, 데네브 등의 현란한 별들의 군무를 피해 지평선 가까이로 조금 내려와야 한다. 먼저 우리가 기준점으로 삼은 데네브와 알타이르를 직선으로 이어 보자. 그런 다음 직선을 2배 연장하여 지표 근처까지 내려와 보자. 그럼 근처에서 작은 국자 모양의 별

두수斗宿; 남두육성를 발견하게 될 것이다. 근처에 혹시 달이 보인다면 길을 제대로 찾은 것이다. 달이 빛나는 부근에서 봄철 별자리인 방수房宿, 심수心宿, 미수尾宿도 찾을 수 있을 것이다.

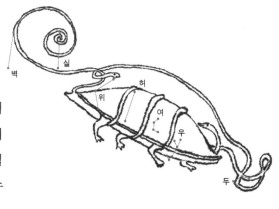

    동양의 여름 별자리는 두수로부터 시작한다. 동남쪽 지평선에서 나지막이 떠오르는 별들. 이 여름 별자리들의 이름을 불러 보자. 두斗, 우牛, 여女, 허虛, 위危, 실室, 벽壁. 이 별들은 거북과 뱀을 섞어 놓은 상상의 동물, 현무玄武의 형상이다. 현무는 북방을 지키는 수호신이다. 거북은 물에 사는 짐승이니 북방의 수기를 담당한다는 것은 이해가 된다. 하지만 수기는 계절로는 겨울, 그런데 왜 이 별이 여름 하늘에 뜨는가? 겨울 하늘과 이름이 바뀐 것 아닌가? 당황하지 마시라. 이는 고전 천문학 특유의 관측법에 따른 불가피한 결과다. 땅의 방위는 북쪽을 기준으로 위에서 아래로 내려다보는 시점으로 정해진다. 그러나 하늘의 방위는 북쪽을 기준으로 아래에서 위를 올려다본 시점으로 정해진다. 그 결과 북쪽과 남쪽의 방향이 서로 바뀌게 되는 것이다. 대지는 더운 열기로 끓어오르고 열대야로 밤잠 설치게 되는 여름, 하늘의 별자리나마 겨울의 수호신들이라니 반갑지 않은가?

    북현무의 별들이 뜨는 건 여름철 화火의 시기다. 화를 괘상으로 나타내면 리괘離卦(☲)가 된다. 두 개의 양효陽爻 사이에 음효陰爻가 들어 있다.

수를 괘상으로 나타내면 감괘坎卦(☵)가 된다. 이는 반대로 두 개의 음효 사이에 양효가 들어 있는 모습이다. 불 안에는 물이 있고, 물 안에는 불이 있다. 천지의 모든 사물들은 이렇듯 겉과 속이 표리관계를 이루어, 내부에 상반되는 기운을 내포한다. 이것이 음양의 이치다. 불 안에 물이 있기에 자기를 완전히 소진시키지 않고 제어할 수 있으며, 물 안에 불이 있기 때문에 생명의 유동하는 근원으로 작용할 수 있는 것이다.

여름의 대지에 겨울 하늘이 오는 것도 마찬가지다. 내려다본 하늘과 올려다본 하늘은 이렇듯 상반되는 풍경을 연출하지만, 결국은 하나의 태극太極의 다른 표현이라는 점, 서로가 서로를 내재하고 있기에 우주의 운행은 항구히 계속될 수 있다는 점, 기억해 두시라.

여름엔 펼쳐라

여름은 화의 시기다. 화는 식물이 잎사귀를 펼쳐 무성해지는 것에 비유된다. 봄철에 난관을 이겨내고 솟아오른 생명이 본격적으로 자신의 생명력을 펼치는 시기다. 이 시기엔 안으로 응축되어 있던 기운들이 모두 밖으로 펼쳐져 나온다. 온 세상이 자신의 생명력을 발산하는 화려한 시절이 이어진다. 이 시절에 우리 몸엔 어떤 기운의 장이 펼쳐질까?『황제내경』에선 이렇게 설명한다.

여름철 석달은 번수蕃秀라고 하는데, 천지가 사귀며 만물이 꽃 피우고 열매 맺는다. 이때는 야밤에 잠자리에 들고 아침 일찍 일어난다. 햇볕을 지겨워하지 말고, 성내지 말고, 꽃봉오리를 피어나게 해야 한다. 기를 내보내며 아끼는 것이 밖에 있는 것처럼 한다. 이것이 여름기운에 응하는 것이니 양장養長의 방법이다.

만물이 바깥으로 화려한 꽃을 피우고 수려하게 자라나는 시기다. 만물이 펼쳐지는 때이니, 사람도 그에 응하여 왕성한 활동을 펼쳐야 한다. 세상에 양의 기운이 왕성하므로 사람도 그에 맞추어 양기를 잘 통하게 해야 한다. 낮 동안의 활동량을 늘리고 몸에 축적된 양기를 발산해야 한다.

그런데 한 가지 문제가 있다. 여름의 기운에 맞게 양기를 잘 펼치며 사는 건 좋으나, 양기'만' 너무 과하게 쓰는 건 위험하다. 양기를 정미롭게 쓰기 위해서는 불길을 잡아 줄 물, 즉 음기가 필수적이다. 음기가 풍부하게 비축되어 있어야 양기도 잘 쓸 수 있는 것이다. 그런데 애석하게도 이 시기엔 음양의 기운이 치우쳐 있다. 춘분에 음양의 기운이 잠시 균형을 이루지만 이후 계속해서 양기가 자라나게 된다. 입하, 소만에 이르러 음기는 자취를 감춘다. 하지나 되어야 겨우 존재를 드러낸다. 여기서 발생하는 기운의 불균형은 크고 작은 문제를 일으킨다.

『서경』에서는 여름철의 생활상을 '인'因이라는 글자로 표현했다. '인'은 자신의 활동 영역에 갇혀 경작에 몰두해 있는, 한여름철 농부의 모습을 나타낸 것이다. 춘분이 지나면 음양의 균형은 안 맞게 된다. 천지의 기운이 그러하니 남녀의 생활상도 음양이 어긋날 수밖에. 남자는 소를 끌고 논으로 가고, 여자는 누에를 치기 위해 뽕밭으로 간다. 남녀가 갈라져 각자의 영역에 격리되어 하루를 보낸다. 참으로 심각한 음양의 부조화가 아닐 수 없다! 양기를 쓰려다 보니 들로 밭으로 흩어지게 되고, 그러다 보니 남녀의 별리別離를 겪을 수밖에 없다는 것. 이 생각을 여름 하늘에 투영시킨 것이 유명한 견우와 직녀의 이야기다.

그런데 이건 다음에 기술할 문제에 비하면 사소한 축에 속한다. 남녀의 별리로 인한 그리움이야 참으면 된다. 하지만 하늘의 음양 기운이 어그러진다는 건 심각한 문제다. 양이 과하면 가뭄이 들 테고, 음이 과하면 홍수가 찾아들 것이다. 이건 곧 삶을 위협하는 중대사였다. 그래서 사람들은 홍수가 들면 홍수를 일으킨 장본인인 교룡蛟龍을 쫓는 의식을, 가뭄이 들 때는 기우제를 치렀다. 이때 참조한 것이 바로 하늘이다. 북현무의 별에는 유독 물을 제어하는 별들이 많다. 이들은 모두 여름철의 혹독한 기후를 다스리고 예측하기 위한 것이었다. 여름 하늘의 별자리에는 음양의 기운이 조화되기를 바랐던, 막힌 기운이 화통하게 통하기를 바랐던 옛사람들의 염원이 녹아들어 있다. 북현무의 별자리를 올려다보자. 치우침 속에 조화를 염원했던 옛사람들의 자취를 찾아 길을 떠나 보자.

생명의 별 두수 — 은하수의 물을 길어 올려라

은하수의 강물은 어디서 샘 솟는가

어느덧 하지가 가까워오고 있다. 낮의 길이가 가장 길어지는 때, 만물에 생명의 기운이 가득 차오르는 때, 바야흐로 태양의 전성시대다. 태양이 방사하는 생성의 기운에 힘입어 만물은 성장의 국면에 접어든다. 누가 뭐래도 이 시기의 주인공은 단연, 태양이다. 그렇다면 태양이 저물고 난 밤하늘에는 어떤 풍경이 펼쳐지게 될까? 지표의 열기가 서서히 식어 가는 시간, 왕성하게 펼쳐진 초목의 잎들이 잠시 그 맹렬한 기세를 누그러뜨리는 시간. 이 무렵부터 여름철 별자리 북방현무 7수의 퍼레이드가 펼쳐진다.

여름 하늘의 또 다른 주인공은 은하수다. 무수히 늘어선 별들의 무리가 이루는 하늘 위의 강물. 낮에 끓는 열기가 대지를 뒤덮었다면, 밤에는 은하수의 강물이 하늘을 뒤덮는다. 은하수가 시작되는 길목 어귀엔 여름 하늘의 주재자 북현무의 별자리들이 포진해 있다. 낮에 남방의 화 기운이 세상을 주름잡았다면, 밤에는 북방 수 기운의 주재자인 북현무의 별자리들이 하늘을 장악하는 셈이다.

그중 북방현무의 첫번째 별은 두수斗宿다. 두수는 남쪽 하늘 지평선 근처에 자리해 있다. 그렇기에 서울 하늘에서는 어지간해선 만나기 어렵다. 하지만 한 번이라도 이 별을 만나게 된다면 그 황홀한 아름다움에 넋을 잃게 되리라. 두수의 자리는 은하수가 샘솟아 오르는 발원지와도 같다. 깊은 샘터에서 전해 오는 영명한 기운이, 이 별에서 전해져 온다.

생명의 약동을 담은 별자리

두斗는 곡식을 계량하는 도구인 '말'을 칭하는 한자다. 여기서 알 수 있듯 두수란 곡식의 양을 재는 바가지를 닮았다는 데서 유래한 이름이다. 넓적한 바가지에 긴 손잡이가 달린 모습, 우리에게 익숙한 북두칠성과 닮은 꼴이다. 그런데 별의 개수는 여섯 개다. 이를 북두칠성과 구분하기 위해 남두육성南斗六星이라는 이름으로도 부른다.

두성은 은하수의 강물을 퍼 올리는 바가지이다. 두성은 하지의 도래를 알리는 징표였다. "하지가 지나면 구름장마다 비가 내린다"는 속담도

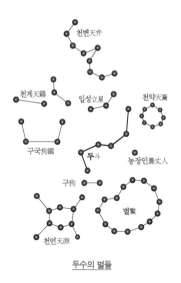

두수의 별들

있듯이, 두성이 나타나는 시점이 되면 어김없이 장마가 찾아들었다고 한다. 벼농사를 짓는 농부들에게 하지 무렵 내리는 비는, 논물을 채우는 데 쓰이는 긴요한 생명수였다. 따라서 두성이 뜰 무렵, 농부들은 저 하늘의 두수를 향해 기원했던 것이다. 큰 바가지 한가득, 은하수의 강물을 퍼다가 세상에 비를 뿌려 주기를!

동양의 점성학에서 두수는 보다 포괄적인 의미로 해석된다. 두수의 다른 이름은 천기天機, '하늘의 기틀'이라는 뜻이다. 이런 의미심장한 이름이 붙은 이유는, 두수의 여섯 별 사이로 해와 달과 오성이 지나기 때문이었다. 그래서 이 별로 정치의 안정, 특히 재상의 어짊을 점쳤다.

천자의 일에 있어서 남두로써 점을 칠 때에 크게 밝으면 임금과 신하가 한마음이 되고, 천하가 화평해지며, 벼슬과 녹봉이 제대로 행해지나, 별 빛에 까끄라기가 일면서 뿔처럼 솟고 움직이며 흔들리면, 천자에게 근심이 생기며, 또한 병란이 일어난다. 또 자리를 옮기면 신하를 쫓아내게 되고, 일월과 오성이 거꾸로 들어오면 천하가 크게 어지러워진다. 패성孛星이 범하면 병란이 일어나고, 작고 어두우면 재상을 폐하고 결국 죽이게 된다.이순지,『천문류초』, 111쪽

위의 글은 『천문류초』에 실린 두수에 대한 해석이다. 임금과 신하, 정치의 안정과 병란까지! 두수는 그야말로 국운國運을 총체적으로 관망할 수 있는 점성학의 대표 아이콘이었다.

죽음의 별, 생명의 별

그밖에도 두수는 탄생을 주관하는 별로 유명하다. 앞서 우리는 북두칠성의 점성학적 의미에 대해 살펴본 바 있다(2부 3장). 오행으로 북쪽은 수에 해당하여 만물이 죽어 가는 겨울에 상응한다. 북쪽 하늘에 붙박인 영원의 별, 북두칠성은 하늘을 순행하면서 세상의 소멸과 죽음을 관장한다. 민간에서 북두칠성은 망자의 영혼을 저승으로 인도하는 별이라 믿어져 왔다. 그렇기에 망자를 매장하는 칠성판에 북두칠성 무늬를 그려 넣었더랬다. 북두칠성의 자루 끝을 따라 북에서 남으로 따라가 보자. 그러면 또 다른 됫박이 나온다. 그것이 남두육성이다. 남쪽은 화요, 만물이 성장하는 여름에 상응한다. 여름 중에서도 양기가 극에 이른 하지 무렵에 떠오르는 별답게, 두성은 생명의 기운을 주재한다. 민간에서도 두성은 탄생과 건강을 주재하는 별로 알려져 왔다.

북두칠성과 남두육성. 죽음을 관장하는 북두칠성과 탄생을 관장하는 남두육성은 북극성이라는 하늘의 축을 가운데 두고 빙그르 밤하늘을 선회하고 있다. 밤하늘에 두 개의 국자[#]가 있는데, 북쪽의 것(북두)은 죽음을 퍼 올리고, 남쪽의 것(남두)은 삶을 퍼 올리는 셈이다.

마치 남두육성이라는 국자가 생명수인 은하수의 물을 푸면 북두칠성이

라는 국자가 이 물을 다시 쏟아붓는 역할을 하는 것처럼 보입니다. 강진원,

『역으로 보는 동양천문 이야기』, 정신세계사, 2006, 212쪽

풍차의 두 날개가 엇갈리듯이 남두와 북두의 국자가 서로 엇갈려 돈다. 이렇듯 탄생과 죽음의 수레바퀴도 동시에 굴러간다. 반대로 정향된 채로, 이들은 하나다. 옛사람들은 일찍이 알았으리라. 태어남과 죽음이 서로 다른 길이 아니라는 것을. 생이 있음으로 사가 있으며, 사는 다시금 생으로 이어진다는 것을. 삶이란 곧 생과 사가 동시에 함께하는 총체적인 흐름이라는 것을!

우리라면 탄생의 별을 기리고 죽음의 별을 배척했을지 모른다. 하지만 옛사람들은 달랐다. 남쪽을 향해 빌고, 북쪽을 향해 빌었다. 탄생을 축원하고 죽음을 기렸다. 생과 사가 곧, 하나의 다른 두 얼굴임을 이해했다. 이때 우주의 운행은 우리에게 가르쳐 준다. 죽음이란 유별난 것이 아니라는 것을. 계속되는 순환의 흐름 가운데 다시, 새로운 생으로 이어지는 통로라는 것을. 그런 의미에서, 자연엔 죽음이란 없다!

오히려 진정한 죽음이란 인간이 자아내는 분별의 산물이다. 생과 사의 상호 연결된 흐름을 하나로 고정시키는 순간, 생을 추구하고 사를 멀리하는 순간, 생과 사는 모두 우리에게 죽음으로 찾아온다. 우리의 삶을 돌아보자. 나는 무엇에 애착을 두며, 또한 무엇을 미워하고 있는가. 하늘을 보고 삶을 알며, 별을 보고 인간을 이해했던 옛사람들의 지혜에 귀기울여 보자.

견우의 별 우수 ─ 무소의 뿔처럼 비우며 가라

염소 뿔 혹은 황소 뿔

이번에 소개할 '스타'는 여름 하늘의 대표주자 견우별이다. 은하수를 가운데 두고 펼쳐지는 여름 하늘의 로맨스 견우직녀 설화의 그 견우牽牛 말이다. 먼저 별자리를 찾는 법부터 알아보자. 북두칠성의 구부러진 자루에서부터 시작하여 앞서 살펴본 여름철의 삼각형에 속하는 베가와 알타이르하고성, 河鼓星를 지나는 곡선을 그린다고 가정해 보자. 그리고 곡선을 계속해서 이어나가 보자. 곡선이 은하수를 빠져나가면 남쪽하늘 아래, 어둔 별들의 무리가 보인다. 견우별은 이 별 볼일 없는 별들의 무리에 섞여 있다. 견우별을 찾으려면 여기서 어설픈 역삼각형 모양의 별자리를 찾으라. 이것이 서양의 염소자리다. 그 오른쪽 모서리에는 3등성짜리 희미한 별이 빛나는데, 이 별이 다비흐Dabih로, 진짜(!) 견우별 우수牛宿다.

　　서양 사람들은 이 별을 염소의 머리에 물고기의 몸을 한 괴이한 모습의 신 '판'Pan이라 생각했다. 오늘의 주인공 다비흐는 염소의 뿔이요, 반대편의 모서리는 물고기의 꼬리에 해당하는 셈. 판은 소·말·양 등 가축을 주관하는 목축의 신이다. 몰골이 이 모양인 까닭은 괴물 티폰Typhon의 습격을 받아 도망가느라 변신술이 제대로 먹히지 않아서란다.^^ 이 신의 특기는 '버럭'이다. 언젠가 제우스와 거인족들 간에 싸움이 붙었는데, 판이 버럭 소리를 질러 거인족들을 혼비백산시켰다고 한다. 서양의 양치기들은 가축들이 집단적으로 날뛸 때면, 누군가 보이지 않는 존재가 가축들의 감정을 뒤흔들어 놓는다고 믿는다. 그가 바로 판이다. 어딘가 원인 모를 혼란이나 아수라장이 벌어진다면, 그것은 목축의 신, 벼락의 제왕 판의 작품이다. 영어 단어 '패닉'panic도 여기서 유래했다.

흥미롭게도 동양사람들은 비슷한 듯 다른 별자리를 구성했다. 동양사람들은 이 별을 목동 견우牽牛라 생각했다. 이름도 우수牛宿, 즉 소의 별이라는 의미다. 견우는 소몰이꾼이다. 그가 소를 모는 건 유목과 목축이 아니라 농사를 짓기 위해서다. 견우는 쟁기 걸어 밭 가는 농사꾼이다. 별자리의 모양도 야릇하게 다르다. 동양의 우수는 뿔 달린 황소 모양이다. 여섯 개의 별이 소의 얼굴과 뿔 모양으로 이어져 있다(164쪽 그림). 견우직녀 설화를 상기해 보자. 우연히 마주친 견우와 직녀는 그 자리에서 눈이 맞았다. 과도한 연애질로 옥황상제의 미움을 산 이들은 은하수를 사이에 두고 떨어지게 되었다. 이 비련의 커플이 일 년에 한 번 재회하는 날이 칠월 칠석이다. 칠석이 되면 비가 내린다. 은하수를 마주한 두 연인이 회한의 눈물을 쏟기 때문이다.

생김새는 달라도 염소자리가 '패닉'의 별이라는 것과 마찬가지로, 우수 역시 부정不淨의 상징으로 통용되었다. 언젠가 서양의 발렌타인데이에 대항해 우리의 칠석날을 연인들의 날로 하자는 주장이 나온 적이 있다. 이 시대의 청년들이 온갖 상술로 범벅이 된 외래의 풍습에 빠져들기보다는 사라져 가는 우리의 전통을 다시 향유하게 하자는 취지였으리라. 그런데 동양 별자리의 맥락 안에서 볼 때, 이런 주장은 상당히 문제적인 발언이다.

견우직녀 설화를 우리는 낭만적인 러브스토리로 이해한다. 하지만 민간에서는 칠석을 굉장히 부정적인 날로 여겼다. 사실 뭘 해도 되는 게 없는 캐릭터가 견우 아니던가. 직녀라는 '호박'이 넝쿨째 굴러오는가 했더니 결국 남은 거라곤 영원한 천형이고, 오랜 기다림 끝에 연인과 재회하는가 했더니 은하수 강물이 눈앞에서 범람을 하는가 하면, 오색 주단을 밟아도 시원찮을 판국에 까치와 까마귀가 밟힌다! 그렇기에 민중들은 하늘의 우수와 비 내리는 칠석날을 몹시 부정한 날로 생각한 것이다. 특히나 소를 부려 농사짓던 동양인들에게 이날은, 소의 주인 견우가 눈물 짓는 때이니 소의 질병이나 흉작을 초래할 수 있는 위험천만한 날로 인식되었다. 혼인를 앞둔 남녀에겐 금기 중의 금기가 칠석날이었다. 영원한 이별과 좌절의 상징이 곧 칠석이었기 때문이다. 그런 칠석날을 사랑을 고백하는 날로 정하자니, 이게 어디 가당키나 한 말인가. 어쨌거나 목축과 농경이라는 문명의 코드를 사이에 두고 각기 신화가 기묘하게 닮은꼴로 변주된다는 점, 그저 흥미로울 따름이다.

희생의 의미

우수를 읽는 또 다른 방법, 민속이 아닌 국가 운명의 관점으로 보면 이 별은 또 다른 각도로 읽힌다. 『천문류초』를 보자.

> 우는 백성의 운을 주관하는 별이다. 하늘의 관량으로 해와 달 및 오성이 다니는 길이며, 주로 제사에 쓰이는 제물과 관련이 있다. 우의 제일 위에 있는 두 개의 별은 관량關梁: 관문과 교량을 주관하며 그 다음 두 별은 남쪽 변방국가를 주관한다. 이순지, 『천문류초』, 118쪽

> 우수는 기본적으로 민생을 읽는 별에 해당하는데, 그중 소의 머리에

해당하는 여섯 개의 별을 먼저 살펴보면 각기 담당하는 영역이 다 다르다. 소뿔에 해당하는 위의 두 별은 일월과 오성이 지나다니는 길목이기에, 길과 소통을 상징한다. 이들을 보고 관문과 도로가 제대로 소통되고 있는가를 살핀다. 보다 적극적으로 해석하자면 부富의 흐름, 경제의 번성을 읽어 낼 수도 있다.

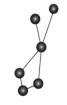

우수 중 소의 머리 부분

뿔 아래, 소의 이마에 해당하는 가운데의 별 하나는 희생犧牲에 쓰일 소를 점치는 데 쓰인다. 그리고 그 아래, 소의 양 볼에 해당하는 두 별은 관문과 교량의 소통을 점치는 데 쓰인다. 맨 아래, 소의 턱 부분의 별을 보고는 남쪽 변방국가의 움직임을 읽는다.

이 여섯 별들 가운데 가장 중요한 것은 희생을 상징하는 가운데 별이다. 희생은 우수를 읽는 핵심 키워드였다. 『사기』의 「천관서」에도 "견우는 희생이다"라 기록되어 있다. 고대 사회에 있어 희생은 중요했다. 그것은 국가의 중심적 종교 의례였고, 한 사회를 유지하는 동력이었다. 고대 사회에서 제의의 위상이 어떠했는지는 한자만 봐도 알 수 있다. 종宗·신神·축祝·사社·사祀·조祖·복福 등 종교와 관련된 글자를 보면 어김없이 '보일 시示'가 들어간다. 이 글자는 제단 위에 제물을 올려놓은 모습을 본뜬 것이다. 글자 가운데의 '고무래 정丁'은 제단의 상형이고, 제단 위에 올려놓은 제물에서 흘러내리는 피의 모습을 나타낸 것이다. 희생은 갱생更生의 동력이었다. 제물의 죽음은 인간 사회에 소생의 동력을 부여했다. 세계는 음양이라는 거대한 순환의 고리로 연결되어 있으므로, 하나의 죽음은 결국 다른 하나의 삶을 의미하는 것이었다.

현대인들의 감각으로는 단지 제의를 위해 짐승을 죽인다는 일이 쉽사리 이해되지 않는다. 인간의 목적을 이루기 위해 죄 없는 짐승의 목숨을 지불하는 일은 이기심과 탐욕의 소산이라 생각된다. 하지만 고대의 희생은 전혀 다른 의미의 것이었다. 자연으로부터 무언가를 얻어가기 이전에 먼저 나의 것을 내려놓는다는 의미였고, 가지기 전에 먼저 베푼다는 의미였다. 고대에 있어 중요했던 것은 순환과 갱생이었다. 소유로 인해 흐름이 정체되는 일이 없게 먼저 스스로를 비워낸다는 실천이 곧 희생에 담긴 의미였다.

그런 의미에서 수확보다 공들이는 것이 희생이었다. 희생에 바쳐질 제물은 굉장히 세심한 관심 속에 길러졌다. 계절의 일기와 때에 맞는 행위의 준칙들을 기록한 「월령」에는 각각의 달마다 희생에 쓰일

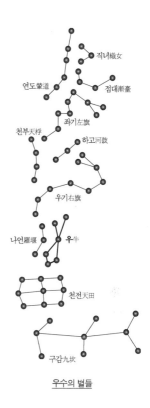

우수의 별들

가축을 어떻게 돌봐야 하는지가 꼼꼼히 기록되어 있다. 희생 자체가 대자연의 영구불변하고 순환하는 리듬, 차서次序로서의 시간과 함께하는 한 편의 드라마였다. 사시의 운행에 맞추어 천지의 기운을 버무린 제물을 생사의 영원한 순환의 장으로 던져 넣음으로써, 자연의 흐름과 감통感通하려는 시도에 다름 아니었다.

우수는 희생을 주관하는 별이다. 아마도 이 별이 뜨는 시기가 되면 희생에 쓰일 가축들을 더더욱 공들여 살피라는 의미였으리라. 우수가 전

하는 견우직녀 설화도 그런 점에서 비슷한 맥락이었으리라. 풍요의 수확철을 앞두고 먼저 생의 비애를 상기하라! 이별의 슬픔을 먼저 상기하고, 죽음의 비감을 앞당겨 겪으라! 무언가를 가지기 전에 먼저 자기 자신을 비워내라! 그럼으로써 사람들은 삶에 집착하지 않는 태도, 주어진 현실을 긍정하는 태도를 체득했다. 뭇 존재들과 더불어 사는 삶을 배워 갔다. 견우별 우수가 뜨는 시간, 내 삶을 돌아보자. 이 순간 내가 내려놓을 수 있는 것은 무엇인가. 비움 가운데 열리는 삶을 나는 살아가고 있는가.

아낙네들의 별 여수 – 길쌈의 때가 찾아온다

물병자리와 홍수신화

꿉꿉한 이부자리와 밀린 빨래가 주는 압박이 우리를 힘겹게 하는, 바야흐로 습濕의 전성시대인 장마철과 묘한 매치를 이루는 별자리가 있다. 서양 별자리 중에 물병자리라고 들어들 보셨으리라(동양의 별자리로는 북방현무의 여수女宿, 허수虛宿, 위수危宿가 이와 겹친다). 하늘의 물병이 뒤집히기라도 한 듯, 쉼 없이 장맛비가 내리는 요즘, 저 하늘에 물병자리가 떠 있다니 뭔가 기묘한 관련이 있는 것도 같다. 먼저 물병자리 이야기를 풀어 보자.

물병자리는 물병을 들고 선 소년의 형상이다. 대체 어디가 소년이고, 어디가 물병인지……. 실제로 이 물병자리는 구분하기 몹시 어려운 별자리에 속한다. 그다지 특출나게 밝은 별도 없는 데다, 넓은 영역에 광범하게 산개해 있기 때문이다. 웬만한 상상력이 아니고선 별자리를 이렇게 그려 내기 어려울 것 같다. 하지만 여기엔 다 나름의 이유가 있다. 이 별자리를 만든 건 고대 메소포타미아인들이다. 별 특징도 없는 별들을 길게 연결해서 물병을 든 소년이라고 '우겼던' 이유, 그건 그들에게 이 별이 황량한 겨울이 가고 생명의 단비가 내리는 계절이 시작됨을 알리는 신호탄이었기 때문이다. 물병자리는 얼어붙은 세상을 깨워 주는 단비와 같았다. 이별이 뜰 즈음 세상에 촉촉한 봄비가 내렸고, 메소포타미아의 티그리스·유프라테스강은 생기를 머금고 넘실거렸다.

하지만 물병자리가 뜨는 계절이라고 마냥 마음을 놓을 수만은 없었다. 적당히 오면 문전옥답의 단비겠지만 조금이라도 넘쳐나면 홍수를 불러들이는 재앙의 원천이 되기 때문이었다. 물병자리는 농사철의 시작과 홍수의 위험이라는 이중적 의미를 가지고 있었다. 카렌 암스트롱의 설명에 따르면, 메소포타미아인들에게 강의 범람은 곧 치명적인 재앙이었다.

> 티그리스강과 유프라테스강의 범람은 불규칙적이었고 종종 파괴적이었다. 메소포타미아의 강에는 자연적인 장애물이 없기 때문에 물길이 갑자기 방향을 바꾸곤 한다. 따라서 강은 자주 범람했고, 재난으로 이어지기 일쑤였다. 강의 범람은 이집트에서와는 달리 축복이란 의미가 아니라 정치사회적 분열을 빗대는 말로 쓰였다. 카렌 암스트롱, 『신화의 역사』, 이다희 옮김, 문학동네, 2011, 71쪽

이러한 두려움은 메소포타미아인들의 홍수신화에 특히 잘 나타나 있다. 우리에게 익숙한 성서의 노아의 방주 이야기라든지, 길가메시 서사시에 나오는 우트나피슈팀의 홍수이야기가 그것. 이들 신화는 결국 홍수

와 해일로 세상이 파멸에 처하고, 한 무리의 인간만이 파국 속에서 극적으로 살아남는다는 유의 이야기를 담고 있다. 메소포타미아인들은 강의 범람에 대한 근원적인 공포감을 이야기에 담았고, 이 이야기를 전해 받은 그리스인들은 천성적인 이야기꾼 기질을 발휘하여, 흥미진진한 물병자리 신화로 승화시켰다. 다음 이야기가 바로 물병자리에 얽힌 신화다.

제우스는 오만해진 인류를 홍수로 멸망시키려 했다. 그러자 프로메테우스의 아들 데우칼리온은 그의 부인 피라와 함께 방주를 건조하여 재난을 피했다. 이 최후의 생존자 한 쌍은 하늘의 제우스에게 간청한다. 다시금 인류에게 번성의 기회를 달라고. 그러자 제우스는 그들에게 어머니의 뼈를 등 뒤로 버리라는 전언을 내렸고, 데우칼리온과 그의 아내는 어머니의 뼈 대신에 돌을 뒤로 던졌다. 그러자 이들 부부가 던진 돌에서 남자와 여자 한 쌍이 태어나 새로운 인류의 시조가 되었단다. 저 하늘의 물병자리는 인류를 종말의 나락에서 구원한 데우칼리온을 기리는 별자리다. 뒤집힌 물병에서 물이 쏟아져 나와 재앙의 홍수를 일으키지만, 그는 등 뒤로 힘껏 팔을 뻗어 인류의 갱생을 위한 돌을 던지고 있다.

밤 하늘에서 물병자리를 찾아보자. 저 별은 수천 년 전의 메소포타미아인들이 공포와 외경으로 바라보았던, 신성의 빛이다. 저 빛이 우리에게 풍요와 번성을 가져다 줄 것인지, 아니면 재앙과 파멸을 선사할 것인지, 사람들은 하늘의 미세한 조짐들에 이목을 집중시켰다.

아낙네들의 별 여수

동양의 별자리로 앵글을 돌려 보자. 물병자리와 함께 펼쳐지는 장대한 서사, 신의 처벌에 대항하며 스스로의 운명을 개척해 나가는 영웅들. 동양의 상상력엔 이런 유의 사람을 혹하게 하는 이야기가 없다. 똑같이 자연의 리듬을 말하고 생멸의 순환법칙을 얘기하면서도 동양인들은 서양인들이 꼭 한 번씩들 즈려밟고 가는, 처벌-파국-초극의 서사를 이야기하지 않는다. 음과 양은 부단히 교대되는 양상일 뿐이다. 양이 극에 이르면 음으로 전환되고, 음은 다시금 양으로 전환된다. 이 순환의 고리에 신의 의지나 죄의식 따위는 개입하지 않는다.

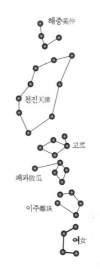

물병자리가 장마철의 도래를 알리는 별자리였듯, 물병자리와 겹쳐지는 동양의 별자리들도 계절의 전환점이 된다. 하지가 지나면서 치성하게 자라나던 양기가 한풀 꺾이고, 음기가 자라나기 때문이다. 물병자리의 데우칼리온이 미래의 인류를 위해 돌덩이를 던지는 그 자리에, 동양의 여수女宿가 있다. 이 별에 왜 '여자 여女'자가 쓰였을까? 답은 간단하다. 하지가 지나면 음기가 자라는 시기이기 때문에, 음을 주관하는 여자의 별이 뜬다고 본 것이다.

여수의 별들

여수는 물병자리의 3등성 별 알바리albari를 포함한 사다리꼴 모양의 별자리다. 이순지의 『천문류초』에서는 이 별을 길쌈하는 여자를 뜻하는 수녀須女에 빗대고 있다. 이 별이 뜰 무렵부터 부녀자들이 길쌈을 하는 시기가 도래하기 때문이었다. 하지가 지나고 음이 자라나는 시기, 이때가 되면 여자들은 닥쳐올 겨울에 대비해 겨울 옷감의 길쌈에 돌입했다. 곧 하늘의 여수는 길쌈하는 때를 알려 주는 신호탄과 같았다. 점성학의 해석도 풍속과 크게 다르지 않았다. 여수가 밝으면 길쌈이 잘 되어 그해 겨울을 따뜻하게 날 징조였다. 조금 확대해서 해석도 가능하다. 여인네의 일 전반을 점치는 표지로도 읽을 수 있었다. 별이 밝으면 풍년이 들어 먹고 살기 좋아지고, 별이 흐리거나 이동하면 부녀자가 재앙을 입게 되어 아이를 낳다가 죽는 일이 많아진다.

음의 기운이 자라나는 시기. 겨울을 대비하는 여인네들의 손길이 더 분주해진다. 길쌈의 때를 살피던 여인네들의 별, 늦여름 밤하늘에서 여수를 찾아보자. 이 별 어딘가에 장마철 숨을 돌리며 길쌈을 하던 아낙네들의 체취가 남아 있을지 모른다.

무덤의 별 허수 — 양기 퇴장, 음기 입장

양기는 허공에

여수女宿, 허수虛宿, 위수危宿는 서양의 물병자리와 겹쳐지는 동양 별자리이다. 이 별들은 모두 하지 이후 양기가 시들고 음기가 자라는 역전의 시기부터 밤하늘에 나타난다. 음기 충만한 별들답게, 몹시도 어두운 밝기를 자랑한다.

허수를 만나 보자. 이순지의 『천문류초』에서는 "허는 위와 아래로 각기 한 개의 별이 구슬을 이은 것 같은" 모양이라 노래하고 있다. 노랫말은 퍽 아름답게 느껴지지만 별자리의 모습은 좀 으스스하다. 구슬보다는 뼈다귀나 해골이 연상된다. 허수의 영역에는 수거성을 포함하여 모두 10개의 별자리가 속해 있는데, 그중 7개의 별자리가 허수와 같은 뼈다귀 모양이다. 허수가 지배하는 영역은 뼈다귀들이 널려 있는 광대한 무덤을 연상시킨다.

허虛는 '빌 허'다. 아무것도 없이 텅 비어 있다는 뜻이다. 무엇이 없다는 뜻인가? 보통은 양기가 없다는 뜻으로 해석한다. 이 별이 뜨는 때는 입추立秋 무렵. 하지 이후 성장을 멈춘 양이 쇠락의 길에 접어들고, 양이 비워 놓은 공허의 자리에서 급격히 음이 자라난다. 찬밥 신세로 밀려난 양의 신세! 하지만 절대적인 소멸은 아니다. 사마천은 「율서」에서 "허虛란 실할 수도 있고 허할 수도 있는 것으로, 양기가 허공에 감추어져 있는 것을 말한다"고 풀어 놓았다. 허할 수도 실할 수도 있다니, 이 무슨 말인가? 양이 지금 비록 쇠퇴일로를 걷고 있지만 완전히 사라져 버리는 것이 아니며, 동지가 지난 다음에는 다시금 자라나게 된다는 것이다. 그렇기에 양기가 '허공에 감추어져 있다'고 설명한다. 절묘한 표현이다! 양이란 원체 무형無形의 기운이기에 딱히 돌아갈 곳이나 숨을 곳이 따로 있지 않다. 그저 허공에 흩어질 뿐! 하지만 흩어지는 듯 감추어졌다가 때가 되면 다시 되살아나는 것이 양이다. 허공에서 나서 허공으로 돌아가는 것, 이게 양의 운명인 것이다.

허수는 이런 양의 무덤, 혹은 허공의 집이 된다. 이순지는 『천문류초』에서 이렇게 설명한다. "허수는 빈 집[虛堂]이다." 허공에 흩어져 버린 양을

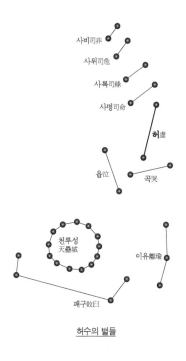

허수의 별들

상징하는 자리, 그게 바로 이 허수다. 그럼 이 별은 무엇을 주관하는가. 보아하니 허수는 양이 힘을 상실하여 흩어진 시점, 하지만 음의 활약은 아직 미흡한 시기를 지키는 별이다. 양이 주관하는 영명한 정신이 힘을 잃고, 음이 주관하는 몸마저 얻지 못하였으니, 분명 망자의 자리임에 틀림없다. 허수는 죽은 이의 신주를 모셔 놓은 사당에 비유할 수 있다. 묘당과 제사의 일을 주관하며, 나아가 바람과 구름, 죽음에 관한 일을 주관한다. 모든 부유하는 것들의 고향, 정처 없이 흐르고 떠다니는 희미한 것들의 대합실, 그것이 빈 집, 허수의 이미지이다.

허수의 해석에서 중요한 건 일체의 변화를 부정적으로 본다는 것이다. 흔들려도 안 되고 작아져도 안 되고, 일식이나 월식이 일어나도 안 되고, 오성이 침범해서도 안 된다. 제사를 주관하는 성스러운 영역이어서인지, 이곳은 그 어떠한 이변이나 이질적인 요소의 틈입도 허락하지 않는다. 보통 이 별에 이상이 생기면 그것은 병란과 천재지변으로 곡하는 소리가 늘어날 조짐으로 해석된다.

허수의 영역에 동반된 뼈다귀 모양 별들은 각각 사명司命, 사록司祿,

사위司危, 사비司非, 그리고 읍泣, 곡哭이라 불린다. 사司 자가 들어가는 네 별은 상벌을 주관하여 부정한 것을 다스리는 역할을 하며 곡과 읍은 죽음을 주관한다. 사마천의 「천관서」에는 "허수는 울부짖음을 주관한다"고 기록되어 있다. 이는 읍과 곡을 칭하는 말로 짐작된다. 여튼, 허수는 죽음의 자리, 혼령의 자리다.

양기가 물러나고 음기가 살아난다! 이제 양기를 써서 펼쳐낸 기운을 음기로 수렴시켜야 할 시기가 되었다. 확장을 멈추고 결실의 때를 향해 가야 한다. 허수가 뜨는 시기. 저 하늘에 무덤 별자리가 떠오른다는 것을 기억하자. 무엇을 위한 무덤인가? 지키지 못했던 약속들, 정돈되지 않은 일상. 나의 주변을 둘러보고 무덤으로 보내야 할 것들은 없는지 생각해 보자. 허수는 양에서 음으로 전세가 엇갈리는 거대한 전환의 마디를 일러주는 등대다. 어둡고 무거운 음의 별이 뜨는 시기, 각자의 일상을 돌아보자. 양기 퇴장, 음기 입장이렷다!

죽음의 별 위수 – 양기가 허물어지는 자리

양기가 흩어지는 위수, 음기를 활용하는 민성

위수危宿는 세 개의 별이 꺾쇠 모양으로 모인 별자리다(북방현무 7수에 속한 위수는 서방백호에 속한 위수胃宿와 발음이 같다. 이들을 구별하기 위해 위수危宿를 위험 위수, 위수胃宿를 밥통 위수라 부른다). 위危는 '위태로울 위' 자다. 앞의 허수와 마찬가지로 이름만으로도 무겁고 음산한 분위기가 강하게 전해져 온다. 사마천은 「율서」에서 "위는 허물어진다는 뜻이다. 양기가 여기에 이르러 허물어지는 까닭에 위라고 하는 것이다"라고 풀었다. 사마천처럼 '위' 자를 '허물어지다'로 보는 게 정확할 듯하다. 위수는 허수에서 흩어진 양기가 산산이 부서져 내리는 자리다.

이순지의 『천문류초』에서는 위수를 이렇게 해석한다.

> 위는 하늘의 곳간이고, 하늘의 시장에 지은 집으로 물건을 간직하는 일을 맡아 한다. 또 바람과 비를 관장하고 분묘墳墓의 일 및 상사喪事가 나서 사람이 죽고 그에 따라 곡을 하고 우는 일을 맡아하니 도읍에 거처해서 묘당廟堂과 사당祠堂의 일을 맡은 총재冢宰의 직책에 해당한다. 이순지, 『천문류초』, 138쪽

위험 위수는 허수와 비슷하게 죽음과 상례를 주관하는 별로 볼 수 있다. 여염집의 상례에서부터 나라의 제사까지, 죽음에 관련된 거의 모든 것을 다루는 하늘의 장의사라고 할 수 있다. 위수가 흔들리거나 오성의 침범을 받으면 울 일이 많아지는 형국이므로 세상에 죽음이 창궐한다. 한편 허수보다 음기가 더 자라난 시기이므로, 음기를 써서 물질적인 것, 유형의 것을 만들어 내는 일을 주관하기도 한다. "물건을 간직하는 일을 맡아 한다"는 구절은 음기를 써서 어떤 것을 지키고 소유한다는 의미다. 나아가 유형의 물건을 만든다는 의미도 있다. 그래서 위수는 토목공사나 건축물의 축조를 점치는 별이기도 하다. 이 별이 뜨는 초가을[季秋]에는 궁실과 성곽을 보수하는 일을 했다. 이 별이 뜰 때는 살기가 감도는 가을의 초입이다. 그렇기에 계절의 기후에 맞게 잘못된 것을 바로잡는다는 의미였다.

위수의 영역에는 모두 11개의 별자리가 포함되어 있다. 자잘한 부스러기 같은 별들이 어지러이 흩어져 있는데, 하나같이 서민적인 별들 일색이다. 아마도 음기가 부쩍 자라난 탓에 구체적인 물질을 필요로 하는 일을 주관하는 별들이 많아지지 않았나 싶다. 이 별이 뜰 무렵, 농사의 첫 수확물이 나온다. 그러면 그중 좋은 것을 가려 왕에게 진상을 했다. 왕은 그 곡식을 맛보고 천하에 수확의 시작을 명했다. 곡식을 찧는 일을 주관하는 저杵; 절구공이와 구曰; 절구는 농사의 흉풍을 점치던 별이었다. 요즘으로 치면 유통과 무역을 점치던 별들도 있었다. 비단 창고를 주관하는 천전天錢, 수레 창고를 주관하는 거부車府, 천구天鉤, 말을 주관하는 조보造父가 그들이다. 이들은 가을의 수확기와 더불어 찾아오는 경제의 번성을 점쳤다. 그밖에 점차 고조되는 음기와 관련

위수의 별들

된 별들도 있다. 야간 순찰과 치안을 주관하는 별 인성人星, 묘지와 매장의 일을 주관하는 분묘墳墓와 허량虛梁. 또 위수에 속한 별들 중에는 유독 백성의 구체적인 삶을 주관하는 별들이 눈에 띤다. 저, 구, 천전 이 세 별은 별도로 민성民星이라고 부른다.

하늘의 사랑 실수 — 아방궁이 된 별자리

페가수스 이야기

모기 입이 비뚤어진다는 처서가 되면 동쪽 하늘에 별이 떠오른다. 그중 특이한 모양의 별자리가 하나 보인다. 반듯한 사각형이다. 이 사각형은 가을철 별자리로 꼽히는 페가수스Pegasus의 일부다. 이 별자리를 찾으려거든 밤하늘 어디에서나 보이는 카시오페이아를 찾아보라. 그런 다음 카시오페이아의 밝은 두 별을 이어 가상의 선을 연장해 보라. 그럼 네모반듯하게 생긴 페가수스를 만날 수 있을 것이다.

　서구인들은 이 네모가 은하수를 향해 박차고 날아오른 천마 페가수스의 날개와 등, 안장이라고 생각했다. 그런데 이 말은 예사로운 말이 아니었다. 그의 어머니는 메두사Medusa요, 아버지는 포세이돈Poseidon이다. 메두사와 포세이돈은 대범하게도 순수의 상징인 아테나 여신의 신전에서 불륜 행각을 일삼았다. 그러다 아테나의 저주를 받아 메두사는 괴녀가 되었고, 급기야 페르세우스에 의해 죽임을 당하게 된다. 메두사가 죽으며 자식을 하나 낳았는데 그가 바로 날개 달린 말 페가수스다. 페가수스는 오만한 왕자 벨레로폰의 말이 되었다. 페가수스를 얻은 벨레로폰은 신의 세계에 도전하기 위해 하늘로 날아올랐고, 이에 노한 제우스가 말파리의 독한 침으로 페가수스를 놀라게 해 벨레로폰을 땅에 떨어뜨렸다. 그리고 놀란 페가수스가 은하수 속으로 뛰어들어 페가수스 자리가 생겼다. 페가수스의 네모가 하늘에 나타날 때면 그리스인들은 하늘이 오만한 인간을 벌주어 떨어뜨린다는 이 신화를 떠올렸다고 한다.

왕실의 사당, 실수

동양에서는 페가수스의 사각형 중 서쪽의 변을 북방현무의 실수室宿로, 그리고 동쪽의 변을 벽수壁宿로 보았다. 실수와 벽수는 성냥개비처럼 두 개의 별이 작대기 모양으로 연이은 모양이다. 먼저 실수에 대해 알아보자. 실수는 페가수스 자리의 알파별 마르카브Markab와 베타별 쉐아트Scheat에 해당한다. 실수는 영실營室이라고도 부른다. 실室은 '집 실' 자다. 집이나 방을 뜻한다. 이 방은 하늘나라의 태묘太廟, 즉 선대 임금의 사당을 의미했다. 제사와 각종 의례를 주관하는 신성한 장소였다. 그러기에 이 별은 국운을 점치는 중요한 열쇠가 된다. 이 별이 밝으면 천자가 쾌적한 곳에 거하고 선대 임금의 넋도 편히 쉴 수 있다. 반대로 별이 흔들리면 종묘사직이 흔들리게 된다. 이 별이 어두워질 때는 제사를 지내도 귀신이 흠향하지 않는다고 한다. 이 별자리는 진시황이 아방궁阿房宮을 지을 때 모델이 되었던 것으로도 유명하다. 자신의 궁전이 세계의 축소판이 되길 바랐던 진시황은 하늘의 별자리를 본 따 궁궐을 배치했다.

> 시황제는 건축물에 유난히 관심을 보였다. 시황제는 6국과 치른 전쟁에서 진나라가 하나의 나라를 소멸할 때마다 그 나라의 궁실을 그 모양 그대로 함양 위하 북안에 건축하게 했다. …… 건축물은 대체로 하늘의 성수星宿 위치대로 배열했다. 정면 중간의 궁전은 하늘의 북극성과 마주했는데, 이를 영전營殿이라 불러 28성수의 하나인 영실 별자리를 상징했다. 또 황제가 거주하는 궁전을 자궁紫宮이라 불러 중국 신화에서 하늘의 임금, 천제가 거주한다는 자궁[紫微垣] 별자리를, 위하의 물을 궁전 옆으로

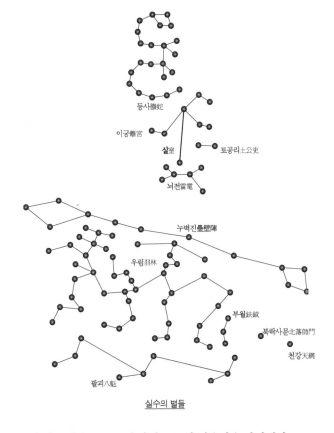

등사騰蛇

이궁離宮

실室

토공리土公吏

뇌전雷電

누벽진壘壁陣

우림羽林

부월鈇鉞

북락사문北落師門

천강天綱

팔괴八魁

실수의 별들

흐르게 해 은하수를 그곳에 다리를 놓아 견우성을 상징했다. 청녠치, 『중국을

말한다』 5, 남광철 옮김, 2008, 신원문화사, 42쪽

실수 그 자체가 하나의 건축물이요, 우주였다. 실수에는 수거성을 포

함하여 모두 11개의 별자리들이 딸려 있는데, 이들은 태묘를 수호하는 역

할을 담당했다. 여기서 눈여겨볼 만한 것은 별들의 배치다. 각 별자리들이

맡은 바 소임에 따라 공간이 분할되고 있다. 실수는 선왕의 영혼이 머무

는 곳이다. 그렇기에 하늘과 땅 사이에 위치한다. 실수 옆에는 이궁離宮이라는 작은 별자리가 있다. 이 별은 천자의 별장이다. 집이 있으니 집을 보수하는 집사(?)도 필요할 것이다. 그 역할을 토공리土公吏라는 별이 담당한다. 그 아래 실수의 영역을 길게 가로지르는 누벽진壘壁陣이라는 별자리는 천자의 거처를 둘러싼 담장이다. 누벽진 아래에는 우림羽林이라는 이름의 근위병이 있다. 우림의 곁에는 북락사문北落師門이라는 밝은 별이 있다. 서양 별자리로 남쪽물고기자리의 알파별인 포말하우트Fomalhaut에 해당한다. 북락사문은 북쪽 변방에 설치된 군사 관문이자 척후병 역할을 하는 별자리다. 여기에 혜성이 나타나면 북쪽 변방의 오랑캐가 침입할 징조였다. 『조선왕조실록』을 보면 북락사문에 혜성이 나타났다는 관측 기록을 상당히 많이 찾아볼 수 있다. 이 별은 곧, 북쪽 변방의 동향을 읽어 내는 지표였다. 변방의 오랑캐를 다스리는 장수도 있다. 그 이름은 부월鈇鉞이었다. 변방의 경계 안쪽에는 임금의 사냥터가 있었다. 사냥할 때 치는 천막인 천강天綱이 쳐져 있고, 사냥터를 관리하는 사냥터지기 팔괴八魁도 있다. 이 별들 역시 북쪽 변방의 정세를 보던 별이었다. 오성, 특히 금성과 화성이 이곳을 침입하는 것은 병란이 일어날 징조였다.

실수의 주변엔 천자의 권위를 상징하는 상서로운 조짐들도 나타난다. 실수 아래에 있는 뇌전雷電이라는 별자리는 천둥번개를 주관한다. 광대한 하늘을 누비고 다니며 비, 바람의 조화를 일으키는 상상의 동물, 등사螣蛇이라는 별자리도 있다. 이 별들을 보고 천재지변을 예견했다. 고대인들은 왕이 거처하는 장소를 신성한 영역으로 여겼다. 그래서 그 안의 그들이 생각한 우주의 모습을 녹여 넣었다. 저 하늘의 실수는 세계의 축약판이자 인간의 삶을 비춰 주는 거울과 같았다.

도서관 별자리 벽수 – 오만함을 경계하라

뮤즈

다시 서양 별자리의 페가수스 이야기로 돌아가 보자. 오만한 왕자 벨레로폰의 수중에 넘어가기 이전까지 페가수스는 고상한 학예學藝의 신인 뮤즈Muse들에게 사랑받던 말이었다. 날개 달린 말 페가수스는 천상과 대지를 오갔다. 등 위에 학예의 신 뮤즈를 태우고서. 가을 하늘의 저 네모는 우아한 뮤즈들이 애용하던 페가수스의 안장이었다. 뮤즈가 소유했던 예술적 영감과 학문적 재능은 하늘과 땅을 넘나들 수 있는 통행권이었다.

이 신화는 우리에게 학문과 예술의 의미에 대해 알려 준다. 그것은 단순한 교양과 지적 허영의 치장물이 아닌 대지와 천상을 이어 주는 가교였다. 학문과 예술은 오래전부터 인간이 우주와 감응하며 소통하기 위한 도구였다. 그 속에서 인간은 삶을 우주적 지평으로 확장했다. 그러나 간혹 이를 오용하려 드는 사람이 나타난다. 자기 탐욕과 허영을 채우기 위한 수단으로 학문을 오용한다. 이런 이들의 심리에는 신과 가까워지려고 과욕을 부리는 인간의 오만이 자리하고 있다. 고대 그리스인들이 가장 경계하던 것이 바로 '오만'hybris이었다. 오만은 자기 안에 있는 파멸의 악령을 불러들인다. 고대인들은 이 별자리를 보며 자신의 앎이 오만으로 치닫고 있는 건 아닌지 경계했다. 페가수스가 하늘의 길을 밝히는 가을, 저 별자리는 우리를 성찰의 시간으로 인도한다.

비밀의 도서관 벽수

페가수스 사각형의 맞은편의 선분에 속하는, 벽수壁宿에 대해 알아보자. 벽壁은 벽과 담장을 뜻하는 글자이다. 뜻이 파생되어 건물이라는 의미로 쓰였다. 벽수는 하늘의 도서관을 의미한다. 천하의 장서를 보관하는 비밀의 도서관이다. 이 별이 밝게 빛나면 천하의 책이 모이고 학문의 도가 이루어지며, 현명한 군자가 벼슬자리에 오르게 된다. 중요한 것은 벽수를 이루는 두 별의 밝기가 환하고 균일해야 한다는 것. 흐리거나 둘 사이의 균형이 깨지면 흉조로 여겼다. 벽성이 빛과 조화를 잃으면 임금이 문文

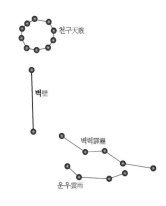

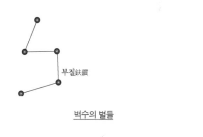

벽수의 별들

보다 무武를 숭상하게 된다. 그래서 천하의 선비를 천하게 여기고, 서적이 은폐되며, 무인들이 활개를 치는 시대가 온다고 한다.

이 별이 뜨는 건 처서處暑 무렵, 가을의 첫달이다. 가을은 바깥으로 뻗어 나가기를 그치고 무르익고, 강밀해져야 하는 시기다. 가을의 음기를 받아 만물은 성숙의 길로 한 걸음 다가간다. 식물은 가을에 열매를 맺는다. 인간은 성숙을 위해 무엇을 하는가? 바로 공부다. 공부를 통해 스스로를 돌아보고 점검해 본다. 선인들의 말씀을 배우며 자기를 고양하려 한다. 자연의 호흡에 밀착했던 고대인들은 자연히 이 사실을 알았다. 가을은 공부의 계절! 페가수스의 신화가 말해 주듯, 공부로 나를 연마하는 것이야말로 천지자연과 소통하는 길인 것이다.

벽수는 문운文運의 별이다. 그래서 문성文星이라고도 부른다. 고대에 학문은 올바른 정치를 이끄는 가교였다. 학문을 통해 사람은 자신을 성찰하고 선인들이 남겨 놓은 삶의 도를 배웠다. 학문이 힘을 잃는 것은 곧 정치적 혼란과 인간의 덕성의 추락을 의미했다. 그런 점에서 벽수라는 담장[壁]은 인간의 마음 위에 쳐진 경계선이었다. 이 담장은 무엇을 막기 위함인가? 바로 인간의 '오만함'이다. 뮤즈의 천마를 독차지해 버린 벨레로폰의 '휘브리스' 같은 과욕 말이다. 「월령」은 이 무렵에 주의해야 할 사항으로, 유독 '오만함의 경계'를 꼽고 있다.

"이달에는 살기가 감돌기 시작하는 때이므로 특히 교만하지 말아야 한다." 『여씨춘추 12기 (상)』, 203쪽

냉랭한 기운이 감도는 가을은 만물의 분별력이 고조되는 시기이다. 그 마음을 내면으로 돌리면 성숙의 촉매제로 쓰인다. 하지만 그 마음을 밖으로 향하게 해서 외부의 사물을 재단하고 다스리려 하면, 세상을 죽이는 살기로 쓰이게 된다. 자신의 오만함을 키우는 독약이 되고 만다. 그러니 이 시기엔 저마다 마음속의 담장을 보수해야 한다. 저 하늘의 벽수를 보자. 우리 마음의 교만을 저 담장 아래 굳게 가두어 보자. 오만을 경계하고 겸손히 고개를 숙일 때 우리는 결실을 맺는 가을의 영역으로 건너갈 수 있다.

4장

서방백호 7수

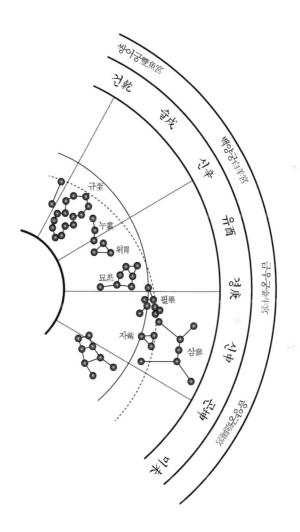

가을엔 엣지! —가을철 하늘 징검다리

가을 하늘에서 사각형을 찾아 주세요

우리나라의 가을 하늘은 청명하고 맑다. 구름 한 점 없는 맑은 하늘이 장관을 연출하는 계절. 맑은 하늘 덕분에 별을 보기에도 좋은 때가 가을이다. 그런데 아쉽게도 가을하늘엔 그다지 별이 많지 않다. 그 이유는 가을철 우리는 은하수와 수직한 채 우리 은하의 남쪽을 바라보게 되기 때문이다. 대신에 우리 은하 바깥의 외부 은하를 관찰할 수 있는 행운이 주어지기도 한다. 이태형, 『별자리 여행』, 나녹, 2012, 256쪽

　　맑은 하늘에 별마저 없어 쓸쓸한 정취가 풍겨나는 시기. 저 하늘의 별자리엔 어떤 풍경이 펼쳐져 있을까? 자, 그럼 가을 하늘에서 길 찾는 법을 알아보자. 가을 밤하늘에서는 먼저, 네모를 찾아라. 해질녘에 동쪽 하늘을 살펴보면 네모 모양의 별자리를 발견할 수 있다. 이를 '가을 하늘의 대사각형'이라 한다. 어쩐지 많이 들어 본 것 같은 이름이다. 그렇다! 북현무의 마지막

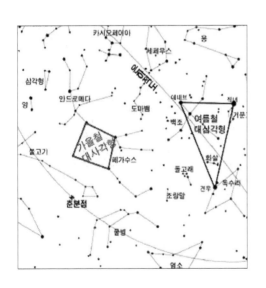

별자리 실수室宿와 벽수壁宿, 즉 페가수스의 몸통이 가을하늘의 길잡이인 '가을 하늘의 대사각형'이다. 이 네모는 앞으로 다가올 별자리의 충실한 길잡이가 되어 줄 것이다. 가을철의 동양 별자리는 사각형의 바로 동쪽에 연이어 있다. 추분에 접어들어 완연한 가을 기운이 돌 무렵, 동쪽 지평선 위로 가을철 별들이 하나둘 고개를 내밀 것이다. 가을 하늘의 별들을 만나 보자. 저 별들은 무슨 이야기를 담고 있을까? 자, 이제부터 본격적인 이야기가 시작된다.

서쪽에 대한 명상

서쪽은 해가 저무는 방향이다. 밤하늘의 달과 별도 서쪽으로 진다. 동, 남의 하늘을 부지런히 누비고 다닌 하늘의 여행자들을 맞아들이는 곳, 서쪽은 수렴의 장소이다. 음양오행에서는 수렴의 공간을 금金에 배속한다. 서방의 금 기운이 시간으로 펼쳐지면 저녁이 된다. 서쪽 하늘에 해가 걸릴 무렵 우리는 퇴근을 한다. 저녁은 만물이 집으로 돌아가는 시간이다. 하루의 결과물을 얻고 만족감을 느끼는 시간이다. 계절로 치면 금은 가을이다. 가을이 되면 산천초목들은 성장을 멈추고 열매를 맺는 데 고심한다. 한 해의 일을 완성하고 결실을 거두어들인다. 이 시간은 수렴하는 금의 국면이다. 불필요한 것들을 정리하고 결과물을 향해 힘을 모으는 시간이다.

수렴의 기운을 가진 금은 목木의 분출력과 화火의 폭발력을 수렴시켜 팽팽한 결정체를 만드는 것이다. 그러자면 집중하는 힘이 필요하다. 이것과 저것의 경계가 분명하게 갈려야 하고, 불필요한 것들은 쳐 내야 한다. 그런 의미에서 금이 생명을 죽이는 숙살肅殺의 기운을 가진다고도 한다.

하나의 알곡을 익히기 위해서 초목은 성장을 멈춘다. 양적 확장을 그치고 내적인 강밀함을 추구한다. 『서경』에 "금은 종혁을 이른다"金曰從革고 했다. 종혁이란 변혁을 의미한다. 무딘 쇳덩이가 펄펄 끓는 용광로를 거쳐야 예리한 한 자루 검으로 거듭날 수 있듯이, 금은 제련의 과정을 지나 내적으로 강밀해지는 과정을 의미한다.

스산한 바람과 함께 찾아드는 서방의 별들을 보자. 금이란 어떤 것인지 보다 확실하게 각인시켜 줄 별들이다. 옛사람들은 서방의 금 기운을 지키는 수호신으로 백호白虎를 떠올렸다. 살벌한 기세를 가진 호랑이가 금의 속성에 부합한다고 생각했기 때문이다. 하늘의 서쪽 영역에도 금을 대표하는 백호의 형상을 부여했다. 그리고 이들을 '서방백호 7수'라 불렀다. 그럼 살기등등한 흰 호랑이를 이 자리에 불러내 보자. 규奎, 누婁, 위胃, 묘昴, 필畢, 자觜, 삼參. 동쪽 하늘에 고개를 내미는 별들을 순서대로 이름한 것이다. 규수奎宿는 호랑이의 꼬리이고, 누수婁宿, 위수胃宿, 묘수昴宿 필수畢宿는 호랑이의 몸체이며, 자수觜宿는 호랑이의 머리와 수염이고, 삼수參宿는 호랑이의 앞발에 해당한다.

함께 하늘을 보자. 규, 누, 위, 묘, 필, 자, 삼. 서방백호의 춤사위가 펼쳐진다. 백호의 춤사위는 우리에게 가을의 시간을 살아가는 법도를 일러준다. 가을엔 무엇을 하는가? 만물이 무르익는다. 그러나 공으로 그리 되는

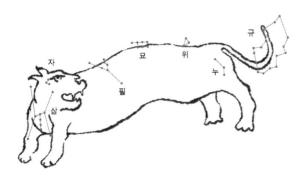

건 아니다. 뼈를 깎는 우주의 연금술에 참여해야 한다. 인간도 마찬가지다. 한 해의 일을 마무리하는 시점. 결과물을 얻기 위해선 산만하게 흩어진 일상의 동선을 정리하고 결과물을 위해 힘을 집중해야 한다.

하지만 이게 다가 아니다. 정말 중요한 것은 '마음'이다. 우리는 마음의 열매를 익혀야 한다. 마음의 변혁 없이는 모두 쓸데없는 겉치레에 불과하다. 그러나 대체 무엇으로 마음을 익힌단 말인가? 바로 만물에 가득한 수렴의 금 기운이다. 천지에 가득한 수렴의 금기운을 마음에 담아 보자. 엣지 있게 선을 긋는 금의 기운을 한껏 머금어 보자. 그리고 나를 보자. 외부의 사물에 끄달리는 산만한 마음을 냉정하게 끊고, 얄팍하게 생겨나는 분별의 마음을 내려놓자. 이기심에 들끓는 협소한 욕망을 쳐내 보자. 마음의 알맹이는 그럴 때 자라난다.

마음의 열매를 숙성시키는 좋은 방법이 있다. 바로 서방西方의 하늘을 보는 것이다. 서쪽 하늘이어도 좋고, 가을 밤하늘이어도 좋다. 서쪽은 모든 지나온 시간이 머무는 장소이며, 현재의 내가 있도록 준비한 모든 시절들의 총체이다. 사라지고 있는 것들의 궤적엔, 지금까지 나와 함께한 모든 인연의 자리가 담겨 있다. 아메리카 인디언들은 서쪽 하늘을 보면 감사의 기도를 올렸다고 한다.

서쪽은 감사의 방향이다. 해가 서쪽으로 질 때, 그것은 또 다른 날에 대한 축복이다. 매일같이 하루가 끝나면 서쪽을 보고 서서 이렇게 얘기하라. "오늘 일어난 그 모든 것에 감사를 드립니다. 좋은 것뿐 아니라 나쁜 것에 대해서도 감사를 드립니다." 베어 하트, 『인생과 자연을 바라보는 인디언의 지혜』, 형선호 옮김, 1999, 황금가지, 233쪽 그들에게 서쪽 하늘은 지나온 삶의 열매를 만나게 하는 자리인 동시에 다가올 새로운 날들에 대한 축복이었다. 현재의 내가 있기까지, 온 삶이 어우러져 함께해 왔음을 발견하는 장이었다. 금 기운이 가득한 서쪽은 삶의 전체를 긍정하고, 겸손하게 고개 숙이게 만든다. 함께 하늘을 보자. 어떤가? 감사의 마음이 솟아나는가? 그렇다면 당신의 마음은 무럭무럭 자라나고 있는 것이다.

문운의 별 규수 – 글은 수렴의 힘으로 쓴다

개념이 모이는 별, 안드로메다

한때 '개념이 안드로메다로 가다'라는 말이 유행했었다. 처음 이 말을 들었을 때, '우주적 스케일을 가진 신조어가 나왔구나' 하고 무릎을 쳤었다. 그런데 하고 많은 별 중에 왜 하필 안드로메다일까, 궁금하지 않은가? 뭇사람들이 상실해 버린 개념이 향해 가는 별, 안드로메다는 어떤 별일까? 안드로메다는 백로白露에 즈음하여, 해질 무렵 동쪽 하늘 위로 떠오른다. 안드로메다를 찾으려거든 앞서 살펴본 바 있는 '가을 하늘의 대사각형'을 찾으라. 그 바로 옆에 팔다리를 벌리고 춤추는 사람 모습의 별자리가 이어져 있다. 이 별자리가 바로 안드로메다이다.

흥미로운 것은 안드로메다의 오른편 다리 언저리에 은하가 보인다는 것이다. 그것이 바로 '안드로메다 대은하'(M31)이다. 육안으로도 볼 수 있는 몇 안 되는 은하란다. 지구가 속한 은하와 비슷한 모습을 하고 있다는 게, 또한 그 특징이다. 가깝고도 친숙한 이미지 덕에 안드로메다는 유명세깨나 탔다. 애니메이션 〈은하철도 999〉에는 주인공 메텔이 안드로메다 행 은하열차를 타는 장면이 나온다. 그밖에도 안드로메다는 여러 SF소설의 주 무대가 되기도 했다. 오염되지 않은 청정한 환경과 개발 가능한 무한한 자원들이 넘쳐나는 곳. 별을 보고 '자원'을 떠올리는 우리 시대의 우주관이 단골 소재로 삼는 것이 바로 안드로메다이다.

안드로메다의 신화를 알아보자. 안드로메다는 희생양으로 바쳐진 처녀다. 원래 그녀는 에티오피아의 공주였다. 포세이돈이 보낸 고래 괴물 케투스가 에티오피아 해안을 유린하자 희생양으로 해안 바위 위에 바쳐졌다. 하지만 운 좋게도 지나가던 훈남 페르세우스에 의해 구출된다. 그 뒤, 안드로메다는 페르세우스의 부인이 되고, 죽어서 페르세우스 옆에 별이 되었다는 이야기이다. 하늘의 별 안드로메다를 가만 보니, 제물로 바쳐져 바위에 포박된 가녀린 처녀의 모습이 연상된다. 재미있게도 안드로메다의 아래에는 바다 괴물 케투스를 상징하는 고래자리가 어슬렁거리고 있다. 그리고 그 위에는 늠름한 페르세우스가 버티고 서 있다. 이 별자리들에선 안드로메다를 둘러싸고 해안가에서 벌어졌던 급박한 결투의 한 장면이 연상된다. 이들이 펼쳐진 가을철의 밤하늘은 흥미진진한 신화가 상영되는 하나의 극장이었다.

문운의 별, 규수

동양 별자리로 앵글을 틀어 보자. 가을 하늘의 대사각형을 따라 동쪽 하늘에 떠오르는 별 무리 중에서 서양인들이 안드로메다라 부른 별들 중 일부를, 동양에서는 '규수'奎宿라고 불렀다. 물론 배치도, 의미도 전혀 다르다. 규수는 안드로메다의 팔다리 주변 별들을 8자 모양으로 그려 냈다. 무려 16개의 별이 그 안에 포함된다. 이 별은 서방백호의 꼬리에 해당한다. 먼저 이 별의 모양을 노래로 읊은 「보천가」의 한 대목을 들어보자.

> 허리는 가늘고 머리는 뾰족한 것이 마치 해진 신발 같구나.
>
> 열여섯 붉은 별이 둘러서 신발을 만들었네.이순지, 『천문류초』, 160쪽

「보천가」에서 읊고 있는 것처럼, 규수는 뾰족한 신발 모양의 별자리다. 언뜻 보면 삐죽삐죽 날이 솟아 있는 표창이 연상되기도 한다. 혹자는 이를 보고 돼지를 연상하기도 했다. 동양의 천문학은 점성적인 의미가 강하다. 때문에 별자리의 형상이 무엇과 닮았는지의 여부는 굉장히 중요한 문제가 된다. 고대인들에게는 동류는 상응한다는 인식이 깔려 있었기 때문에, 먼 거리를 두고 떨어져 있거나 직접 관련이 없는 사물들도 그 형상이 비슷하면 곧바로 영향을 주고받는다고 여긴 것이다. 규수의 모양을 무엇에 비유하느냐에 따라 이 별의 해석은 크게 셋으로 나뉜다.

안드로메다로 간 '개념'들이 모여 있어서인가?^^ 규수는 문운文運을 주관한다. 16개나 되는 별들이 구불구불 연이은 모양새가 마치 하나의 글자 같다는 데 착안한 것이다. 이 별자리의 이름 '규'는 왕이 직접 쓴 글인 어필御筆과 어제御製를 일컫는 말이다. 조선 후기 정조대왕의 도서관인 규장각奎章閣이란 이름도 바로 여기서 유래했다. 정조는 즉위하던 해인 1776년 규장각을 설치했다. 처음엔 선왕들의 책을 보관하는 왕실 도서관의 성격이었으나 차츰 학술과 정책을 연구하는 기관으로 변했고, 정조의 개혁

정책을 뒷받침하는 든든한 토대가 되어
주었다. 규수가 밝으면 나라의 문화가 창
성해지고 학문이 번창한다고 보았다. 실
제로 문치주의로 유명한 중국의 송나라
때, 규수 주변으로 오성이 모두 모인 적
이 있다. 송대가 낳은 성리학의 탁월한
성과와 300년간 이어졌던 송 왕조의 치
세는 바로 규수의 기운에 힘입은 것인지
모른다.

동시에 이 별을 무기를 주관하는 별
이기도 하다. 규수의 생김새가 뾰족한 표
창과 같다 보고 이 별을 무기를 주관하
는 별이라 해석한 것이다. 하늘의 무기고
라고도 본다. 이 별이 움직이거나 혜성에
의해 침범당하면 곧 하늘의 무기창고가
털리는 형국이니, 나라에 병란이 일어나
리라 예상했다.

규수의 별들

한편 이 별이 돼지의 모양이라고 보기도 한다. 그러고 보니 정말 살
오른 돼지 모양과도 같다. 그래서 규수에 '하늘의 돼지'[天豕]라는 별칭을
부여했다. 그럼 이 별은 무엇을 의미하는가? '돼지 모양이니까 축산업?'
이런 식의 뻔한 상상을 하는 당신! 추상과 직관의 힘을 발휘하여 한 번 더
생각해 보시라. 12지지 중 돼지는 수水 기운에 해당한다. 따라서 규성은
나라의 수로나 도랑을 의미했다. 이 별이 어지러우면, 예를 들어 금성이나

화성이 침범한다면, 홍수가 일어난다든지 수로가 망가진다든지 하는 변고가 생긴다.

동양 신화에 봉희封豨라는 상상의 동물이 나온다. 봉희는 괴력을 가진 멧돼지다. 민가를 침범하여 약탈과 파괴를 일삼던 재앙의 신이다. 요임금 시대의 영웅 예羿가 나타나 겨우 이 난폭한 멧돼지를 잠재웠다고 한다. 신화 속의 봉희는 가을철 민가에 출몰하던 멧돼지를 상징한다. 가을철이 되면 애써 가꿔 놓은 농작물이 멧돼지에게 습격당하지 않게 더욱 주의를 기울여야 한다. 그래서 실제로 이즈음 멧돼지 사냥이 벌어지기도 한단다. 하늘의 멧돼지, 규수는 농가의 멧돼지 사냥 풍습과 깊은 관련이 있다.

그런 이 별이 문운의 별로 각인된 배경은 무엇일까? 꼬불꼬불 글자 같은 생김새 때문이라는 설명은 그다지 설득력이 없다. 그렇게 따지면 꼬불꼬불 글자 모양 아닌 별자리가 어디 있나? 이 별이 문운을 주관하게 된 이유, 나는 이것이 이 별이 뜨는 계절의 기운과 관련되지 않을까 생각한다. 규수가 떠오르는 건 백로 무렵이다. 오곡백과가 한창 무르익을 때이다. 수확을 앞두고 분주히 농사일에 바쁠 때이다. 열매를 숙성시키고 있는 나무를 관찰해 보자. 열매를 달고 싹을 틔우는 식물은 없다. 이때는 꽃을 피우지도 줄기를 뻗지도 않는다. 오직 열매를 무르익히는 데만 집중한다. 추진과 확장의 목화木火의 시절을 끝났다. 지금은 결실을 맺는 데 골몰할 때다. 곧 수렴의 금金 기운을 써야 할 시기라는 거다. 밖으로 뻗어 나가는 산만한 가지들을 쳐내고, 결과물을 향해 힘을 집중해야 한다. 머지않아 다가올 풍성한 수확기를 위해 모든 역량을 집중해야 한다. 그러자면 버리고, 쳐내고, 수렴시켜야 한다. 멧돼지가 들판을 파헤쳐 놓듯, 산만하게 일을 벌이는 것은 절대 금물이다. 가을은 수렴의 계절, 어지럽고 산만한 것들을 단정하게 정리하는, 살벌한 금 기운을 써야 한다!

지식인은 '문자'라는 수렴성이 강한 매체를 사용한다. 글이란 하나의 열매다. 한 편의 글을 쓰기 위해서는 생각을 일으키고 사유를 확장시키는 단계가 먼저다. 그러나 그것을 한 편의 글로 완성하기 위해서는 단정하게 정리하는 금 기운의 도움을 받아야 한다. 버릴 것을 버리고, 요지를 향해 힘을 모아야 한다. 결국 글이란 수렴의 힘으로 완성되는 것이다.

일찍이 연암 박지원은 글쓰기를 병법에 비유하기도 했다.

글자는 비유컨대 병사이고, 뜻은 비유하면 장수이다. 제목이라는 것은 적국이고, 고사故事의 인용이란 전장의 진지를 구축하는 것이다. 글자를 묶어 구절이 되고, 구절을 엮어 문장을 이루는 것은 부대의 대오隊伍 행진과 같다. 운韻으로 소리를 내고, 사詞로 표현을 빛나게 하는 것은 군대의 나팔이나 북, 깃발과 같다. 조응이라는 것은 봉화이고, 비유라는 것은 유격의 기병이다. 억양반복이라는 것은 끝까지 싸워 남김없이 죽이는 것이고, 제목을 깨뜨리고 나서 다시 묶어주는 것은 성벽을 먼저 기어 올라가 적을 사로잡는 것이다. 함축을 귀하게 여긴다는 것은 반백의 늙은이를 사로잡지 않는 것이고, 여음이 있다는 것은 군대를 떨쳐 개선하는 것이다.「소단적치인」騷壇赤幟引

가을 하늘, 규수를 찾아보자. 규수는 수렴의 금 기운을 써야 할 시기가 찾아왔음을 알리는 신호탄이다. 농부들은 저 별에서 농사의 법도를 얻었고, 지식인들은 글쓰기의 법도를 배워 갔다.

목장의 별 누수 — 잉여 없는 순환의 삶

목장의 별 누수

누수婁宿는 서방백호의 일곱 별자리 중 호랑이 등짝에 해당하는 별자리이다. 누수의 '누'婁는 '끌 루' 자이다. 『맹자』孟子에 보면 「이루」離婁라는 장이 있다. 맹자는 이렇게 말했다.

> 이루의 밝은 시력과 공수자公輸子의 뛰어난 손재주가 있어도 컴퍼스와 곡척規矩: 걸음쇠와 곱자을 사용하지 않으면 네모 모양과 원 모양을 만들 수 없다. 離婁之明 公輸子之巧 不以規矩 不能成方圓 『맹자』, 187~188쪽

이루란 천안天眼을 가졌다고 알려진 전설속의 인물이다. 시력이 어찌나 좋은지 백 보나 떨어진 곳의 털끝을 볼 수 있을 정도였다고 한다. 여기서 몹시 눈이 밝다는 사자성어인 '이루지명'離婁之明이 나왔다. 이루의 이름에 쓰인 '루' 자는 서방백호의 별자리인 누수에서 왔을 가능성이 크다. 별처럼[婁] 밝은 눈으로 멀리 떨어진[離] 것을 본다는 데서 이루離婁라는 이름이 생긴 것이다.

'누' 자는 어떤 것을 잡아끈다는 뜻이다. 구체적으로는 소를 잡아맨다는 뜻도 있다. 별자리의 모양을 보라. 세 개의 별이 짐승을 잡아 매는 목줄처럼 연이어 있다. 이 별은 하늘의 짐승 우리에 해당한다. 옛사람들은 이별이 제사에 바쳐질 희생물들을 가둬 두는 목장이라고 보았다. 무엇을 가둔다는 의미에서 이 별을 하늘의 감옥으로 보기도 하였다. 목장이건 감옥

이건, 이 별의 기본적인 역할은 뭘 '저장'하는 것이다. 이 별에 문제가 생기면 오곡이 익지 않고 백성이 굶어죽는 일이 생긴다.

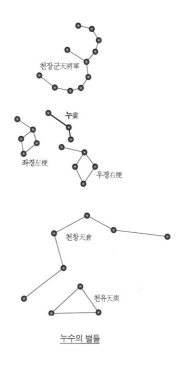

누수의 별들

누수는 그밖에도 재미있는 5개의 별자리들을 포함하는데, 이들 역시 곡식과 가축의 저장과 관련된 의미다. 천창天倉이라는 별은 이름 그대로 하늘의 창고를 뜻한다. 그 곁에는 천유天庾라는 별자리가 있다. 유庾는 곳집, 마찬가지로 하늘의 곳간을 뜻하는 별자리다. 누수를 좌우에서 보필하고 있는 좌경左梗, 우경右梗이라는 별자리도 있는데, 그중 좌경은 산지기요, 우경은 가축을 주관하는 목동이다. 누수의 위에는 무운을 주관하는 천장군天將軍이라는 별이 있다. 이 별자리들의 점성적 의미 역시 앞서 소개된 별의 의미에서 크게 벗어나지 않는다. 별이 움직이거나 일직선으로 정렬된다거나 오성의 침범을 받는 등의 현상이 일어나면, 나라의 곳간이 침범받는 형국이니 병란이나 내란이 일어나고, 흉년이 찾아들게 된다.

누수는 추분秋分 무렵 밤하늘의 주인공이다. 해질녘에 동쪽 하늘에 얼굴을 내밀어서 자정이 되면 남쪽하늘에 당당히 버티고 선다. 누수의 별자리들은 가을걷이가 막 시작되는 세상의 풍경을 담고 있다.

추분엔 희생을 점검한다

누수는 희생 제의에 쓰이는 동물들을 가둬 두던 창고다. 고대인들에게 음식이란 단순한 '식량' 이상의 것이었다. 그들에게 먹는다는 행위는 나의 것이 아닌 다른 생명을 취하는 것이었다. 나의 외부로부터 다른 것을 받아들임으로써 계속되는 순환에 참여한다는 것, 이게 그들의 생명관이었다. 이에 비하면 우리의 생명관은 주입된 에너지를 그저 소비할 뿐인 '먹튀'에 가깝지 않은가? 고대인들은 사냥이나 수확의 때가 되면 반드시 먼저 그 원래의 주인에게 예를 표하는 제의를 수행했다. 내가 취해 간 만큼 인간도 대지에 제공해야 할 것이 있었다. 희생 제의는 어디까지나 대지의 정령과 신들에게 고개 숙여 감사의 의미를 전하는 자리였지, 우리의 오해처럼 탐욕스럽고 광기 어린 살육의 축제가 아니었다. 누수가 담당하는 역할도 바로 이것, 대지에 대한 감사와 위무에 다름 아니었던 것이다.

잠시 서양의 양자리를 보자. 우연의 일치인가. 양자리 역시 희생 제의에서 유래된 별자리다. 이 별자리의 신화는 이렇다. 프릭소스Phrixus와 헬레Helle라는 남매가 있었다. 이들은 왕의 자식이었지만 계모 슬하에서 엄청난 아동학대를 받았다. 우연히 이를 본 전령의 신 헤르메스는 남매를 피신시키기 위해 황금 가죽을 가진 숫양을 보내 그들을 태웠다. 하지만 불의의 사고로 막내 헬레는 그만 아시아와 유럽을 나누는 해협에 떨어지고 만다. 사람들은 가엾은 헬레를 기리고자 이 해협을 헬레스폰트라 불렀다. 남매를 실어 나른 양은 불미스러운 사고에도 불구하고 하늘의 별자리가 되는 포상을 얻었다. 이게 양자리에 얽힌 이야기의 전말. 무지하게 운 좋은 양이지 싶다. 어린 애를 물에 빠뜨려 죽게 했으면 업무상 과실치사다. 형벌을 당해도 모자랄 판에 황도 12궁의 당당한 별자리로 올라가다니! 이게 말이 되나?

이 이야기 유래는 희생양의 신화다. 어떤 과정을 거쳐서 할리우드 영화식의 비장한 구출 신으로 윤색되었을지 모를 일이지만, 애초에는 희생 제물로 바쳐진 양과 왕의 자식에 관한 이야기였으리라. 고대인들은 인신공회人身供犧에 바쳐질 제물을 택할 때 아무나 또는 만만한 상대를 고르지 않았다. 인간 희생양은 신을 표상할 수 있는 특별하고 이례적인 존재들 중에서 택해졌다. 그런 점에서 왕의 자제들은 제물이 되기에 적격이었다. 이 이야기의 주인공들은 구출되었다기보다 제물로 바쳐졌다고 봐야 맞다. 올림푸스 산맥 근처의 프릭소스 지방에서 신에게 헌납된 희생 제물 중 하나가 바다 건너 멀리 흑해 연안의 콜키스Colchis 지방까지 떠내려 간 그리스판 엑소더스exodus 신화.

양자리이건 동양의 누수이건 이 별이 희생 제의와 관련된다는 사실이 흥미롭다. 누수가 뜨는 추분 무렵 동양에서는 희생제에 쓸 제물들에 대한 점검에 돌입했다. 그 과정은 대단한 주의력을 요하는 일이었다. 「월령」의 기록을 살펴보자.

중추仲秋에는 제사에 쓸 희생들을 돌면서 살피게 한다. 그리고 먼저 그것이 희생으로 쓰일 만한 조건을 갖추고 있는가 아닌가를 본다. 소나 양 같이 풀을 먹는 것인가, 개나 돼지처럼 잡식을 하는 것인가를 생각한다. 또 살쪘는가 말랐는가를 보고, 털 빛깔이 어떤가를 살피어 반드시 다른 것과 비교하고 나서, 작고 큰 것을 헤아리고 길고 짧은 것을 살펴서 모두가 정도에 맞고 이 다섯 가지 조건이 구비된 것을 가려서 상제에게 제향을

드리게 한다. 『여씨춘추 12기 (상)』, 228쪽

첫 수확물을 경건한 마음으로 받아 줄 줄 알았던 고대인들. 내가 획득한 삶의 몫만큼 또한 죽음을 치러내야 한다는 것을 알았던 지혜. 낡은 기존의 내가 먼저 죽어야 새로운 삶의 순환이 계속된다는 것을 알았던 고대인들. 낯설게만 느껴지는 고대의 희생 제의에는 잉여 없는 순환의 장 속에 살았던 고대인의 지혜로운 삶의 흔적이 남아 있다.

밥통 위수 – 먹는다는 것

밥통 위수

들에 곡식이 무르익고 탐스런 과일이 열매 맺는 계절. 바야흐로 풍요의 수확철이다. 농부들은 수확의 보람을 느끼고, 창고에 가득 찬 곡식을 보며 만족감을 느낀다. 이 시기엔 온 천지에 먹을 것이 넘쳐난다. 일 년 중 우리 위장이 가장 호강하는 때가 이때이기도 하다.

수확이 한창인 한로寒露 무렵, 하늘엔 서방백호의 새로운 별 위수胃宿가 떠오른다. 북방현무의 다섯번째 별자리인 위수危宿와 구분하기 위해 흔히 '밥통' 위수라고 부른다. 위胃는 우리 몸의 소화기관 위장을 말한다. 우리 몸의 깊은 곳에 장부가 감춰져 있듯이 이 별도 누수의 동쪽 부근에 어둡게 웅크리고 있다. 모양은 세 개의 주황색별이 삼각형 편대로 모인 모습.「보천가」에서는 이 별을 이렇게 읊고 있다.

세 개의 주홍색 별이 솥의 다리 형상
을 하고 은하수의 밑에 있네.

이순지, 『천문류초』, 174쪽

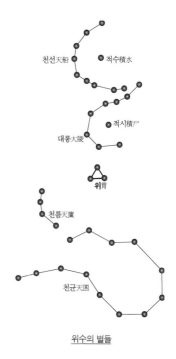

천선天船 적수積水

적시積尸

대릉大陵

위胃

천름天廩

천균天囷

위수의 별들

솥이 곡식을 담는 역할을 하는 것
처럼 이 별은 곡식 창고의 역할을 담당
한다. 그런 점에서 '위수'라는 이름은
참으로 적절한 듯하다. 곡식을 담고 저
장하는 하늘의 곡식 창고가 바로 저 별
의 임무인 것이다. 농사가 나라의 제일
가는 중대사이던 옛 사회에서 위수가
점성학적으로 얼마나 중요한 의미를
담고 있었을지 쉽게 짐작이 간다. 그토
록 어둡고 분간하기 힘듦에도 불구하
고 28수의 하나로 이 별이 각인된 데는 이런 배경이 있지 않을까 한다.

이 별이 밝으면 풍년이 들고 사계절의 날씨가 순조롭다. 먹거리가 풍
족하니 사람들이 여유롭고 천하의 예禮가 바르게 선다. 반대로 별이 어두
우면 흉년이 드니, 굶주려 뵈는 것이 없어진 사람들이 예를 잃게 된다. 흥
미롭게도 나라에 아주 극심한 기근이 찾아올 때면 밥통 위수의 세 별이
위장이 쪼그라들듯이 가운데로 몰려든다고 한다. 이건 은유도 수사도 아
닌 즉각적인 감응의 표현이다. 별이 쪼그라드니 사람들의 밥줄도 이에 응
해 쪼그라드는 것이다!

제아무리 정보와 과학기술이 세상을 지배한다는 현대 사회라지만

인간사는 한 그릇 밥통 주변을 떠나지 않는다. 여전히 인간들의 초미의 관심사는 밥이다. 천지 강산이 몇 번이나 뒤바뀌어도 사람들은 입에 밥 한 덩이 떠 넣으려 고군분투하며 산다. 고로 밥이 곧 천리天理인 것이다. 하지만 언젠가부터 우린 밥에 대한 균형감을 상실하고 말았다. 바야흐로 '먹방'(먹는 방송)과 '식신 로드'의 시대다. 온통 무엇을 먹을까라는 질문만이 넘쳐나는 요즘, 스스로에게 질문해 보자. 우리에게 밥은 무엇인가, 우리는 어떻게 먹을 것인가.

부스크 의식

가을의 수확철을 맞이하야, 한 아메리카 원주민 부족의 수확제를 소개하고자 한다. 북아메리카의 크리크족 인디언들은 '부스크'busk라는 의식을 거행한다. 첫 수확물을 거두는 시기의 의례다. 새로운 곡식을 거둘 시기가 임박하면 이들은 굶는다. 닥치고 굶는다. 음식물은 먹어서도 만져서도 안 된다. 이게 끝이 아니다. 주린 배를 움켜쥐고 집안의 묵은 세간을 모조리 마당에 내놓는다. 지난해의 묵은 잔해를 말끔히 태우기 위해서다. 추수로 농사일도 바쁠 텐데, 배곯으며 청소에 매진한다. 버리고, 태우고, 비우자! 이게 수확철을 맞이하는 인디언들의 자세다. 이 또한 끝이 아니다. 인디언들은 여기 만족하지 않고 민간요법을 통해 토법吐法; 게워서 사기나 병독을 없애는 방법과 하법下法; 설사하는 약물을 써서 실열, 적체를 없애는 방법을 쓴다. 단추뱀 식물 뿌리의 쓰디 쓴 즙을 마셔 뱃속의 것을 모조리 토해낸다. 강력한 하제下劑; 설사가 나게 하는 약를 사용하기도 한다. 장의 주름 깊은 곳에 끼어 있을지 모를 마지막 묵은 변 한 덩이를 위해서! 이렇게 지난해로부터 먼지 하나 남기지 않고 다 비운 뒤에야 이들은 새로 수확한 음식물을 입에 댈 수 있었다.

우리의 수확제, 8월 한가위와 사뭇 다른 풍경이지 않은가? 다 먹지도 못할 음식들을 온통 지지고 굽기에 바쁜 우리들. 음식 장만하느라 병나고, 이혼하고, 야단도 아닌 우리들. 이런 우리에 비해 저들의 풍습은 얼마나 지혜로운가. 그들에게 먹는다는 것은 새로운 생명과의 교류였다. 특히나 새로운 수확물은 위험천만한 것이었다. 그것은 새로운 정령, 새로운 기운과의 만남이다. 그렇기에 묵은해의 속된 기운은 철저히 제거되어야 했다. 새로 들어올 신선한 기운을 오염시키지 않기 위해 충분히 자신을 비우고 청결히 했다. 충분히 비워야 새로운 것을 받아들일 수 있다는 것! 새로운 한 끼 밥을 위해 남김없이 버리고 비웠던 크리크족들, 참으로 성스러운 식사이지 않은가?

한가위가 되면, 사람들은 휘영청 밝은 보름달을 보며 복을 빈다. 더 풍요롭고, 더 편하게 생을 누리려는 인간의 욕망의 끝은 어디인가? 이번 추석에는 달 말고 위수를 보자. 저 하늘의 밥통은 한없이 어둡고 깊은 곳에 있다. 위수를 보면서 거두기 전에 먼저 자신을 비웠던 크리크족의 지혜를 다시금 떠올려 보시길.

형벌의 별 묘수 – 변혁의 젊은 별들

좀생이 별

찬 이슬이 내리는 절기 한로. 결실과 수확의 시기다. 해질녘 동쪽하늘에는 서방백호의 몸통에 속하는 묘수昴宿가 떠오른다. 묘수는 어떤 별일까? 묘昴는 '묘성 묘' 자다. 아마도 별자리의 생김새를 본떠 만든 한자이지 싶다. 이 한자의 유래에 대해 몇 가지의 추측이 가능하다. 먼저 '묘'라는 이름이 이 별의 모양새에서 왔다고 볼 수 있다. 글자의 성부인 '묘卯'에는 무성하다는 뜻이 있다. 여기에 '해 일日'이 붙으니, 빛[日]이 무성하게[卯] 빛난다는 뜻이다. 그 모양을 보면 일곱 개의 주황색별이 다닥다닥 붙어 있는 모양이다. 별이 모여 있는 모습이 다소 좀스러워 보이기에 우리나라에서는 '좀생이별'이라고 부른다.

아니면, 묘월卯月에 별빛[日]을 보고 점을 치던 별이라는 데서 '묘'라는 이름이 붙었다고 볼 수도 있다. 민간 풍습에 '좀생이별 보기'라는 게 있다. 좀생이별 보기란 음력 2월 6일에(이날을 좀생이 날이라고 한다) 좀생이별을 보고 한 해의 농사일과 신수身數를 점치는 풍속이다. 좀생이별 보기에서 중요한 건, 달과 좀생이별과의 거리이다. 해석 방법은 이렇다. 달을 모심기 할 때 논으로 이고 나르던 밥으로 보고, 좀생이는 밥 달라고 아우성대는 아이들이라고 본다. 달과 별의 거리가 가까우면 풍작이고, 달과 별이 나란히 가면 평작이고, 별과 달이 멀찌감치 떨어지면 흉작이라고 했다. 특히 좀생이별이 달에 뒤지면 아이들이 밥 달라고 따라다니며 보채는 형국이므로 흉년이 든다고 보았다. 농한기의 막바지를 보내며 새해 농사준비에 한창이던 농부들은 좀생이별을 보고 그해 농사일에 들 짚신의 양을 가늠했다고 한다. 이 풍습의 기록은 평양 약수리 고분벽화에도 남아 있단다. 그만큼 오랜 시간을 민중들의 삶과 함께 호흡해 온 별이 좀생이별, 묘수인 것이다.

이 별은 육안으로 관찰되는 '성단'星團이다. 성단이란 같은 곳에서 동시에 탄생한 별들의 무리이다. 좀생이별은 태어난 지 얼마 되지 않은, 시퍼렇게 펄떡거리는 젊은 별들의 모임이다. 망원경으로 이 별을 보면 500여 개의 젊은 별들이 우글거리는 그야말로 진풍경이 펼쳐진다고 한다.

세계의 많은 문화권에서 이 별에 무한한 관심을 보냈다. 그리스인들은 이 별을 플레이아데스Pleiades 성단이라고 불렀다. 플레이아데스는 그리스 신화에 등장하는 아틀라스신의 일곱 딸을 의미한다. 그래서 '칠자매별'이라고도 불렀다. 고대 이집트인들은 피라미드에 작은 창을 내었는데, 그중 남쪽 입구는 이른 봄에 묘수가 보이게 맞춰져 있다. 뉴질랜드의 마오리족들은 이 별을 마타리키Matariki라고 부른단다. 그들에게 이 별은 새해가 시작됨을 알리는 신호탄이었다. 마타리키가 처음 보이는 6월 무렵, 마오리족의 성대한 새해맞이 축제가 벌어진다고 한다. 한편 북미 인디언들은 묘수가 자기 조상들의 고향이라고 여겼다. 인디언들의 영향을 받은 미국의 신비주의자들은 지금도 이 파릇한 성단과의 교신을 시도하고 있단다. 일본에서는 이 별을 스바루すばる라고 불렀다. 동명 자동차 브랜드도 있다.

고대 중국인들은 묘수의 근처에 태양의 길 황도와 달의 길 백도의 중간점이 있다는 데 주목했다. 그렇기에 이 별은 일월과 음양의 중도中道라고 여겨졌다. 그런 중요한 자리에 있기에 이 별은 하늘의 눈과 귀가 되어 세상의 형벌을 주관한다고 보았다. 주로 관장하는 일은 사람을 죽이고 가두는 일이다. 이 별이 밝으면 천하의 법질서가 바로 서지만 흐리거나 작아지면 형벌이 남용되어 아첨꾼이 들끓고 충성된 신하가 죽임을 당한다. 숙살의 금기를 지닌 서방백호에 속하는바, 중국인들은 이 별을 강렬한 금기의 결정체로 본 것이다.

묘수의 별자리들

묘수에 속한 다른 별자리들도 마찬가지로 죽음과 군사를 상징한다. 그중 우리가 반드시 명심해 둬야 할 별자리가 있다. 바로 권설卷舌과 천참天讒이다. 기묘한 형태로 커브를 꺾은 권설의 모양새가 왠지 눈에 익다 하시는 분, 물론 없으리라고 본다. 이 별은 앞에 나온 페르세우스의 다리에 해당한다. 메두사를 해치우고 의기양양하게 선 그의 튼실한 다리, 동양에서는 그 여섯 별을 따서 '혀를 만다'는 뜻의 권설이라 불렀다. 놀라서 말이 안 나오는 모양을 권설이라고 한다. 옛 군대에서 기습작전을 펴던 군인들에게 말을 못하게 하려고 입에 나무를 물렸는데 그 나무 조각의 이름도 권설이라 한다. 별자리의 모양을 보니 영락없이 혀가 안으로 말리는 모양이 연상된다. 점성학적으로도 말[言]을 뜻하는 별이다. 신하의 간언이랄지 천하의 뜬소문이랄지 하는 세상 말들을 담당하는 게 이 별, 권설이다.

그렇다면 말린 혀, 권설의 안에 있는 천참이란 별은 무엇인가? 천참이란 하늘에 참소한다는 의미. 『천문류초』에서 이 별은 "의醫와 무巫를 주관한다"고 기록되어 있다. 무당은 하늘과 , 의사는 몸과 통하여 병증을 치료한다. 이 별이 권설 안에 위치하고 있는 이유도 이와 연결될 것이다. 구설口舌로 인해 생겨난 화를 다스리는 것! 그렇다면 이들의 신비로운 능력은 어떻게 획득된 것일까? 이 별들이 서방백호의 금기金氣 속에 자리하고 있다는 사실을 떠올려 보라. 금이란 변혁의 기운이다. 고로 무巫와 의醫는 모두 금의 힘을 빌려 어떤 것을 새로이 변이시키는 일을 담당하는 사람들이다.

또, 『천문류초』에서 전하길 이 별은 검은별[黑星]이라 한다. 그만큼 어

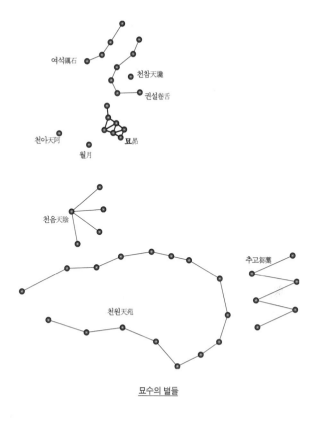

여석礪石

천참天讒

권설捲舌

천아天阿

월月

묘昴

천음天陰

추고芻藁

천원天苑

묘수의 별들

두워야 길하다는 의미이다. 음기 작렬하는 어둠 속에 묻혀 있을 때 제 역
할을 한다는 것. 하지만 저 극도의 음은 속에 끓는 불덩이를 머금고 있다.
화의 제련을 받은 광물이 비로소 예리한 쇠붙이로 거듭나는 것처럼. 시뻘
겋게 달궈진 숯을 집어삼키는 시베리아 샤먼들처럼. 불을 집어삼키고 그
열기를 감내해 내는 존재들만이 서방의 금의 영토에 진입할 수 있다.

　금 기운이 지배하는 이곳은 변이의 땅이다. 진흙으로 그릇을 빚어낸
도공의 물레, 돌덩이에서 쇠붙이를 끄집어 낸 대장장이의 풀무, 한 알 낱

알에서 수십 배의 소출을 이끌어 내는 농부의 쟁기, 죽어 가는 생명을 병상에서 일으키는 의사의 침, 버린 인생을 새 삶의 길로 이끌어 내는 무당의 방울. 이들 모두는 불의 시련을 감내함으로써 존재의 변신에 가 닿은 위대한 금의 아들들이다. 혹독한 불길 속에 묵은 나의 껍질을 불태움으로써 거듭나는 삶을 획득한 변신의 귀재들. 이들은 우리에게 가르친다. 죽음 없이는 수확도 없다는, 너무도 자명한 자연의 법칙을.

흐린 별들의 집합체인 고요한 가을 하늘. 저 하늘과 우리가 무언가 교신할 수 있다면, 그것은 풍요와 악마의 두 얼굴을 한 금, 이 한 단어로 충분하지 않을까. 냉혹한 살기를 머금은 금은 너저분한 잔가지를 쳐 내고 결과물을 향해 힘을 집중하게 한다. 그래서 묘수가 뜨는 시간이면 사람들은 형벌을 집행했다. 잘잘못을 판가름하고, 죄인에게는 그에 맞는 형벌을 내렸다. 형벌을 유독 가을에 시행한 것은, 수렴의 힘으로 결실을 이루는 자연의 이치를 따른 것이다. 이즈음이 되면 한번쯤 자기 일상을 되돌아 보자. 나의 게으름과 잘못된 습관들을 짚어 보고, 엄혹하게 스스로를 다스려 보자. 가을은 변신의 시간! 이 시절의 고통은 나를 보다 고양된 존재로 거듭나게 할 것이다.

사냥꾼의 그물 필수 — 가을 남자들이여 하늘을 그물질하라

수렵의 추억

상강霜降, 서리가 내리고 초목이 시드는 때다. 단풍의 빛깔은 하루가 다르게 농익어 가고, 가을 막바지의 따스운 볕 속에 낙엽이 하나둘 떨어진다. 이 시기를 형용하는 참으로 빤한 멘트가 있으니, 바로 '낭만'이다. 낙엽과 함께 찾아온 우수, 바바리 끌고 다니는 남자들의 계절……. 대체 이 계절의 어디에서 낭만이란 두 글자를 읽어 낸 것인지, 나로선 당최 납득이 안 되는 이야기다. 만물이 헐벗는 시기, 낭만은 고사하고 자신의 적나라한 비루함과 직면해야 하는 때가 가을이 아닐까?

가을 남자의 진면목을 확인하게 된 사건이 있었다. 늦은 밤 남산 산책길을 따라 집으로 가고 있었다. 그런데 감나무 위에 웬 정체불명의 생명체가 부스럭거리고 있는 게 아닌가. 반쯤 벗어진 머리, 악착같이 뭔가를 움켜쥐고 있는 손! 가까이서 보니 그는 늙수그레한 중년 남성이었다. 그는 감서리를 하는 중이었다. 때는 자정도 훨씬 넘은 야심한 시각. 무엇이 그로 하여금 저 노구를 이끌고 아득한 감나무 위에 오르게 한 것일까. 일순 깨달았다. 저것이야말로 가을 남자다! 죄의식이라곤 찾아볼 수 없는 그의 가늣한 눈매에서, 석기시대 인류가 문명의 첫 걸음마를 떼던 아주 먼 옛적부터, 우리 깊은 곳에 녹아든 가을 본능을 읽고 말았다. 먹잇감을 찾기 위해 부단히 돌도끼를 던져대야 했던, 과실을 차지하기 위해 필사적으로 나무 위에 기어오르던 인간의 수렵과 채취 본능 말이다. 바바리 코트를 입고 담배나 태우는 건 별로 가을스럽지 않다. 가을은 수확의 계절! 닥쳐올 추위 속에 살아남기 위해선 뭐든 그러모아야 한다.

가을은 금의 계절이다. 금은 팽팽하게 경계를 치고 가두는 기운이다. 경계 안에 들어오는 것은 포획하고 나머지는 버린다. 그렇기에 가을의 금기金氣를 숙살肅殺의 기운이라 한다. 가을에 만물이 결실을 맺고 수확을 거두는 건 천지가 금의 지배하에 들어가는 이치다. 금의 기운을 받아 초목은 열매를 맺는다. 딱히 뭔가를 생산할 게 없는 우리들은 수렵과 채취를 한다. 이때 활용되는 감각은 후각이다. 먹잇감을 찾기 위해선 부지런히 코를 킁킁 거려야 한다. 우리의 감각기관 중 코[鼻]가 금에 배속된 것은 아마도 이런 이치가 아닐까 한다.

72절후의 설명에 따르면 상강의 첫 5일 동안을 '표내제수'杓乃祭獸라 한다. 뜻은 '승냥이가 산짐승을 잡는 때'이다. 유년기를 시골에서 보냈던 이 몸도 이맘때가 되면 토끼잡이에 몸이 달았던 기억이 새록새록하다. 여튼 만물의 수렵과 채취 본능이 절정에 달하는 게 곧 상강의 풍경인 것이다. 상강, 바야흐로 사냥의 계절이 찾아왔도다!

사냥꾼의 그물, 필수

상강의 밤하늘을 지배하는 것은 필수畢宿다. 서방백호의 용맹한 등짝, 사냥감을 겨누며 날렵하게 자세를 낮출 때 솟아오르는 부위에 해당한다. 이 별의 생김새는 흡사 새총과 같다. 여덟 개의 주황색 별이 Y자 모양으로 예각을 그리고 있다. 이 별자리에 붙은 이름 '필'畢은 사냥에 쓰이는 자루 달린 그물의 상형이다. 저 하늘의 별 역시나 사냥의 별자리라는 점, 흥미롭지 않은가?

별자리의 생김새를 가만 뜯어 보니 새나 토끼를 잡기 위해 힘껏 그물을 던지는 모양이 연상된다. 여기서 '필'이 의미하는 그물은 금 기운의 속성을 여실히 보여 준다. 그물은 팽팽한 긴장감으로 윤곽을 그린다. 그 경계 안에 들어오는 사물을 단단히 가두고 그러모은다. 그 안에 걸려드는 사물은 옴짝달싹 못하는 신세가 된다.

점성학에서 필수는 수렵과 형벌을 주관하는 별로 본다. 『천문류초』에서는 "필은 변방 병사의 수렵하고 훈련하는 것을 주관한다"고 말한다. 옛사람들은 이 별을 천하를 그물질하는 천자의 그물이라고 보았던 것이다. 이 별의 세력이 강하면 변방의 오랑캐들이 복종해 왔고, 그렇지 않으면 병란이 일어난다고 보았다. 또 필성이 자리를 옮기면 그물에 소란한 일이 일어나는 형국이므로 감옥에서 죄인들이 탈옥을 하거나 난리를 일으킨다고 보았다.

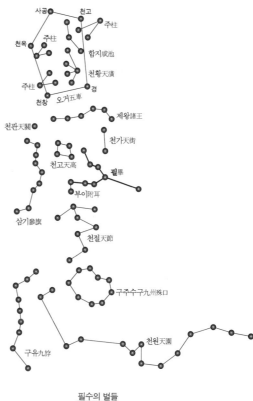

필수의 별들

한편, 이 별은 비를 주관하는 별로도 유명하다. 필수의 별명은 우사雨師다. 하늘의 비를 주관하는 관리라는 뜻이다. 형벌과 사냥의 별이라더니 갑자기 비가 웬 말이냐고 의아해하는 분들이 계실 것 같다. 이 해석은 아마도 오랜 세월 민중들이 하늘을 보고 천지의 운기를 읽던 민간의 풍습에서 전래한 것이 아닌가 한다. 이맘때쯤이면 꼭 스산한 가을비가 내리는데, 아마도 필성은 가을비를 예측하던 지표였으리라.

『삼국지』에도 필수에 관한 이야기가 나온다. 등장인물은 그 유명한 제갈공명. 위나라 군사의 침입에 직면하여 노심초사하는 왕평에게, 제갈공명은 1천 명의 군사만 대비시키면 된다고 호언장담한다. 의아해하는 사람들에게 공명은 말한다. 달의 궤도에 필성이 들어오면 큰 비가 오는데, 지금 달이 필성에 머물고 있으므로 머지않아 큰 홍수가 휩쓸고 갈 것이라고. 그의 말 대로 얼마 뒤 큰 비가 내렸고, 홍수 덕에 그의 나라는 전쟁을 모면할 수 있었다. 제갈공명, 그는 지략가이자 전술가이기 이전에 하늘의 움직임에 정통했던 천문학자였던 셈이다.

샤냥의 별 혹은 비의 별. 필수는 두 얼굴의 별자리다. 우연의 일치인지, 흥미롭게도 다른 문화권에서도 이 별을 비의 별자리로 기억하고 있다. 조금 시야를 넓혀서 대륙의 저편 그리스로 건너가 보자.

하늘의 눈물, 히아데스 성단

필수의 Y자 그물은 서양 별자리의 황소자리와 겹친다. 그리스의 목동들은 이 별자리가 페니키아의 공주 에우로파Europa를 유혹하기 위해 황소로 변한 제우스신의 모습이라고 생각했다. Y자의 예리한 선분에서 그들은 황소의 눈과 광대뼈와 목을 연상했다.

필수를 관찰해 보면 좌측 끄트머리(부이附耳의 바로 위)에 영롱한 붉은 광채를 발하는 엄청 밝은 별이 있음을 알 수 있다. 중국인들은 이를 필대성畢大星이라, 그리스인들은 알데바란Aldebaran이라고 불렀다. 알데바란은 '황소의 눈알'이다. 성난 황소가 붉은 눈을 부리리듯 이 별은 굉장한 광채로 보는 이를 압도한다. 고대의 별바라기들은 이 별에 신성한 의미를 부여했다. 고대 메소포타미아에서는 빛의 전령이라 보았고, 유대인들은 신의 눈이라 생각했다. 세차운동으로 별들이 선회한 궤적을 기원전 3천 년경으로 되돌려 보면, 황소자리는 지금과는 정반대로 춘분점에 위치하는 별자리였다. 당시의 천문학자들은 이 별을 봄을 알리는 표지로 삼았다. 봄을 알리는 전령사, 이 별에서 사람들은 만물의 소생을 알리는 신의 목소리를 들었다.

황소의 눈알, 알데바란을 제외한 V자의 별들은 '히아데스'Hyades라는 이름의 산개성단이다. 히아데스라는 이름은 '비가 내리다'라는 뜻의 그리스어에서 유래했다. 이 별은 말 그대로 우기의 시작을 알리는 별자리였다. 히아데스가 뜰 무렵 내리는 비를, 그래서 '히아데스의 눈물'이라고 했단다. 물론 이는 기원전 3천 년경, 이 별이 봄의 지배자이던 시기의 일이다. 시공의 격차를 넘어, 그리고 천체의 무상한 변화를 넘어, 이 별이 민중들에게 비의 별로 인식되었다는 점이 그저 놀라울 따름이다.

천자의 수레, 오거성

필수에 속한 별 중 꼭 봐 둬야 할 것은 필수의 가장 꼭대기에 자리한 오거성五車星이라는 별자리다. 이 별은 이름 그대로 하늘의 다섯 수레. '천자의 수레'라고도 한다. 북두칠성이 천자가 순수巡狩를 행할 때 타고 다닌 수레라면, 오거성은 수확철의 풍요를 주관하는 수레에 해당한다.

재미있는 것은 다섯 별이 각기 다른 용도를 가지고 있다는 점. 서북쪽의 별은 천고天庫라 하여 콩을 주관하며, 동북쪽의 별은 천옥天獄이라 하여 쌀을 주관한다. 동남쪽의 별은 천창天倉이라 하여 삼베[麻]를 주관하고, 중앙의 별은 사공^{司空}이라 하여 기장과 조를 주관한다. 마지막, 서남쪽의 별 경^卿은 보리를 주관한다. 이 다섯 수레는 자신들의 짐칸에 실린 다섯 곡식을 주관하기에, 그 별의 밝기를 보고 해당 작물의 작황을 점쳤다.

그리스인들도 이 별자리를 마차의 상징으로 보았다. 이들은 여기에 '마차부'라는 이름을 붙였다. 그리스에서 이 마차의 용도는 휠체어에 가까웠다. 그리스인들은 이 별을 다리가 불편했던 아테네의 왕 에리크토니오스의 불편한 다리를 대신해 준 4두마차라고 봤단다. 양을 치며 하늘을 봤던 그리스인들과 농사를 천하 사업의 근간으로 보았던 중국인들이, 얼마나 비슷하면서도 다른 별자리를 구성했는지 잘 보여 주는 대목이다.

사냥과 비의 별 필수, 수확을 주관하는 하늘의 수레 오거성……. 필수의 별자리들은 가을철 세상의 모습을 나타낸다. 때는 가을의 마지막 달인 술월^{戌月}. 겨울이 가까워 오면서 밋밋했던 초가을 밤하늘이 점차 화려한 빛깔로 변해 간다. 하늘도 땅도 가을의 마지막 끄트머리를 쥔 채로, 분주히 시간을 보내고 있다. 저 하늘의 필수는 묻는다. 올 한 해 무엇을 사냥했는가? 각자의 수레엔 어떤 곡식이 채워졌는가? 자, 모두 수확과 결실을 향한 막바지 금기^{金氣} 발휘에 전념할 때다.

머리 별 자수 ― 음기의 뾰족한 끝

오리온은 왜 밝은가

오늘의 주인공은 오리온^{Orion}이다. 초겨울 동쪽 하늘에서 떠오르기 시작해 겨울 내내 하늘에서 가장 눈에 띄는 별자리다. 우리에겐 과자 회사 상표로 익숙하지만 알고 보면 그는 그리스 신화의 유명인사이자, 겨울 하늘의 가장 밝은 별자리의 주인이다. 오리온을 본 적이 있는가? 창백한 푸른빛으로 타오르는 이 별은 몹시도 섬뜩한 분위기를 연출한다. 머리칼이 비쭉 솟을 것만 같다. 이 오싹한 정조의 정체는 무엇인가?

먼저 오리온에 얽힌 신화를 알아보자. 오리온, 그는 내로라하는 사냥꾼이다. 찬란한 식스팩을 장착한 다부진 몸매의 거인이다. 집안도 빵빵하다. 그의 아버지는 바다의 신 포세이돈. 여자친구 또한 대단한 퀸카다. 사냥의 여신이자 야생동물의 수호신, 그리고 달의 여신인 아르테미스Artemis다. 사냥의 신끼리 만났으니, 궁합은 볼 것도 없겠다 싶다. 하지만 이 선남선녀의 사랑은 이루어지지 않았다. 있는 집 자제들이란 원체 걸리는 게 많은 법, 아르테미스의 쌍둥이 오빠인 아폴론이 이들의 만남을 반대하고 나선 것이다. 불붙은 사랑을 어찌 한두 마디 말로 갈라놓을 수 있으리오. 말로는 듣지를 않자 아폴론은 급기야 오리온을 죽이기로 마음먹는다. 그것도 아주 처절하고 잔인한 방법으로. 그의 계획은 오리온을, 사랑하는 연인 아르테미스의 손에 죽게 만드는 것이었다. 아폴론의 끔찍한 계략은 착착 진행되었다. 영문을 모르는 아르테미스는 그의 꼬임에 빠져 화살을 쏘고 말았다. 자신이 사랑하는 연인의 살해자임을 알게 된 아르테미스는 비탄에 빠졌고, 제우스는 그녀를 달래기 위해 오리온을 밝은 별자리로 만들어 주었다. 참으로 비통한 사랑 이야기가 아닐 수 없다.

이야기는 여기서 끝이 아니다. 아폴론은 별이 되어 버린 오리온마저 질시했다. 그는 하늘로 전갈 한 마리를 올려 보내 별이 된 오리온을 뒤쫓게 하였다. 이것이 전갈자리다. 별이 되어서도 쫓고 쫓기는 비통한 운명의 주인공들은 아직도 한 서린 추격전을 계속하고 있다. 자, 그렇다면 저 전 갈은 과연 오리온을 죽일 수 있을까? 이 추격전은 영원히 계속되는 릴레이와도 같다. 전갈은 영원히 오리온을 죽일 수 없다. 왜냐? 전갈자리와 오리온은 서로 대척점에 위치해 있다. 전갈자리가 떠오를 때면 오리온자리는 서쪽 하늘 너머 지하계로 달아나 버린다. 얼마 뒤 전갈이 서쪽 하늘을 가로질러 지하로 쫓아 내려가면 오리온은 다시금 동쪽에서 올라올 것이다. 비통한 러브스토리의 주인공, 그리고 암살자 전갈을 피해 영원한 도피의 삶을 살아야 하는 비극적 운명의 주인공. 이러니 오리온의 빛깔이 고울리 있겠는가?

오리온은 사냥꾼의 별이다. 겨울 하늘 위에 빛나는 오리온의 싸늘한 빛을 보라. 수렵으로 이름을 날리던, 그리하여 신마저 넋을 잃게 한, 오만한 영웅의 모습이 거기 그대로 담겨 있다. 오만한 사냥꾼 오리온이 사라지기 전까지 대지는 차갑게 얼어붙은 소멸의 시간을 보낸다.

오리온의 머리, 백호의 머리

동서를 막론하고 사냥은 가을의 고정 테마로 등장한다. 서양 별자리에 오만한 사냥꾼 오리온이 있다면, 동양엔 먹잇감을 찾아 세차게 뛰어내리는 서백호의 별들이 있다. 별자리의 위치도 비슷하다. 오리온자리는 서방백호의 자수觜宿, 삼수參宿와 겹친다. 오리온의 머리 부분의 별이 자수이고, 오리온의 몸에 해당하는 별이 삼수이다.

오리온의 머리를 보자. 세 개의 별이 옹기종기 모여 머리를 이루고 있다. 비운의 사냥꾼 오리온의 비통한 심정이 전해져서인지 싸늘한 푸른 빛으로 빛난다. 동양인들도 이 별을 머리로 봤다. 사냥감을 향해 세차게 뛰어 내리고 있는 서방 백호의 머리. 사나운 이빨을 드러내며 표효하는 호랑이의 얼굴을 떠올려 보라! 상대로 하여금 뻣뻣하게 몸이 굳게 만드는 음기 작렬의 살벌한 울음이다. 자수의 자의字意 풀이를 보자. '털뿔 자觜'는 무척 재미있는 글자다. 부엉이의 머리 위에 뿔처럼 난 털을 나타낸 글자다. 여기서 '뾰쪽한 끝'이라는 뜻이 파생되어 나왔다. 이 별을 보고 있으면 부엉이 털처럼 머리털이 곤두선다는 데서 붙은 이름이 아닐까? 자수의 예리한 빛은 만물을 잠재우는 음기의 '뾰족한 끝'이다.

자수의 별들

자수는 입동立冬 무렵, 지는 해와 교대 하며 동쪽 하늘을 밝힌다. 입동은 만물이 수렴의 시기를 지나 시들어 죽는 스산한 시기다. 앙상하게 얼어붙은 산천의 초목을 보면 우리의 입에선 절로 탄식이 흘러나온다. '아, 성장과 번영의 시기가 끝나고 스산한 겨울이 찾아왔구나' 하고 말이다. 밤하늘의 자수에는 쌀쌀한 기운이 감도는 초겨울녘의 쓸쓸함이 녹아들어 있다.

자수는 점성학적으로 어떤 것을 의미할까? 『천문류초』에서는 이 별을 '하늘의 관문'이라 설명하고 있다.

자는 하늘의 관문을 주관한다. 별이 밝고 크면 천하가 평안하고 오곡이 잘 익는다. 움직여 다른 곳으로 가면 임금과 신하가 지위를 잃게 되고, 천

하에 가뭄이 든다. 이순지, 『천문류초』, 202쪽

'머리'에서 파생된 해석이지 싶다. 사람의 몸에서 머리는 기가 드나드는 관문이다. 코로 숨을 쉬고 입으로 음식을 먹는다. 이렇듯 서방 하늘의 수호신인 호랑이의 머리는 천기가 드나드는 출입구가 된다고 생각하지 않았을까? 또, 금이라는 기운이 경계나 관문을 의미하기도 한다. 금 기운은 팽팽한 긴장력으로 결정結晶을 만들어 내는 기운이다. 그리하여 내부로부터 외부를 경계 짓는다. 가을에 열매가 맺히는 것도 이 때문이다. 몸에서 금에 배속된 장부는 폐다. 폐는 들숨과 날숨의 호흡을 주관한다. 자수는 서방의 '금'이자 기운이 드나드는 '머리'이므로 하늘 관문 역할을 하게 된 것이다. 이 별자리가 밝고 크면 하늘의 관문이 원활이 소통되니 나라가 평안하고 풍년이 든다고 본 것이다. 반대로 움직이거나 오성에 침범당하면 정치가 불안해지고 흉년이 든다.

또 자수는 군사의 일을 예견하는 별이기도 하다. 별이 밝으면 장군이 세력을 얻고, 움직이면 도적떼가 횡행하며 이동하면 장군이 쫓겨나게 된단다. 이 또한 냉혹하게 엄단하는 기운을 지닌 서방의 금에서 파생된 해석이리라.

이젠 오리온의 머리를 자수로 기억해 두자. 원한에 찬 추격전을 벌이는 오리온의 '사랑과 전쟁' 대신, 냉혹하게 만물을 죽이는 금의 기운을 떠올려 보자. 호랑이가 울부짖듯, 이 별은 겨울의 도래를 예고하고 있다. 이제 벌여 놓은 일을 마무리 짓고 휴식에 들어갈 때다. 자수는 만물에 휴식을 선포하는 음의 전령사다.

장군 별 삼수 – 금 기운의 종결자

장수 일곱 오랑캐 셋

이번에는 오리온의 몸통으로 넘어가
보자. 오리온의 몸통과 팔다리인 사지
에 해당하는 별자리가 삼수參宿다. 우
연의 일치인지, 동양 별자리에서도 용
맹스런 장수의 모습으로 봤다. 날카로
운 무기를 들고 선 사나운 장수의 모
습을 연상했다. 먼저 이름, '삼參'의 뜻
을 알아보도록 하자. '삼'이란 관여하
거나 참여한다는 의미다. 이 별이 뜨는
것은 입동에서 소설小雪에 걸친 겨울
의 초입이니, 음기가 본격적으로 활동
을 시작한다는 뜻으로 이해해도 좋을 듯하다.

삼수의 별들

『천문류초』에 실린 「보천가」 중, 삼수를 읊은 대목을 청해 들어 보자.

총 열 개의 별로 이루어진 삼은 자수와 서로 영역을 침범하고 있다네. 삼
은 두 어깨와 두 다리가 있고, 두 다리 안에 있는 세 개의 별이 심장이 되
며 벌伐의 세 별은 배 안에 깊이 들어가 있다네. 이순지, 『천문류초』, 204쪽

오른쪽 어깨는 오리온 자리의 베텔기우스Betelgeuse는 대표적인 적색

거성赤色巨星이다. 삼수에서는 우장군右將軍이라 한다. 왼쪽 어깨는 벨라트릭스Bellatrix다. 이 별은 반대로 몹시 젊다. 나이는 한 2천만 년. 태양의 나이가 46억 살인 것을 감안하면 거의 아기별 수준이다. 그래서 어린애처럼 새파란 빛이 나는 것. 삼수에서는 좌장군左將軍이라 한다. 왼쪽 다리는 리겔Rigel이다. 아랍어로 '거인의 왼쪽 다리'라는 뜻이란다. 이 별도 무척 푸르다. 삼수에서는 편장군編將軍이라 부른다. 오른쪽 다리는 후장군後將軍이라 부른다. 몸통의 가운데에 나란히 선 오리온의 벨트 부분을 삼수에서는 삼장군三將軍이라고 부른다. 이들 일곱 장수는 천하의 군사를 주관하는 별이다. 이 일곱 개의 별이 모두 밝으면 독수리 오형제가 모두 모인 것처럼 천하의 병사들이 정예병이 된다.

오리온의 벨트에는 칼에 해당하는 세 개의 작은 별이 매달려 있다. 이들 중 가운데의 별을 '트라페지움'Trapezium이라 한다. 그 주위로 희미한 구름 같은 것이 펼쳐지는데 이것이 '오리온 대성운'(M42)이다. 육안으로 관찰되는 가스 성운이라 한다. 이 세 별을 삼수에서는 벌伐이라 부른다. 이들은 북방의 오랑캐를 뜻하는 별을 의미했다. 그렇기에 벌은 어두워야 좋다고 생각했다. 흥미롭게도 이 별들은 고구려의 고분에 등장한다. 고구려인들은 벌을 나머지 일곱 장수와 대등한 크기로 그려 넣었다. 고구려인들에게는 벌성이 환히 밝아지는 것이 오히려 호재로 여겨졌던 것이다.

자수와 삼수가 겨울의 도래를 선포하고 지나갔다. 자, 이제부터 본격적인 겨울 별자리들의 퍼레이드가 시작된다. 가을철의 칙칙하고 어둔 별들 대신 현란하고 투명한 아름다움으로 가득한 겨울 하늘의 주인공들이 선을 보일 예정이다. 자, 함께 하늘을 보자. 기대하시라, 개봉박두!

5장

남방주작 7수

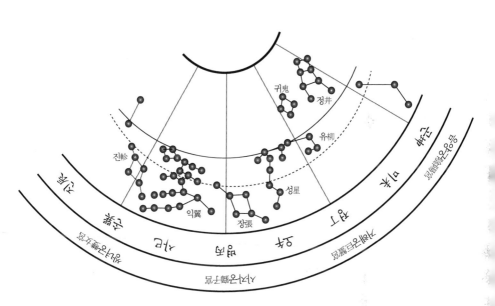

겨울엔 닮아라 ─ 겨울철 하늘 징검다리

겨울 하늘에서 삼각형을 찾아 주세요

겨울 하늘을 본 적이 있는가? 어린 시절 내게 겨울 하늘은 공포의 대상이었다. 귀신보다 무서운 게 차갑게 타오르는 겨울 하늘의 별들이었다. 1등성들로 빼곡한 겨울 하늘의 별들은 섬뜩함 그 자체였다. 밤길을 홀로 걷노라면, 사나운 기세로 빛나는 겨울 별들에게 영혼이라도 빨아 먹힐 듯한 기분! 한번 겨울 하늘을 올려다보시라! 어린 시절의 내 공포감이 무엇인지 이해가 될 것이다. 차가운 이글거림, 혹은 고요한 웅성거림으로 가득한 저 하늘. 겨울 하늘은 치명적인 매혹 그 자체다.

온갖 화려한 별들의 웅성거림으로 가득한 겨울 하늘에서 길 찾는 법을 알아보자. 가을 하늘의 길잡이는 페가수스 '사각형'이었다. 겨울 하늘

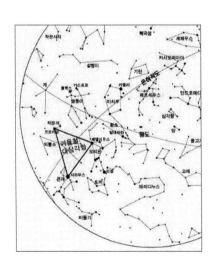

에서는 오리온 옆의 '삼각형'을 표지로 삼는다. 해가 서산으로 뉘엿뉘엿 질 무렵 동쪽 하늘을 보면 겨울철의 삼각형이 떠오르는 것을 볼 수 있으리라. 늠름한 오리온의 왼쪽 어깨, 동양 별자리로 치면 삼수參宿의 '좌장군'이 삼각형의 한 축이다. 그리고 작은 개자리의 프로시온Procyon이 또 한 축이다. 프로시온은 동양

의 별자리로 치면 오늘 이야기할 정수井宿에 속한 남하南河라는 별이다. 그리고 또 하나의 축은 주극성에 속하는 시리우스Sirius, 동양의 천랑성天狼星이다. 이 세 별이 통칭 '겨울철의 대삼각형'이다. 이 세 별을 찾았다면 겨울 하늘에 길잡이가 될 좌표가 세워진 셈. 이 길잡이들을 잘 기억해 두자. 여기서부터 겨울 별자리들의 현란한 퍼레이드가 펼쳐진다.

겨울 하늘의 별자리를 한데 묶어 남방주작南方朱雀 7수라 한다. 봉황이라고도 불렸던 상상 속의 새 주작朱雀은 남방南方의 영역을 지키는 신이다. 이 주작의 형상을 따라 7개의 겨울 별자리가 펼쳐진다. 정井은 주작의 머리, 귀鬼는 눈, 유柳는 부리, 성星은 목, 장張은 모이주머니, 익翼은 날개, 진軫은 꼬리에 해당한다. 이 별자리들은 날개를 활짝 펴고 날아오르려는 주작의 형상이다. 날개를 펴고 날아오르는 모습은 발산과 확장하는 운동인 화火를 의미하는 것이다. 동방 목 기운의 직선적인 분출력을 이어받아 불꽃처럼 사방에 펼쳐지는 모습으로 확장하는 것이다. 불타오르는 화의 기운을 머금은지라 따뜻한 남쪽의 영역을 수호한다. 겨울인데 남방의 주작이라니 어쩐지 이상하다. 하지만 한번 하늘을 올려다보자. 금세 고개가 끄덕여 질 것이다. 세상은 꽁꽁 얼어붙어 있는 겨울이지만, 저 하늘의 별들은 주작의 화려한 밝음으로 힘찬 날개짓을 하고 있다. 커다란 날개를 자유롭게 펄럭거리며 세상에 외쳐대고 있다. '극과 극은

통하는 것입니다. 물 안에 불이 있고, 불 안에는 물이 있지요. 추운 겨울하늘 위로 펼쳐진 뜨거운 남방南方의 별들을 보세요. 차가운 북쪽의 땅과 뜨거운 남쪽의 하늘은 결국 하나로 이어진답니다!'

　앞으로 살펴보게 될 겨울별자리들은 주작처럼 화려한 외양을 자랑하는 별들 일색이다. 겉보기엔 추운 겨울과 아무 상관 없어 보일 것 같지만 자세히 보면 이들은 꽁꽁 얼어붙은 대지의 시간과 긴밀히 연결되어 있다. 남주작의 별들은 점성학적으로 대개 죽음과 소멸을 의미한다. 시체를 상징하는 별, 상여를 상징하는 별, 귀신을 상징하는 별 등. 죽음의 수水 기운*이 그 안에 가득하다. 함께 겨울 하늘을 보자. 저 하늘의 별들은 우리에게 겨울의 시간을 살아가는 방법을 가르쳐 줄 것이다.

죽음과 휴식의 계절, 겨울

겨울은 휴식의 시간이다. 만물이 활동을 멈추고 웅크리는 시기. 초목은 잎을 떨구고 한 생을 마감한다. 동물들은 굴 속에 웅크린 채로 겨울잠을 잔다. 겨울에 만물은 아득한 아래로 내려가 웅크린 채 휴식에 돌입한다. 그러면서 도약을 위한 충전의 시간을 보내는 것이다. 『황제내경』에서는 겨울을 이렇게 설명한다.

　겨울 석 달은 만물이 움츠러들고 갈무리되어 휴식하는 시기로 물이 얼고 땅이 갈라진다. 사람도 이를 따라서 양기陽氣를 함부로 사용하지 말아

---

* 음양오행에서는 죽음을 일종의 씨앗으로 본다. 죽음은 끝이 아니라 새로운 생성을 위한 에너지가 응축되어 있는 단계다. 그렇기에 생명의 근원이 되는 물(水)이 죽음을 주관한다.

야 한다. 일찍 잠자리에 들고, 늦게 일어나야 하는데, 해가 뜨는 것에 맞추어 일어나야 한다. 품고 있던 뜻이나 의욕을 펼치기엔 좋지 않아 마음속으로 간직하고 드러내지 않으며 때를 기다리는 여유를 찾아야 한다. 추위를 피하고 따뜻한 곳에 머물며 땀을 흘리거나 피부를 함부로 드러내 기운이 빠져 나가지 않게 하는 것이 겨울에 맞는 양생법이다.

겨울엔 닫아야 한다. 일체의 문들을. 대문을 닫아 바람을 막고, 창고의 문을 닫아 수확한 곡식들을 여민다. 중요한 건 마음의 문 또한 닫는 것이다. 다른 사람과 소통하지 말라는 뜻은 아니다. 지난해에 못다 이룬 일에 대한 미련이 남는다면, 닫아라. 뭔가를 새로 해보겠다는 의욕이 솟아나도 일단은 문을 닫아라. 겨울철엔 마음을 잠재워야 한다. 미련과 욕망으로 치달으려 하는 우리의 마음을 꽁꽁 갈무리해 둬야 한다. 『황제내경』에 전하는 대로 유유자적 여유롭게 시간을 보내는 게, 겨울스러운 삶의 자세다. 일찍 자고 늦게 일어나기, 수고로 몸을 혹사시키지 않기, 멀리 여행을 떠나지 않기 등. 겨울엔 일상의 템포를 늦추는 절제의 미덕을 발휘해야 한다. 완전히 끝내고 충분히 쉬어야 따스한 봄날, 힘차게 새로운 시작을 할수 있는 법이다. 죽은 듯이 겨울날을 보내 보자. 어쩐지 저 깊은 곳에서 샘솟듯 양기가 터져 오르는 것 같지 않은가.

듣는 계절, 겨울

소멸과 죽음이 지배하는 시간, 겨울은 응축의 시간이다. 분별된 형상들을 모두 비워 내는 시간. '나'를 버리고 하나가 되는 시간. 소리 없이 빛나는 저 별들을 바라보다 문득 저 별들이 듣고 있구나, 라는 생각을 하게 되었다. 모든 것을 내려놓고 그저 듣고 있구나!

듣는 '나' 없이도 들리는 게 소리다. 어머니의 뱃속에서도, 잠을 잘 때도, 우리는 듣는다. 하지만 무언가를 고집하는 '나'가 있으면 오히려 들을 수 없다. 내 말을 귓등으로 들었니, 라는 말을 하지 않던가. 말을 듣지 않는 사람, 그는 필시 강한 아집을 가진 사람이리라. 모든 것을 내려놓아야 어떤 것에 온전히 귀를 열 수 있다. 듣는 가운데 우리는 '나'가 아니라 '하나'가 된다.

듣는다는 것은 겨울에 참 어울리는 감각이다. 나는 나를 둘러싼 무수한 존재들과 더불어 존재한다. 그러한 관계들 자체가 나다. 이때 듣는다는 것은 나를 둘러싼 동서남북 사방의 모든 관계들을 하나로 끌어 모은다는 의미다. 우리는 모든 방향의 소리를 듣는다. 뒤편의 소리를, 담벽 너머의 소리를, 방향의 여하에 구애됨 없이 우리는 듣는다. 고로 듣는다는 것은 응축이고, 소진과 소생의 겨울 시간을 살아내는 것이다. 의역학에서도 귀[耳]를 겨울의 오행, 수水에 배속하고 있지 않던가.

문득 떠오르는 일화 하나가 있다. 어떤 사람이 테레사 수녀에게 이런 질문을 했다고 한다. '당신은 기도를 할 때, 신과 어떤 대화를 합니까?' 그러자 테레사 수녀는 이렇게 말했다. '저는 오직 신의 소리를 들을 뿐입니다.' 그가 다시 물었다. '신은 그럼 뭐라고 말하십니까?' 테레사 수녀는 이렇게 대답했다. '신도 그저 들을 뿐입니다.'

나도 듣고 신도 듣는다. 이것이 겨울의 풍경이고, 수 기운을 쓰는 우리 마음의 풍경이다. 이런 생각이 들었다. 듣는다는 것, 그것은 기도이고, 시이고, 그리고 별이다. 별은 보는 것이 아니라, 듣는 것이다! 이 시절, 별을 보려고 하면 아무것도 볼 수 없다. 왜냐면 별도 듣기 때문이다. 별은 세상을 주재하고 주관하는 게 아니라 오직 듣는다. 온전히 듣기 때문에 세상과 응應하고 감感하는 것이다.

　겨울 하늘은 씨 뿌리고 거두는 실용적인 지식들을 알려주던 봄·여름·가을의 하늘과 사뭇 다르다. 별을 보면서 사람들은 한 해를 돌아보고, 삶의 의미를 되새겼다. 침묵 가운데 명상에 잠겼다. 겨울 하늘의 별들은 고요한 초대장이다. 우리를 자기 안의 깊은 심연으로 안내하는. 함께 겨울하늘에 가득한 침묵의 소리들에 귀 기울여 보자! 우리의 마음에 고요한 물길을 만들어 보자.

우물 별자리 정수 — 물은 생명의 근원

시원의 별, 정수

남방주작 별자리의 시작을 알리는 것은 우물 별자리 정수井宿다. 남방주작의 도상으로 보자면 이 별자리는 주작의 머리에 해당한다. 머리는 무엇으로 이루어지는가? 동양의 의학에서는 머리 안에 하나의 바다가 펼쳐져 있다고 생각해, 이를 뇌해腦海라 불렀다. 별자리의 경우도 마찬가지. 주작의 머리에는 생명의 물이 솟아오르는 우물 별자리, 정수가 자리하고 있다. 겨울을 상징하는 별의 첫 머리가 우물[水]을 뜻하는 것이니 그 의미도 적절한 듯. 별자리의 생김새 또한 우물과 같다. 정수의 이름 '정'井도 여덟 개의 별이 '우물 정' 자 모양으로 연이어 있다고 해서 붙은 이름이다. 우물의

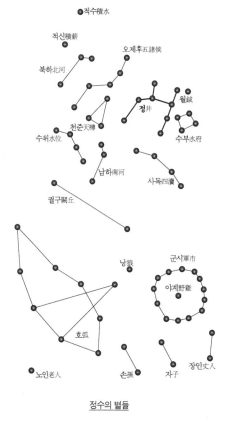

적수積水

적신積薪

오제후五諸侯

북하北河

월월鉞

정井

천준天樽

수위水位

수부水府

남하南河

사독四瀆

궐구闕丘

낭狼

군시軍市

야계野雞

호弧

노인老人

손손孫

자子

장인丈人

정수의 별들

별에서는 어떤 샘물이 솟아날까? 바로 은하수다. 정수의 곁에서 은하수의 유장한 강물이 시작된다. 정수는 은하수라는 거대한 강물을 쏟아내는 하늘의 거대한 우물이다. 은하수의 동쪽에 있다고 해서 이 별을 동정東井이라고도 부른다.

이 별에 얽힌 유명한 일화가 있다. 사마천의 『사기』에 기록된 바에 따르면 한나라를 세운 한 고조 유방劉邦, BC247~195이 중원의 패권을 장악할 무렵 오성五星이 태백성금성을 필두로 하여 모두 정수 근처에 모이는 일이 있었다고 한다. 오성이 생명의 근원에 모여들었으니 뭔가 굉장한 일이지 싶다. 점성학에서는 이 현상을 어떻게 해석하는지 살펴보자.

먼저 정수의 점성학적인 의미를 알아보자. 물은 생명의 근원이요, 뭇 생명체의 시원이다. 우물은 물이 흘러나오는 원천이다. 따라서 우물 별자리 정수는 생명의 근원이 솟아나오는 출구, 궁극의 시원을 상징한다. 국가라는 프레임으로 하늘을 봤던 동양의 점성가들은 이 별자리를 '황족'이라고 해석했다. 왕이야말로 곧 국가의 중심, 근원이 되는 존재이기 때문이다.『천문류초』의 별자리 풀이를 보자.

정은 샘물을 주관하고 해와 달 및 오성이 관통해 지나가는 가운데 길이다. 제후와 황제의 친척 및 삼공의 지위에 있는 사람들을 관장한다. 별이 밝고 크면 제후를 봉하고 나라를 세운다. 움직이고 흔들리며 색깔을 잃으면 제후와 친척을 주살하고 삼공을 죽이고 폐하며 황제의 군대가 재앙을 받는다. 이순지,『천문류초』, 216쪽

여기에 오성이 모였다는 것은 왕의 주변에 세력이 집결된다는 의미로 해석할 수 있다. 그렇다면 오성이 태백성을 필두로 집결했다는 무엇을 상징할까? 사마천의 「천관서」를 보면, "다섯 행성이 태백성을 중심으로 모이면, 태백성이 자리하고 있는 분야에 해당하는 나라는 무력으로 천하를 따르게 할 수 있다"고 기록되어 있다. 태백성은 유방의 한나라에 상응하므로, 이 현상은 유방이 천하를 통일하리라는 징조로 읽어낼 수 있다. 다른 한편 금金이 군사를 상징하므로 무력으로 천하를 얻게 된다는 의미로도 볼 수 있다. 과연 유방은 항우라는 쟁쟁한 장수를 누르고 중원 땅을 평정하는 데 성공한다. 비천한 서민 출신의 유방이 통일제국 한의 우두머리로 등극하리라는 것을 누가 알았으랴? 하늘의 정수는 홀로, 사람들이 상상치 못했던 앞날을 내다보고 있었다.

물의 별자리들 그리고 남극 노인성

정수는 은하수의 발원지다. 정수는 휘하에 18개(남하南河와 북하北河는 합

쳐서 1개의 별자리로 본다)의 별자리들을 거느리고 있는데 이들은 대개 물에 관련된 별자리들이다. 먼저 남하를 보자 '겨울철의 대삼각형'의 한 꼭 짓점인 작은개자리의 프로시온이 속한 별이다. 세 개의 별이 'ㄱ' 자 모양으로 이어진 모습이다. 그 위에는 북하가 있다. 이 별은 서양 별자리로 쌍둥이자리, 그중에서도 쌍둥이의 두 머리인 카스토르Castor와 폴럭스Pollux를 이어 놓은 모양이다. 이 별은 남하를 뒤집어 놓은 모양이다. 북하는 수를 주관하고 남하는 화를 주관한다. 우리 몸에서 두 개의 신장이 각각 물과 불을 주관하는 것과 같다. 남하와 북하는 은하수를 건너는 나루터다. 동시에 남쪽과 북쪽의 국경이기도 하다. 이 별자리에 '지킬 수戍'를 붙여 '남수', '북수'라 부르기도 한다. 이 사이로 일월오성이 지난다. 그 형상을 보고 수해나 가뭄, 그리고 병란의 일을 첨쳤다. 이 별들은 우리 역사와도 인연이 있다. 『사기』의 「천관서」에 의하면 위만조선衛滿朝鮮이 한무제에게 멸망당할 때, 남하와 북하 사이에 혜성이 나타났다고 한다.사마천, 『사기 표·서』, 176쪽 변방 경계를 의미하는 이 별자리에 혜성이 일어나니 변방에 병란이 일어난 것이다.

북하의 위에는 적수積水라는 별이 있다. 술[酒]의 별이다. 술의 별, 적수가 뜨면 사람들은 술을 빚었다. 한 해의 농사를 통해 얻은 햇곡식, 그중에서도 최고의 양곡들을 모아서 정성스레 술을 빚었다. 「월령」의 기록을 보면, 얼마나 정성들여 술을 빚었는지 알 수 있다.

술을 주관하는 관원에게 명하여 차조와 쌀을 갖추고 누룩은 반드시 때에 맞추어 띄우고 물에 담그고 불 때는 일은 반드시 깨끗하게 하고, 좋은 물을 떠다가 좋은 그릇에 담고 불은 정도에 맞게 때게 하여 차조와 쌀, 누룩, 물과 불의 여섯 가지를 맞추는 데 있어 주관하는 관원이 직접 감독하여 술 빚는 데에 차질이 없게 한다.『여씨춘추 12기 (상)』, 316쪽

이 별이 뜨는 것은 대한大寒 무렵이다. 사람들은 이때 술을 빚으며 풍성한 수확물을 안겨 준 대자연에 대해 감사해했다. 그리고 술에는 들에서 땀 흘려 일한 농부들에 대한 격려의 마음을 담았다. 적수의 은은한 빛 아래 익어 가는 술의 향내를 떠올려 보라! 이 한잔 술은 고요하고도 강렬하게 겨울철 응축의 여정을 도울 것이다.

정수에 딸린 별 중 무엇보다 눈을 끄는 것은 수명을 관장하는 노인성老人星이다. 이 별은 남두육성南斗六星이라 불리는 두수斗宿와 함께 수명을 관장하는 대표적인 별이었다. 이 별을 남극성南極星 혹은 남극노인성南極老人星이라고 부른다. 수명을 관장하기에 '수성'壽星이라고도 불렸다. 말 그대로 이 별은 남쪽 하늘에 뜬다. 천랑성을 따라 아래로 내려가면, 남쪽하늘 지평선 가까이에서 이 별을 만나볼 수 있다. 현대 천문학에서 카노푸스Canopus라 부르는 이 별은, 천랑성 다음으로 밝은 광채를 낸다. 그런데 애석하게도 이 별은 북반구에서는 잘 보이지 않는다. 우리나라에서는 제주도, 혹은 남해 바다에 위치한 산봉우리에서나 만나볼 수 있다. 만나기 어려운 별인 만큼 이 별에 대한 염원도 간절했다. 노인성을 보면 오래 산다는 속설도 있었다. 진시황이 중국을 통일한 후 장안 부근에 노인성을 기리는 수성사壽星祠를 세웠다. 우리나라에서는 고려와 조선조에 임금이 직접 이 별에 제를 지냈다. 태평성대에 나타나며 장수를 기원한다는 이 별은 생에 대한 집착으로 얼룩져 갔다.김일권,『우리 역사의 하늘과 별자리』, 고즈원, 2008, 269쪽

이 별에 대한 동양인들의 처절한 구애(?)를 보고 있으면, 헛웃음이 나온다. 비록 수명에 대한 집착으로 변질된 면이 없지 않지만, 동양인들이 염원한 장수의 본질은 '좋은 삶'이었다. 『동의보감』은 이러한 인간형을 '음양화평지인'陰陽和平之人이라 요약한다. 음양의 치우친 기를 고르게 운용하여, 우주의 항구적인 운행에 도달한 삶을 뜻한다. 죽음을 두려워하고 꺼리는 것이 아니라 모든 삶을 전체로 끌어안는다. 죽음, 쇠락, 소멸을 그는 긍정한다. 하지만 역설적이게도 그렇기에 항구적인 삶을 살 수 있는 것이다. 장수의 염원은 노인성을 보는 것 이상으로 도달하기 어려운 것이었다. 스피노자도 '고귀한 것은 드물고 어렵다'고 하지 않았던가! 노인성이 뜨는 계절, 하늘을 보자. 그리고 스스로에게 물어보자. 노인성은 왜 쇠락의 계절 겨울에 뜨는가?

귀신의 별 귀수 ─ 하늘의 상여가 지나간다

죽음의 별 귀수

남방주작의 두번째 별은 주작의 눈, 귀수鬼宿다. '귀신 귀鬼', 말 그대로 귀신 별자리다. 주작은 귀신을 보는 새라는 말인가? 이 별은 동지冬至 무렵 겨울 밤하늘의 주인공이다. 동지는 일 년 중 음陰의 기운이 정점에 오르는 때이다. 음이 왕성해지므로 이날 귀신이 활개를 친다. 그걸 막자고 동짓날 팥죽을 쑤어 먹지 않던가. 아무튼 이 무렵 하늘의 지배하는 별에 사람들은 귀신의 별이란 이름을 붙였다.

밤 하늘에서 귀수를 찾아보자. 먼저 정수의 남하와 북하 중 서양 별자리로는 작은개자리의 프로시온과 쌍둥이자리의 두 머리 중 보다 큰 머리인 폴럭스를 찾아 이 둘을 잇는다. 그런 다음 헌원별자리(남방주작의 성수)의 헌원대성사자자리의 레굴루스Regulus을 찾는다. 이 세 별을 이어 삼각형을 만들면 그 가운데 들어오는 작은 사각형을 발견할 수 있을 것이다. 이것이 죽음의 별 귀수다.

생긴 모양도 이름값을 한다. 3.5등급 이하의 어두운 네 별이 마름모 모양을 이루는데, 그 안에 마치 눈동자처럼 희뿌연 별이 하나 담겨 있다. 어둡고 음

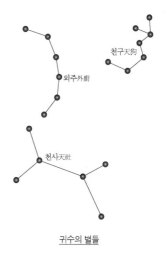

귀수의 별들

산한 것이, 이름 그대로 귀신을 보는 눈의 형상이다. 그중 사각의 틀이 귀신의 별 귀수이다. 옛사람들은 이 별을 시신을 나르는 상여에 비유했다. 그래서 이 별이 사망과 질병을 주관한다고 보았다.

이 사각의 상여 안으로 해와 달과 오성이 지난다. 옛 점성가들은 그 모습을 보고 국사를 예견했다. 이순지의 『천문류초』에서는 이 별을 간사한 음모를 감찰하는 '하늘의 눈'[天目]이라 했다. 이 무시무시한 눈은 무엇을 보는가? 동북쪽의 별은 말을 모으는 일을, 동남쪽의 별은 병사를 모으는 일을, 서남쪽의 별은 베와 비단을 모으는 일을, 서북쪽의 별은 금과 옥을 모으는 일을 맡는다. 이 네 별에 변화가 있으면 그에 응하는 일에 부정

한 사건이 발생한다고 보았다.

한편, 귀수 안에 있는 눈동자 별은 적시積尸라 한다. 시체가 쌓인다는 의미로, 사망과 상례, 제사를 주관하는 별이다. 이 별을 다른 말로 부질鈇鑕이라 한다. '도끼 부鈇'에 '도끼 질鑕', 부질은 도끼로 된 형구로, 죄인의 허리를 자르던 살벌한 도구였다. 이 별은 죄인을 주살하는 일을 맡는다. 그러니 이 별은 그 의미에 부합하게 어두운 것이 좋다고 보았다. 별이 밝다고 무조건 좋은 건 아니다. 이 별들이 밝거나 움직이면 질병이 창궐하고 죽음이 만연할 징조로 해석했다.

흥미롭게도 서양의 별자리에서도 이 별을 시체의 별로 본다. 귀수는 황도 12궁의 별자리 중 게자리의 몸통과 겹친다. 게자리는 헤라클레스와 싸우다 죽은 게의 시체가 별자리로 된 것이다. 제우스의 부인 헤라는 제우스가 바람을 피워 낳은 헤라클레스를 미워하여, 헤라클레스가 히드라와 혈전을 벌이는 순간 게를 보내 히드라를 돕게 한다. 하지만 게의 집게발 정도로 영웅 헤라클레스를 상대하는 건 무리였다. 헤라가 보낸 게는 헤라클레스에게 난자되어 싸늘한 시체로 돌아온다. 이를 가엾게 여긴 헤라 여신은 게의 시체를 하늘로 올려 보내 별자리로 만드는 데, 그것이 게자리가 되었다는 것이다.

게자리 안에 있는 적시는 프레세페Praesepe 성단이라 불린다. 자세히 보면 하나의 별이 아니라 여러 별이 무리를 이룬 성단이라는 것이다. 이 별이 성단이라는 것을 알아낸 인물은 그 유명한 갈릴레오. 손수 제작한 망원경으로 세밀히 이 별을 관측한 결과 희뿌연 이 별의 실체를 밝혀 낸 것이다. 그런데 동양의 천문학자들도 일찍이 이 별이 성단임을 간파했던 듯하다. 이순지는 『천문유초』를 지으며 이 별에 '적시기'積尸氣라는 부연 설명을 달아 놓았다.

> 적시는 일명 적시기라고도 하는데 기氣라고 덧붙이는 까닭은 기운만 나
> 타날 뿐 실질적인 것이 아니기 때문이다. 이순지, 『천문류초』, 230쪽

적시는 단일한 별이 아니라 기운으로 이루어 졌다고 설명, 이 별이 성
단이라는 것과 통하는 주장이다. 조선조의 천문관측이 얼마나 높은 수준
에 이르렀는지 알 수 있는 대목이다.

하늘의 주방장 유수 — 생명수 버드나무

히드라와 남주작

앞으로 이야기할 남주작의 나머지 별자리와 겹쳐지는 서양 별자리를 소
개하고자 한다. '바다뱀자리'라고 들어 보셨는지? 우리에게 헤라클레스가
물리친 머리 아홉 달린 괴물 뱀으로 익숙한, '히드라'가 바로 그 주인공이
다. 서양 별자리 중 가장 길다고 하는 바다뱀자리는 무려 보름달을 약 200
여개 겹쳐 놓은 길이라고 한다.

히드라, 머리가 하나 잘리면 새 머리가 둘 생긴다는 불사의 괴물. 알
고들 계실지 모르겠지만 동양에도 이와 비슷한 뱀 이야기가 있다. 『손자
병법』에 나오는 '솔연'率然이라는 이름의 뱀이다. 이 뱀은 머리를 치면 꼬
리가 달려들고, 꼬리를 치면 머리가 덤비고, 몸통 가운데를 치면 머리와

꼬리가 힘을 합쳐 저항한다.

각설하고, 흥미로운 건 이 바다뱀자리가 그대로 남방주작 별자리의 나머지 별들과 겹친다는 것이다. 유수柳宿, 성수星宿, 장수張宿. 각각 주작의 부리와 목, 모이주머니에 해당하는 별들이다. 나머지 익수翼宿와 진수軫宿도 바다뱀자리 바로 옆에 면해 있는 '컵자리'와 '까마귀자리'에 해당하니, 겨울 별자리가 모두 한 큐에 꿰어지는 셈.

여기서 끝이 아니다. 우연의 일치인지 모르겠으나, 동서를 막론하고 고대인들은 이들 별자리 모두에 '향연'의 이미지를 부여하고 있다. 유수, 성수, 장수는 남방주작의 소화기관에 해당한다(바다뱀자리로도 마찬가지로 뱀의 머리에서 몸통에 이르는 소화기에 속한다). 후에 살펴보겠지만 이들의 점성학적인 의미는, 모두 '제례와 음식'에 해당한다. 그리고 이어지는 컵자리와 까마귀자리 역시 '만찬'과 '음식'을 상징하는 별자리들이다. '컵자리'는 주신酒神 디오니소스의 술잔이다. 그리고 '까마귀자리'는 무화과나무 열매를 따 먹느라 아폴론의 심부름을 잊은 대~단한 이력의 주인공이다. 왜 이들 모두는 향연 혹은 음식을 이야기하고 있는가? 동서의 점성술사들은 겨울 막바지의 이들 별에서 대체 무엇을 보았던 것일까?

겨울은 대지에 깊은 잠을 부여하였다. 하얀 눈에 덮인 대지는 응축과 부활의 시간을 보내고 있다. 이듬해 봄의 경쾌한 봄눈을 위하여, 고요하면서도 맹렬한 잠 속에 빠져 들어 있다. '소진과 소생'의 시기! 마르셀 그라네는 겨울의 미덕에 대해 이렇게 말한다.

대지가 인간의 노동을 더 이상 허용하지 않는 계절이야말로 인간이 세속적이지 않은 관심사에 몰두하는 데 가장 용이한 시간으로 주어진다. 마

르셀 그라네, 『중국사유』, 121쪽

겨울은 만물이 얼어붙는 소멸의 시간, 휴식과 충전이다. 소우주인 인간도 마찬가지. 겨울철 인간은 농한기를 맞는다. 놀고먹는 호시절이다. 그 가운데 비세속적인 화두를 향해 자신의 염원을 모은다. 구체적이고 실용적인 목표가 아니라 본질적인 내적 자기성찰을 기하는 시간이 겨울이다. 겨울철에 벌어지는 농한기의 축제는, '일류대 합격', '수능 대박 기원' 따위의 현세적인 목표를 지향하지 않는다. 생生과 사死, 소멸과 재생 등 존재의 근원을 향한 물음으로 피어오르는 것이, 곧 이 시기의 축제다.

(농한기의 축제에서는) 가능한 한 모든 힘을 동원하여 남김없이 소비시켰으며, 스스로도 완전히 소진되게 했다. 산 자와 죽은 자, 생물과 무생물, 온갖 소장품과 생산물들, 인간과 신들, 남자와 여자, 늙은이와 젊은이 모두 한데 뒤섞여 격렬하고도 활기찬 난장을 이루었다.마르셀 그라네, 『중국사유』, 122쪽

유위의 삶이 자아낸 모든 분별과 경계들을 지워나가는 강렬한 시간! 그리스인들이라면 그것을 디오니소스의 시간이라 불렀을 것이다. 나와 너의 경계, 인간과 비인간의 경계, 생과 사의 경계 등 삶의 자리에 놓인 모든 장벽들마다 '꽃'이 피어오르게 하는 강렬한 시간! 이 축제는 나를 비우는 무아無我의 난장이다. 허나 그 도저한 자기 비움이 있기에 소멸과 파괴가 역설적이게도 재생으로, 회춘回春으로 이어질 수 있다. 그야말로 소진과 소생의 축제가 아닐 수 없다. 이 시기에 벌어진 성스러우면서도 광적

인 난장을 고대인들은 저 하늘의 별들에 기록해 놓았을 것이다. 무한증식하는 머리를 가진 바다뱀의 모양으로, 디오니소스의 술잔 모양으로, 까마귀의 모양으로, 혹은 화려하게 날개를 편 상상의 새 주작의 모습으로 말이다. 그것이 앞으로 이야기할 남방주작의 별들이다. 향연의 별들, 그 현란한 퍼레이드가 펼쳐진다!

버드나무에 관한 단상

먼저 주작의 부리, 유수柳宿 차례다. 바다뱀자리로 치면 뱀의 머리에 해당한다. 여덟 개의 별이 버드나무 가지가 땅을 향해 드리운 것과 같이 연이은 모양이라서 '버들 류柳' 자를 썼다.

버드나무는 어떤 나무인가? 버드나무 하면 가장 먼저 연상되는 말이 '생명력'이다. 봄이 되면 가장 먼저 잎을 틔워 내는 나무가 버드나무다. 버드나무는 강한 생명력과 번식력을 자랑한다. 특히 물가의 어디에서나 잘 자란다. 한강변에도 버드나무가 많다. 버드나무는 남녀의 춘정을 상징한다. 성춘향과 이몽룡도 버드나무 우거진 광한루에서 노닐지 않았던가? 부드럽게 잘 휘는 성질 때문에 귀신과도 통하는 나무라고 여겨지기도 했다. 그런가 하면 민간에서는 버드나무 잎이 귀신을 쫓는다고 생각해, 그 가지를 꺾어 문 위에 걸어 두었다. 강력한 치유의 힘이 내재해 있다고도 여겨, 치료제로도 쓰였다. 불교에서는 대자대비의 관세음보살의 여러 모습 중, 버드나무 가지를 쥔 양류관음楊柳觀音을 이야기 한다. 양류관음은 버드나무 가지를 들고 병고를 쫓아 주는 신이다. 사람들은 양류관음이 마치 버드나무가 바람에 나부끼듯 사람들의 소원을 잘 들어준다고 칭송했다. 그래서 자비의 상징이기도 했다. 또한 버드나무는 비를 부르는 나무이기도 하다. 가지가 바람에 잘 흔들리는 나무이기에 비바람을 부른다고 생각했다. 그래서 기우제를 지낼 때면, 버드나무를 흔들었다.

버드나무는 늘 민중들의 삶과 밀착했으며, 뭇 사람들의 간절한 염원을 대표했다. 생명력, 번식력, 치유력, 자비, 단비 등 버드나무의 여러 의미들을 하나로 꿰는 한 단어를 찾자면 아마 '물'[水]이 아닐까 한다. 버드나무는 생명을 주관하는 물과 가장 가까운 나무였기에, 그와 같은 풍성한 의미들을 획득할 수 있었던 것 아닐까? 생명의 화신, 치유의 화신, 그리고 물의 화신(버드나무의 풍성한 신화적 의미에 대해서는 김선자, 『중국 변형 신화의 세계』, 범우사, 2001를 참고하시라)! 버드나무 별자리가 봄이 아닌 겨울에 붙박히게 된 것도 그런 까닭이 아닐까 한다. 남방주작의 세번째 별 유성은 버드나무의 상징들을 그대로 이어받아 물과 생명을 주관하는 임무를 맡는다. 사마천은 이 별이 초목을 관장한다고 기록했다.

한편 이순지는 이 별이 음식을 주관한다고 생각했다. 별의 모습을 가만 보면 버들가지보다는 숟가락, 국자 따위의 주방기구들의 모습에 더 가깝다는 생각이 든다. 그래선지 유성은 하늘의 주방장에 배속된다. 주로 음식 창고나 연회장 따위를 주관한다. 이 별이 크고 밝으면 풍년이 들고 먹거리가 풍부해진다고 한다. 이 별자리에 대한 『천문류초』의 설명이 재미있다.

유는 하늘의 주방을 맡은 관리로 주로 음식의 창고이고 술자리를 베푸는 자리이다. 별이 밝고 크면 사람들의 술과 음식이 풍부해지고, 요동하면 대인임금이 술을 먹다 죽게 된다. 색깔을 잃으면 천하가 불안해지고 기

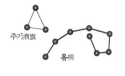

주기酒旗

유柳

유수의 별들

근이 발생해 백성들이 구걸하며 길거리에서 헤매게 된다. 이러한 현상은 조짐이 있은 지 3년이 안 되어 반드시 발생한다.이순지, 『천문류초』, 236쪽

3년 안에 반드시 일어난다는 이순지의 확신에 찬 언급이 흥미롭다. 적당한 음식과 주연酒宴은 삶을 풍성하고 윤택하게 만들지만 과하면 독이 된다. 특히 임금의 경우 섭생의 절제는 더욱 중요한 문제였다. 역사상의 수많은 군주들이 술로 망했다는 것을 떠올려 보라. 무절제한 음주와 섭생은 부덕함의 상징이었다. 그럼에도 궁중에서 임금들이 어지간히도 술을 즐겼나 보다. 오죽하면 별을 보고 대인이 술을 먹다 죽을 조짐까지 예견하게 만들었겠는가?

한편 유수는 비를 주관하는 별이기도 하다. 고대에 버드나무가 기우제에 쓰였던 데서 온 해석인 듯 싶다. 이 경우 유수를 '주注: 물댈 주'라는 별도의 이름으로 부른다. 나무를 활용한 공사를 주관한다고도 본다. 그런데 유수의 상을 볼 때 중요한 것은 이 별자리의 배열이다. 머리 부분이 하늘을 향해 들려 있으면 길한 징조다. 하지만 별이 일직선으로 펼쳐지거나 안으로 또르르 말려드는 것은 흉조였다.

『조선왕조실록』에 유수에 얽힌 고사가 전해진다. 성종成宗이 미복微服을 하고 종묘의 일영대日影臺 앞에 나섰다. 때는 야심한 한밤중. 그런데 웬 노인이 천문을 살피고 있는 것 아닌가? 성종은 버드나무 사이에 숨어 그 모습을 살펴보았다. 그런데 골똘히 하늘을 보던 노인이 괴이한 표정으로 이렇게 말하는 것 아닌가. "자미성紫微星이 유성柳星 밑에 숨어 있으니 이상한 일이다." 자미성은 하늘 가운데에 위치한 임금의 자리이고, 유성은 버드나무를 뜻한다. 성종이 버드나무 아래에 잠행한 것을 별을 보고 알아낸 것이다.『영조실록』, 영조 40년 9월 1일 일영대는 앙부일구仰釜日晷를 올려 놓고 시각을 재던 누대이다. 서울 종로구 계동 현대그룹 사옥에 가면 볼 수 있다고 한다.

유수 옆에는 '주기'酒旗라는 별도 있다. 뜻을 풀자면 '주막 깃발' 정도 되겠다. 이름만으로도 흐뭇해지지 않는가? 그렇다. 우리가 좋아하는 술집 별자리다. 모양도 3개의 별이 소담스럽게 연이은 게 마치 청아한 소주잔이 연상된다. 이 별은 잔치와 음식을 주관한다. 축제의 별, 뒷풀이의 별이다. 이 별이 밝거나, 혹은 오성이 이 별 주위로 모두 모여들거나 하면 천하에 큰 잔치가 생긴다.

유수는 삶의 풍부한 의미들을 포괄한 별이다. '버드나무'에서 파생되는 다양한 상징들, 주술과 생명, 치유, 축제 등을 읽어 내게 했다. 그만큼 삶에 직결되면서도 절실한 문제들을 많이 담당했다. 함께 하늘을 보자. 버드나무는 흔하지만 유수는 찾기 힘들다. 주작의 부리, 유수를 찾아 나의 작은 소망을 담아 보자.

주작의 목 성수 – 목구멍이 포도청

주작의 목, 성수

다음 차례는 주작의 목, 성수星宿. 일곱 개의 별이 길게 연이은 모양이다.

「보천가」에서는 이 별이 낚싯바늘 같다고 노래했다. 유수와 마찬가지로 주방도구처럼 보이기도 한다. 길쭉한 국자라고 하면 적당하려나? 생김새가 흡사 술 푸는 국자 모양으로 생겼다 하여, 이 별 역시 향연의 별자리로 본다. 강진원, 『역으로 보는 동양천문 이야기』, 260쪽 『천문류초』에서는 이 별을 왕비와 신하를 주관하는 별로 보았다. 이 별을 통해 왕비와 신하의 안위를 점쳤다. 임금을 보좌하는 자들의 '모가지'가 하늘의 주작의 목에 달린 것이다.

옛사람들은 이 별을 볼 때 '반짝임'에 주목했다. 이 별은 유독 반짝반짝 빛나는 특징이 있다. 이 반짝임이 평소보다 격하면 굉장히 불길한 조짐으로 여겼다. 서양 점성술가들도 이 별의 반짝임에 주목했다. 이 별자리 중에 가장 서쪽에 있는 별은 바다뱀자리 알파별로 알파드alphard라 부른다. 흔히 이 별은 '고독'의 상징으로 통한다. 왜 고독인가? 이 별은 특유의 붉은 빛으로 저 홀로 밝게 빛나기 때문이다. 스산한 겨울 밤에는 특히나 고독한 정조를 자아낸다. 사람들은 이 별을 보고 '심장'을 떠올렸다. 바다뱀의 형상으로 볼 때 이 별은 뱀의 심장 부위에 해당한다. 심장이 박동하듯 붉은 빛으로 반짝반짝 빛난다. 남쪽하늘 낮은 곳에서 심장처럼 펄떡거리는 별자리가 있다면 꼭 눈여겨봐 두기 바란다. 당신은 지금 고독의 별 알파드, 남방주작의 목 성수를 보고 있는 것이다. 이 별이 아름답다고 찬미하지 말자. 그것은 왕비가 죽고 어진 선비가 주살될 흉조인 것이다.

성수에 딸린 '스타'

성수星宿의 휘하에는 성수보다 더 유명한 스타 별들이 있다. 한눈에 봐도 성수보다 크고 밝은 별들이 많다. 가장 유명한 것은 황제 헌원軒轅 자리다.

서양 별자리로는 황도12궁의 하나인 사자자리와 일부 겹친다. '봄철의 대삼각형'을 이루는 그 사자자리다. 봄철의 삼각형에는 사자의 꼬리 '데네볼라'Denebola가 포함되었었다. 이번에는 앞발을 찾아보자. 환하게 빛나는 사자의 앞발 관절이 사자자리의 알파별 레굴루스다. 레굴루스라는 말의 뜻은 '어린 왕' 혹은 '작은 지배자'이다. 사자 앞발에 해당하는 별에 왜 이런 거창한 이름이 붙었을까? 고대 페르시아에서는 원래 이 별을 '붉은 불꽃'이나 '화염'이라는 이름으로 불렀다. 태양이 이 별의 자리에 오면 하지夏至의 무더운 여름이 찾아오기 때문이었다. 그래서 이 별은 태양이 상징하는 '제왕'의 이미지를 이어받았다. 고대 이집트에서 스핑크스를 건축할 때 사자의 몸에 파라오의 얼굴을 얹은 것도, 태양의 대리자인 사자자리의 권능을 이어받기 위함이었다. 태양의 빛이 가장 강렬한 시기의 태양의 대리자라는 뜻에서 그 이름이 유래한 것이다.

흥미롭게도 이 별은 동양에서도 최고 제왕의 별로 이해된다. '황제 헌원'의 이름은 모두 알 것이다. 그는 사마천의 『사기』 「본기」에 가장 처음 등장하는 역사상 중국 최초의 군주이다. 수레와 나침반의 발명자이며, 신농씨와 치우의 세력을 물리치고 중원의 첫 제왕으로 자리매김한 이다. 전설의 제왕 오제五帝 중 첫번째 인물이 바로 그다. 고대인들은 그를 기리기 위해 영광의 별자리를 헌정했다. 이 별이 제왕의 별로 꼽힌 이유는 근동지방의 '사자자리'와 비슷하게, 하지 무렵 태양의 대리자라는 의미였을 것이다. 입지 조건도 몹시 좋다. 자미원과 태미원이 바로 옆이다. 특히 점성학적으로 가장 중요한 두 별인 북두칠성과 삼태성三台星을 옆에 끼고 있다. 이렇듯 이 별이 하늘의 귀한 정기를 고루 받을 수 있는 자리에 위치해 있다는 것도 중요한 변수로 작용했을 것이다. 동양인들은 이 별을 용의 형상으로 상상했다. 근동 지방의 사람들에게는 사자가 제왕의 이미지였지만, 동양인들에게는 용이 그런 역할을 했기 때문이리라. 불꽃처럼 타오르는 별 레굴루스로부터 열일곱 개의 별이 하늘로 승천하는 용의 형상으로 배열된다. 레굴루스는 헌원대성軒轅大星이라 부른다. 말 그대로 헌원좌의 가장 큰 별이라는 뜻이다. 제왕을 상징하는 이 별은 이 땅의 뭇 제왕들이 가장 눈여겨보던 별 중 하나였다. 『조선왕조실록』을 보면 헌원성에 대해 약900여 건의 관측기록이 보인다.

그런데 흥미로운 건 헌원 별자리의 점사다. 최고의 제왕의 별에 대한 해석이라기엔 약간 당황스럽다. 『천문류초』의 설명을 보자.

헌원은 황제의 신으로 황룡의 형상을 하고 있으니, 황후와 왕비와 궁궐에서 일하는 여자 벼슬아치의 일을 주관한다. 이순지, 『천문류초』, 241쪽

어째 앞뒤가 안 맞다! 황제의 신인데 그 해석은 여성에 관련된 일들이다. 사자자리의 레굴루스는 여기서 '여주'女主라는 이름으로 불리는데, 황후라는 의미다. 조심스레 추측성 해석을 해보자면, 황제헌원이 이전까지의 모계사회를 흡수 병합하면서 이 별의 의미가 각색되었을 가능성이 있다. 그전까지 모계 '여성 영웅'안상현, 『우리가 정말 알아야 할 우리 별자리』, 282쪽을 상징하던 별이었는데, 황제 이후로 부계 '제왕'의 별로 바뀐 것이다. 별의 이름은 임의로 바꿀 수 있어도, 별자리의 해석은 마음대로 조작할 수 없는 문제다. 헌원좌의 부조화는 아마도 맥락이리라.

성수에 딸린 또 다른 스타 별자리가 하나 더 있다. 성수에서 지평선 쪽으로 내려와 보자. 그러면 다섯 개의 별로 이루어진 별자리를 만나게

된다. 서양 별자리로는 나침반자리와 고물자리와 겹친다. 이 별자리의 이름은 직稷. 주 왕조의 전설적 시조이자 농경신인 후직后稷의 별이다. 겉보기에는 별로 눈에 띄는 점이 없는 별이다. 하지만 이 별에 사람들은 중국인들의 위대한 시조의 이름을 붙여 놓았다. 후직은 누구인가? 제곡帝嚳의 아내 강원姜嫄이 거대한 발자국을 밟고 잉태하여 낳은 아들이다. 강원은 이 아이를 불길하게 여겨, 세 번이나 내다 버렸다. 그런데 신비롭게도 짐승들이 보살폈고, 나중에는 나무꾼이 거두어 길렀다. 후직의 인생은 역경 그 자체였다. 하지만 그는 숱한 난관들을 극복하고 나중에 요임금의 관리가 되어 농사법을 개발해 널리 전파한다.

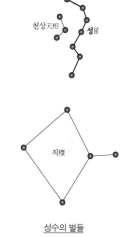

성수의 별들

버려지고 내동댕이쳐진 그의 굴곡 많은 인생은, 인류가 농사를 발명하기 위해 얼마나 치열한 고투를 벌여야 했는지를 나타내는 상징이다. 실패와 역경 속에서 길러낸 귀중한 인생사는, 척박한 땅에서 한 줄기 새싹을 틔워낸 최초 농경인류의 환희와 찬사와 같다. 동양의 문명은 농경에 베이스를 두고 있다. 그 시조가 되는 인물이 여기, 후직이다. 동양인들에게 후직은 위대한 영웅이자 성스러운 신이었다. 고대 중국인들은 농업의 발명자인 이 위대한 신을 땅에서 가장 가까운 하늘에 세워 놓았다. 그리고 그리 밝지도 찬란하지도 않은 이 다섯 별을 두고 찬사를 그치지 않았다. 중국인들의 가슴에 후직은 영원히 빛나는 신령스런 별이었다. 중국인들은 이 별과 함께 고난과 역경 속에서 삶의 길을 찾았던 최초 농경인들의 성스러운 여정을 기억하려 했다.

주작의 모이주머니 장수 – 양기를 넓혀라

주작의 모이주머니 장수

장수張宿는 남방주작의 모이주머니 별이다. 생김새도 영락없는 모이주머니다. 모이주머니는 음식이 모이는 곳이므로 이 별은 하늘의 부엌을 주관하는 별로 여겨졌다. 모양을 보면 6개의 별이 사탕포장지 모양으로 연이어 있다. 그중 가운데의 마름모 모양을 이루는 것이 주작의 모이주머니에 해당한다.

『천문류초』에서는 이 별을 어사御使라는 관리로 풀이한다. 어사는 천자의 종묘와 명당을 담당한다. 종묘의 보물을 수호하고 종묘의 예법을 주관하는 게 그의 임무이다. 또한 먹거리를 관리하는 하늘의 부엌이라고도 보았으니, 이 별이 밝고 크면 나라가 성대해진다. 하지만 별이 흐리면 나라의 기틀이 불안해 진다. 여기서 눈여겨볼 것은 모이주머니에 해당하는 별들의 간격이다. 이 네 별이 가운데로 모여들면, 모이주머니가 졸아붙는 형국이다(서방백호의 밥통 위수胃宿와 비슷하다). 이는 병란이 일어나 삶이 힘들어진다는 의미다.

장수의 아래에는 천묘天廟라는 별이 있다. 열네 개의 별이 요철 모양으로 연이은 모양이다. 이 별의 의미도 비슷하다. 장수가 종묘를 관리하는 벼슬아치였다면, 이 별은 천자의 신주를 모신 묘당으로 해석된다. 마찬가지로 병란이나 국상國喪을 예견하는 데 쓰인다.

천묘天廟

장수의 별들

우주의 반환점

장수는 여러모로 알쏭달쏭한 여지들을 남긴다. 장張이라는 이름은 왜 붙은 것인가. 모이주머니 형상의 별인데 이를 두고 왜 종묘의 일을 점치는가? 아마도 이런 문제들은 이 별이 뜨는 시기와 긴밀하게 결부될 듯하다. 이 별이 뜨는 건 겨울의 마지막 달, 소한小寒, 대한大寒 무렵이다. '장'은 '일을 벌인다', 혹은 '넓힌다'는 뜻이다. 무엇이 넓어지는가? 이 무렵의 절기를 괘상에 대입하면 지택림괘地澤臨卦가 나온다. 이는 동지의 지뢰복괘에서 양이 하나 늘어난 것이다. 양기가 점차 넓어져 세상에 펼쳐질 준비를 하는 시기다. 이 무렵이 되면 사람들은 새해 농사의 첫 단추를 끼웠다. 「월령」의 기록을 보자.

> 백성들에게 오곡의 종자를 내게 하고 사농에게 명하여 농사지을 일을 계획하고 가래와 보습을 수리하는 등, 농사에 쓰는 모든 기구를 갖추게 한다. 『여씨춘추 12기 (상)』, 346쪽

이 시기가 되면 곡식의 종자를 준비하고 농기구를 손보아 이듬해의 농사를 미리 준비해야 했다. 중요한 일이 하나 더 있다. 종자와 농기구는 이 문제에 비하면 부차적인 축에 속했다. 이듬해의 농사에 결정적인 영향을 미치는 일은 따로 있었다. 바로 '희생 제의'였다. 죄 없는 짐승을 살육하는 고대의 희생 제의는 우리의 눈살을 찌푸리게 한다. 공자와 맹자 등 성현들도 희생 제의에 반대했다. 하지만 우리가 여기서 기억해야 할 건, 희생 제의의 본질은 얻는 것이 있으면 나가는 것이 있어야 한다는 고대인들의 소박함이라는 사실이다. 역경 속에서 농사의 방법을 깨달았던 고대인들은 후직의 굴곡진 인생사를 기억하며, 하나의 소득이 있기까지 무수한 고통이 대가로 치러져야 함을 되새겼다. 내가 받은 만큼 무언가를 대자연에 되돌려 줘야 한다고 생각했다. 이달에 행해지는 희생 제의는 한 해의 수확에 감사의 인사를 드리고 나의 소중한 것을 함께 나눈다는 의미였다.

때도 마침 한 해의 마지막 달이었다. 태양과 달과 별들이 천구를 한 바퀴 돌아 원점으로 돌아오는 시기였다. 한 해가 끝나고 새로운 해가 시작되는 기점이었다. 그런 만큼 이때의 제의는 1년을 결산하는 성대한 규모로 치러졌다.

천하의 구주에 사는 모든 백성으로 하여금 각자 그 능력에 따라 희생을 바침으로써 황천의 상제와 토지신, 곡식신, 명산 대천에 제사지내는 희생을 바치게 한다. 『여씨춘추 12기 (상)』, 347쪽

이 성대한 축제는 온 삶이 함께 모인 향연의 장이었다. 산천의 모든 신령과 천지 우주의 뭇 존재들이 모두 즐기는 감사의 축제였다. 고대인들

은 이 축제를 통해 지금의 내가 있기까지 이 모든 존재들의 도움이 있었음을 일깨웠다. 이것은 우주의 온 삶을 위해 펼치는 한바탕 축제였다. 그리고 이 무렵 하늘에 뜨는 장수는 지상에 벌어지는 대향연에 함께하는 하늘의 장소였다. 지상에 펼쳐지는 성스러운 축제의 시간에 대한 응답으로, 저 하늘의 별들이 아름답게 반짝이리라 생각했던 것이다.

음악의 별 익수 — 우주의 하모니

주작의 저공비행

『장자』의 첫 머리에 붕새의 일화가 전한다. 북극 바다에 큰 물고기 곤鯤이 있었다. 곤은 헤아릴 수 없는 크기의 거대 물고기다. 그런 곤이 날아오른 것이다. 곤은 몇 천 리나 되는지 헤아릴 수 없는 거대한 새로 변신했다. 그 이름 붕鵬이다. 한번 날개를 쳐서 날아 오르면 날개는 하늘을 구름처럼 덮고, 바다가 출렁거릴 큰 바람이 나면서 단번에 북해 끝에서 남해 끝까지 날아간다. 그가 한번 날아오를 때는 3천 리나 되는 바람을 타고 오르며, 날기 시작하면 9만 리를 날고 나서야 한번 날개를 접는다.

여기 붕새 그 이상의 새가 있다. 구만 리 이상의 천공을 날아다니며, 일 년에 한번 날개를 접는 새. 바로 남방의 수호신 주작의 일곱 별들이다. 그중 오늘 소개할 익수翼宿는 남방주작의 날개다. 자그마치 22개의 별이 주작의 화려한 날개 모양으로 펼쳐져 있다. 동쪽하늘 지평선 위로 낮게 깔린 22개의 흐린 별들. 이 흐릿한 날개는 그러나 우주를 유영하는 남주

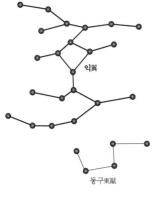

익翼

동구東甌

익수의 별들

작의 든든한 날개가 되어 준다. 구름보다 더한 크기로 하늘을 덮는 주작의 날개. 겨울 막바지의 밤 하늘에서 우리는 저공비행 중인 주작의 거대한 날개를 만나게 된다.

주작이 커다란 날개로 하늘을 차오르는 모습을 연상해 보라. 무엇이 떠오르는가? 고대인들은 이 별이 하늘의 사신이라고 생각했다. 거대한 날개를 펄럭이며 세상을 누비고 다니는 사신. 바다 건너 멀리 떨어진 나라들을 오가며 소식을 전하는 전령. 그래서 이 별은 사해 밖의 변방국가와의 관계를 의미한다. 별이 밝고 크면 이들 나라에서 관계가 원활하지만 그렇지 않으면 병란이 일어난다.

또 생각해 보라. 주작의 거대한 날갯짓이 시작된다. 무엇이 떠오르는가? 날갯짓에 맞춰 세상에 울려 퍼지는 웅장한 바람의 노래가 떠오르지 않는가? 날개를 펄럭일 때마다 회오리 바람이 일면서 기묘한 천상의 소리들을 자아낼 것이다. 주작의 날개 익수는 바람의 하모니를 연출하는 하늘의 오케스트라다. 이 거대한 악기는 어디에 쓰는 것일까? 바로 겨울철의 강렬한 향연에 함께한다. 이제까지 별자리들이 술과 음식을 의미했다면, 익수는 연회에 흥을 더할 음악의 별이다. 익수는 하늘의 악부樂府다. 가수와 광대들, 요즘으로 치면 연예계 담당 관리다. 또 예악禮樂을 주관하는 별이다. 이 별이 밝고 크면 천하에 예악이 흥하게 된다.

그런데 고대의 악樂은 오늘날의 'music'과 다르다. 일단, 음音과 악樂

의 의미부터가 다르다. 우리가 흥얼거리는 보통의 노래는 음音이다. 노래를 부르면 흥겹다. 마음이 움직여진다. 그러나 흥겹다고 되는 대로 질러 버리면 방탕해진다. 악樂은 방탕함으로 치우치지 않게 감정을 절제하고 특정한 형식을 입힌 것이다. 사마천은 「악기」에서 이렇게 말하고 있다.

무릇 음音이 생기는 것은 사람 마음의 움직임으로 말미암은 것이다. 사람 마음이 움직이는 것은 물物이 그렇게 만들기 때문이다. 사람의 마음이 외물의 영향을 받아서 움직이게 되므로 소리[聲]로써 표현되고, 소리가 서로 상응함으로써 변화가 생기는 것이며, 변화가 일정한 규칙을 가지게 됨으로써 음이라고 일컫는 것이다. 음을 배열해 연주[樂]하고, 간척干戚과 우모羽旄로써 춤을 추게 되면 이를 악이라고 일컫는다. 악이란 음으로 말미암아 생기는 것이니, 그 근본은 사람의 마음이 외물에 감동을 받아서 그렇게 되는 것이다. 사마천, 『사기 표·서』, 68쪽

음은 외부 사물에 감응해 마음이 움직여지는 노래요, 악은 그런 마음의 유동을 절제하는 것이다. 둘은 함께 가야 한다. 마음을 움직이지 못한다면 짐승들이 내는 소리만 못한 것이다. 그렇다고 감정에만 머물러 있어서도 안 된다. 악을 통해서 마음을 길러야 한다. 외부의 기와 감응할 수있지만 거기에 반응적으로 끄달리지 않는 존재가 되어야 한다. 사마천은 사람이 감정에 매몰되면 이지理智를 상실하게 된다고 말한다. 그럴 때 인간은 어지러워진다. 자기의 협소한 울타리에 갇혀 사적인 욕망만 추구하게된다. 하지만 악은 절제된 형식미를 통해 우리 마음의 움직임을 열린 관계 안으로 이끈다. 다른 이를 느끼고 공감하는 발판이 되어 준다. 이것이

유가의 핵심 가르침인 인仁이다. 그런 점에서 고대 동양의 예악은 군자를 길러 내는 교육술이자, 삶을 고양시켜 주는 인생의 지침서였다.

디오니소스의 시간

익수는 서양 별자리로는 '컵자리'에 해당한다. 이 컵은 무엇에 쓰는 물건 인고? 놀랍게도 이 컵 주신酒神 디오니소스Dionysos의 술잔이었다. 디오니 소스 의례를 다들 알 것이다. 술의 신인 디오니소스를 숭배하는 그리스의 고대 종교다. 디오니소스 제의는 신도들이 집단적인 무아경에 빠져드는 것으로 유명하다. 그런 탓에 우린 디오니소스는 잘 몰라도 그들이 행했던 황홀경의 제의만은 동경해 마지않는다. 이런 오해 탓에 간혹 디오니소스 의 제의는 방종과 탐욕이 난무하는 난장이라고 오해되기도 한다.

디오니소스, 그는 누구인가? 디오니소스는 제우스와 그의 애인 세멜 레 사이에서 태어난 아들이다. 제우스의 정실 헤라는 세멜레를 질투해 파 멸시킨다. 그러나 태내에 있던 디오니소스는 불굴의 생명력으로 살아남 았다. 하지만 계모인 헤라의 저주 탓에 미치광이가 되어 광야를 떠돌며 살게 된다. 그런 그를 치유한 것은 대지의 여신 키벨레였다. 키벨레는 디 오니소스에게 걸린 저주를 풀어 주는 것에 더해, 밀의密意를 전수해 준다. 그 뒤 디오니소스는 성자로 거듭났다. 인간에게 포도재배를 가르치며, 동 시에 치유와 정화의 제의를 펼쳤다. 포도주를 마시고 춤을 추며 집단 전 체가 황홀경에 빠져드는 열광적인 의례였다. 나중에 디오니소스는 신의 반열에 올랐다. 델포이의 아폴론 신전에서 태양의 신 아폴론이 신전을 비 우는 겨울철을 담당하는 신으로 자리매김했다. 열광적인 제의를 만들던 그의 포도주 잔은 하늘로 올라가 별이 되었다. 그것이 컵자리다.

남방주작의 익수와 디오니소스의 컵자리가 묘하게 겹치는 점이 많다는 점에 주목하라. 이들은 겨울 하늘의 수호신이며, 축제와 향연을 주관하는 별들이다. 겨울철의 대향연은 모든 경계에 꽃을 피우는 화합의 축제였다. 봄·여름의 활동기에는 생존에 쫓겨 인간은 크고 작은 분별을 지어낼 수밖에 없다. 먹을 수 있는 것과 먹을 수 없는 것, 필요를 채워 주는 것과 그렇지 않은 것. 그리하여 세상은 개별화된다. 개별화는 고통을 싫어한다. 세계의 부정적인 이면을 멀리하려 한다. 그러다 보면 소외가 발생하고 소통 불능, 고립과 단절, 자기중심주의가 생긴다. 고대인들의 귀중한 성찰이 도달한 깨달음의 지점이 바로 여기다. 소멸과 죽음을 긍정하고 있는 그대로 받아들일 때 우리는 생성과 소멸이 순환되는 우주의 리듬에 동참할 수 있다.

겨울은 혹독한 기후로 인간을 괴롭힌다. 그 자체, 고^품다. 죽음이다. 하지만 이 시간은 앞을 향해 돌진해 나가던 인간이 보지 못했던 삶의 이면을 대면하게 해준다. 소멸을, 죽음을, 고통을. 겨울은 우리가 통상 삶의 부정적인 요소들이라 치부하며 꺼리던 것들을 대면하는 시간이다. 겨울의 시간 속에서 우리는 그것 또한 버릴 수 없는 삶의 일부였다는 것을 깨닫는다. 그러면서 우리가 지어낸 분별과 경계들이 덧없는 것임을 깨닫는다. 겨울철의 축제는 모든 것을 그러모아 포도 알갱이처럼 으깨 버리는 시간이다. 우리의 자아의식을 깨고 공감의 장으로 인도하는 장이었다.

익수가 뜨는 계절, 대지는 대향연의 막바지를 빠져나오는 중이다. 한 해의 마지막에 펼쳐지는 감사의 제의는 이제까지 닫혀 있던 폐쇄적인 구획들을 허물고 하나됨을 연출하는 공감의 장이었다. 나와 너의 장벽, 우리와 그대들의 분별. 모든 구획들을 지워 버리고 서로를 넘나드는 장이 되어 주었다.

하늘의 수레 진수 — 삶은 계속 이어진다

시간의 수레바퀴

남방주작의 마지막 별자리는 주작의 꼬리 진수軫宿다. 겨울 별자리엔 없는 게 없다. 술과 음악과 노래가 나오더니, 이제는 수레도 등장한다. 진軫은 수레라는 뜻이다. 이래저래 노는 데 필요한 건 거의 다 갖춘 셈이다. 별의 모습을 보니 네 개의 주황색 별이 한데 모인 것이 영락없는 수레의 모습이다. 그 모양도 굉장히 밝고 아름답다. 진수를 이루는 네 별이 모두 또렷하게 보이는 까닭에, 이 별은 무척 찾기 쉽다. 진수를 찾으려면 '봄철의 대곡선'을 이어 처녀자리의 스피카를 찾으라. 그 서쪽 옆구리에서 진수의 네 별을 찾을 수 있을 것이다.

옛사람들은 이 별자리가 천자가 타고 다니는 수레를 상징한다고 생각했다. 이 별자리의 두 모서리에는 수레의 바퀴처럼 양쪽의 축이 삐져나와 있는데, 이는 천자를 보필하는 제후를 나타낸다고 보았다. 이들을 각각 좌할左轄과 우할右轄이라 한다. 좌할은 임금의 친척인 제후를 의미하고, 우할은 임금과 성이 다른 제후를 뜻한다. 이들 바퀴 부분이 진수보다 밝으면 나라에 모반이 일어나고, 진수에서 멀어지면 제후가 천자를 제대로 보필하지 못해 나라가 어지러워진다고 한다.

무엇보다 28수의 마지막 별자리가 '수레'라는 것이 예사롭지가 않다.

수레는 인류 최고의 발명품으로 꼽힌다. 축에 둥근 바퀴를 이어 물자를 실어 나르게 한 수레는 물자의 이동을 가능케 했고, 이동 시간을 단축하게 했다. 수레는 도로를 낳았고, 도시를 낳았으며, 국가의 건설에 이바지 했다. 전쟁의 기폭제가 되기도 했다. 이제까지 인간이 경험하지 못한 차원의 속도를 부여했다. 수레는 인류의 경험을 다른 차원으로 도약시켰다.

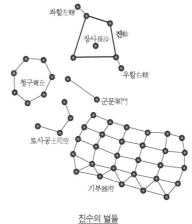

진수의 별들

한편, 수레는 인간의 사유를 도약하게 했다. 수레가 보편화되며 교역과 전란이 급증하던 춘추전국시대. 당시 지식인들은 수레를 보고 명상에 잠겼다. 바퀴는 빠르게 내달리지만 그 힘이 흩어지지 않는 것은 수레를 달리게 하는 힘이 하나의 바퀴통으로 수렴되기 때문이다. 또, 수레가 계속해서 달릴 수 있는 것은 바퀴통이 비어 있기 때문이다. 노자는 『도덕경』 11장에서 수레바퀴의 '비어 있음'을 논했다.

서른 개의 살이 모여 하나의 바퀴통에 모이는데,三十輻共一轂

그 바퀴통 속 '텅 빔'[無]에 의해 수레의 쓰임이 있는 것이다.當其無有車之用

진흙을 이겨서 그릇을 만드는데,埏埴以爲器

그 그릇 안의 '텅 빔'[無]에 의해 그릇의 쓰임새가 있는 것이오當其無有器之用

집에 구멍을 뚫어서 창문을 내는데,鑿戶牖以爲室

그 창문의 빈 공간[無]으로 방 안의 쓰임새가 있는 것이오當其無有室之用
그러므로, '있음'[有]의 유익함은 '없음'[無]의 작용에서 나오는 것이다.故有
之以爲利　無之以爲用

　　가운데가 비어 있는 수레바퀴는 우주의 상징이었다. 북극성이 가운
데의 텅 빈 바퀴통이라면, 28수는 스물여덟 개의 바퀴살이다. 북극성은
우주의 운행을 포용하는 비어 있는 중심이고, 28수는 우주의 거대한 운행
을 지탱하는 튼튼한 벼리였다. 쉼 없이 돌고 도는 바퀴, 그것이 곧 '우주'宇
宙다. 이 거대한 수레바퀴가 돌 때 시간[宙]과 공간[宇]이 펼쳐진다.
　　28수의 마지막에 수레의 별 진수가 자리한 것은, 우주의 쉼 없는 운
행에 대한 헌사가 아닐까. 28수의 시작은 청룡의 뿔, 각수角宿였다. 이 길
쭉한 뿔은 튀어오르는 목木의 추진력으로 우주의 길을 열어 주었다. 한 해
의 운행이 마무리 되는 시점에 자리한 진수는 주작의 꼬리다. 아래로 내
려가며 웅크려드는 겨울의 수水 기운은 새로운 출발에 필요한 역동적인
에너지를 강렬한 한 점으로 응축한다. 그 힘을 진수라는 수레바퀴에 실어
보내는 것이다.
　　밤하늘을 올려다보자. 이 별이 뜨는 건 초봄[孟春] 무렵. 입춘立春과 우
수雨水가 들어 있는 달이다. 만물의 태동을 알리는 달, 동풍이 불어 얼어붙
은 것을 녹이고 겨울잠을 자던 벌레들을 일깨우는 달, 물고기들이 물 위
로 솟아오르는 달이다. 천지에 봄의 약동하는 기운이 가득하다. 그리고 저
하늘 어딘가엔, 겨울의 응축된 기운을 전하는 거대한 수레바퀴가 굴러갈
것이다.

참고 도서

『여씨춘추 12기 (상)』, 정영호 옮김, 자유문고, 2006

강진원, 『역으로 보는 동양천문 이야기』, 정신세계사, 2006

김일권, 『동양 천문사상 인간의 역사』, 예문서원, 2007

──, 『동양 천문사상 하늘의 역사』, 예문서원, 2007

──, 『우리 역사의 하늘과 별자리』, 고즈윈, 2008

김혜정, 『풍수지리학의 천문사상』, 한국학술정보, 2008

나가다 히사시, 『역과 점의 과학』, 심우성 옮김, 동문선, 1992

나카자와 신이치, 『신의 발명』, 김옥희 역, 동아시아, 2005

류시성·손영달, 『갑자서당』, 북드라망, 2011

류시화, 『나는 왜 너가 아니고 나인가』, 김영사, 2003

류쯩디, 『동양고전과 푸코의 웃음소리』, 이유진 옮김, 글항아리, 2013

마르셀 그라네, 『중국사유』, 유병태 옮김, 한길사, 2010

박창범, 『한국의 전통과학, 천문학』, 이화여자대학교출판부, 2007

베어 하트, 『인생과 자연을 바라보는 인디언의 지혜』, 형선호 옮김, 황금가지, 1999

사마천, 『사기·표 서』, 정범진 외 옮김, 까치, 1996

스톰 던롭, 『쉽게 찾는 밤하늘』, 김지현 옮김, 현암사, 2008

안상현 , 『우리가 정말 알아야 할 우리 별자리』, 현암사, 2005

앤거스 그레이엄, 『도의 논쟁자들』, 나성 옮김, 새물결, 2003

앤서니 애브니, 『시간의 문화사』, 최광열 옮김, 북로드, 2007

유아사 야스오, 『몸과 우주』, 이정배 옮김, 2004, 지식산업사

유안, 『회남자』, 이석명 옮김, 소명출판, 2010

이문규, 『고대 중국인이 바라본 하늘의 세계』, 문학과 지성사, 2000

이순지, 『천문류초』, 김수길 옮김, 대유학당, 2009

이정모, 『달력과 권력』, 부키, 2001

이태형, 『별자리 여행』, 나녹, 2012

─, 『쉽게 찾는 우리 별자리』, 현암사, 1993

장샤오위앤, 『별과 우주의 문화사』, 홍상훈 옮김, 바다출판사, 2008

전창선·어윤형, 『음양오행으로 가는 길』, 와이겔리, 2010

정태민, 『별자리에 숨겨진 우리 역사』, 한문화, 2007

조용헌, 『조용헌의 동양학 강의 2 : 천문편』, 랜덤하우스코리아, 2010

청녠치, 『중국을 말한다5』, 남광철 옮김, 신원문화사, 2008

카렌 암스트롱, 『신화의 역사』, 이다희 옮김, 문학동네, 2011

─, 『축의 시대』, 정영목 옮김, 교양인, 2010

카를 구스타프 융, 『기억, 꿈, 사상』, 조성기 옮김, 2007

프랑수아 줄리앙, 『현자에게는 고정관념이 없다』, 한울아카데미, 2009

헤로도토스, 『역사』, 천병희 역, 숲, 2009

혜능, 『육조단경』, 정화 옮김, 법공양, 2012

휴 터스톤, 『동서양의 고전 천문학』, 전관수 옮김, 연세대학교출판부, 2010